德阳市中小学"五大体系建设"丛书
德阳市衡山路学校"恒衡"教育系列丛书

探索中绽放

——中小学教育教学探索与实践

主　编：冷胜火

副主编：张维芳　陈　波　于永辉

编　委：黄　准　黄　艳　何　锦　李　良

　　　　曲芸萱　罗　莉　黄　文　罗平平

　　　　王营营　周玲坪　陈玉娇　苏　倩

　　　　刘云山　叶　帆　赵科林

西南交通大学出版社
·成都·

图书在版编目（ＣＩＰ）数据

探索中绽放：中小学教育教学探索与实践/ 冷胜火
主编. —成都：西南交通大学出版社，2023.6
ISBN 978-7-5643-9122-5

Ⅰ. ①探… Ⅱ. ①冷… Ⅲ.①中小学教育－教学研究
Ⅳ. ①G632.0

中国版本图书馆 CIP 数据核字（2022）第 253571 号

Tansuo zhong Zhanfang——Zhongxiaoxue Jiaoyu Jiaoxue Tansuo yu Shijian

探索中绽放——中小学教育教学探索与实践

主编　　冷胜火

责任编辑	郭发仔
封面设计	原创动力

出版发行	西南交通大学出版社
	（四川省成都市金牛区二环路北一段 111 号
	西南交通大学创新大厦 21 楼）
邮政编码	610031
发行部电话	028-87600564　028-87600533
网址	http://www.xnjdcbs.com
印刷	成都市新都华兴印务有限公司

成品尺寸	185 mm×260 mm
印张	14.75
字数	301 千
版次	2023 年 6 月第 1 版
印次	2023 年 6 月第 1 次
定价	78.00 元
书号	ISBN 978-7-5643-9122-5

序

习近平总书记指出："教师应该立德修身、潜心治学、开拓创新。"在德阳市教育局的引领关怀与中国教科院研究员李继星教授的悉心指导下，我校在2019年开启了五大体系建设工程。三年来，全体教师以饱满的教育热情投入到建设中，圆满完成了五大体系建设的第一阶段工作，开启了我校"恒衡"教育新篇章。"恒衡"教育即以"恒衡"文化为引领，以"立恒志，成衡器"为办学核心理念，包括"衡"课程、"恒"课堂、"器度"德育等内容，旨在培养志向恒远、身体康健、基础扎实、个性张扬的未来型公民。

这本教师论文集收录了我校教师教育教学论文61篇，包括我校教师在省市级获奖的科研论文和发表在省市级刊物上的佳作，涵盖了师德师风、课堂教学、德育美育、政策解读、理论探究等内容，凝聚了我校老中青三代教师的集体智慧。

教学与科研犹如车之双轮、鸟之双翼，唯有双翼齐振、两轮并驱，才能推动学校教育事业全面纵深发展。这些论文展现出我校教师对教育理论和政策的独到见解、对教育教学实践的深刻反思；彰显了我校教师的专业素养、科研水平和自觉自主的教研风气；从理论和实践两个层面给予青年教师明确指导，从而更好地实现我校教育教学工作在品质上的跃升。

千川江海阔，风好正扬帆。《探索中绽放》的出版，注定成为我校提升办学水平、增进教学质量过程中浓墨重彩的一笔。踔厉奋发，笃行不怠。我们将以此为起点，立足教育实际，持续强化"立恒志、成衡器"的办学理念，发扬"恒衡"文化特色，培育更多优秀的"四有教师"，助力实现衡山路学校新时期品质办学目标。

编　者

2022年11月

前　言

学校怎样才能发展得更好？怎样才能办出人民满意的教育？

60余年来，一代代衡山人坚持不懈地探寻着、实践着、创造着。我们走过辉煌——央企子弟校，一流师资、优秀生源，教学业绩显著；我们走过低谷——经历校企剥离的阵痛，师资流失、办学艰难。境遇万变，沧海桑田，衡山人办好教育的初心从未改变。正是这样的坚守，让学校走过了低谷，迎来了新机，踏上了崛起之路。可是，"学校到底怎样才能持续、更好地发展"的问题，始终萦绕在我们心中。

2019年，我校在中国教科院研究员李继星教授的悉心指导下，开启了五大体系建设工程。五大体系指学校面向未来教育的文化体系、制度体系、课程体系、高效教学体系和公民教育体系。从此，学校驶入了高质量、特色化发展的快车道。

三年来，我校以文化体系、制度体系为核心的现代学校治理体系和治理能力大幅提升，提炼出"立恒志，成衡器"的办学理念，凝结出独有的"恒衡"校园文化，构建起"五育并举"全面发展的学校"衡"课程体系，形成了一批特色校本课程群；建立了以"四驱自主"教学模式为主的高效教学体系、以"器度"教育为主题的公民教育体系。学校核心研究团队学术素养显著提升，师资队伍专业水平大幅提高，教育教学的内涵和样态不断丰富。

如果说三年为一个阶段，那么，我校五大体系建设的第一个阶段已经顺利走完。回顾走过的三年，筚路蓝缕，凝心聚力，硕果累累；憧憬未来的三年，砥砺前行，芙蓉满园，锦绣衡山！

编　者

2022年8月

目　录

第一篇

管理类

立恒志，成衡器

——德阳市衡山路学校办学核心理念解读

冷胜火[①]

办学理念是学校发展的灵魂，如指明星般引领着学校的发展与进步。

经过64年的风雨兼程，德阳市衡山路学校逐步探索出具有鲜明特色的发展道路和办学思想。如今学校紧紧抓住德阳市教育局推进直属中小学五大体系建设活动的良机，在李继星教授的指导下，提炼出学校的办学核心理念——"立恒志，成衡器"，即立志以恒、立恒志，器衡中华、成衡器。

一、立恒志

明代著名的思想家、教育家王守仁在贵州龙场讲学时为诸生立下四项准则：立志、勤学、改过、责善。立志，是四项准则中最重要的一项。他认为："志不立，则天下无可成之事。"他给自己的弟弟专门撰写了《示弟立志说》，告诉其立志的重要性及方法。文章开头便说道："夫学，莫先于立志。志之不立，犹不种其根而徒事培拥灌溉，劳苦无成矣。世之所以因循苟且，随俗习非，而卒归于污下者，凡以志之弗立也。"可见，立志对一个人的发展是至关重要的。志气能够支撑人的精气神，能够使之克服岁月的牵制，勇往直前。有志，则能厚积薄发，实现人生价值。

"菩提心易发，恒常心难持。"一个人很容易因一时兴起而立大志、发大愿，但往往只有三分钟热情，难以持久。古语云："君子立恒志，小人恒立志。"人要有所成就，不仅要具备初发心的勇猛，更须保持恒常心。"恒志"即专一恒久的志向和理想。唯有立下恒志，才能历经磨难，滴水穿石。立志须趁早。在年少时期，如果能立下恒志，则受益无穷。那么，作为学生，应该立下什么样的恒志呢？我校对学生的要求是立成才报国之恒志。一是因为只有服务社会、报效祖国，才能最大限度地实现自己的人生价值；二是因为这与学校的历史发展有密切联系。

---

① 作者简介：冷胜火，男，德阳市衡山路学校党总支书记、校长，高级教师。教育部全国初中骨干校长、四川省骨干教师、德阳市政府教学成果一等奖获得者、德阳市直属中小学课程教学综合改革领导小组成员、德阳市优秀校长。

合并前的衡山路学校，分别是嘉陵江路学校和华山南路学校。这两所学校的成立都与国家的"三线建设"有密切的关系。德阳因"三线建设"而立市。从昔日的西部小县城到如今的川西明珠，德阳的建设、发展离不开第一代建设者们的付出。他们来自中国的天南海北，年龄不同、身份各异，却都怀揣着报国的壮志与梦想来到这片孕育希望的土地。

德阳市嘉陵江路学校的前身是1956年在黑龙江齐齐哈尔市富拉尔基区（第一重型机器厂工地）创办的联合中学。1958年8月，学校随主管部门的变更，更名为"建筑工程部第一工程局子弟中学校"后，南迁到四川德阳。德阳市华山南路学校虽不是长途跋涉而来，但也历经了35年的风风雨雨。学校创办于1974年9月，名称是"中国二重第六子弟小学"，位于二重厂西生活区。两所学校的创办，都是为了解决那些在德阳挥洒热血与青春的第一代建设者们的子女教育问题。它们从成立到发展，经历了从无到有、从小到大的过程。在那段艰难的岁月里，师生都满怀成才报国之志，在"三线精神"的激励下，同甘共苦，"喝着酱油汤，在吴家山开荒"，边教边学，从不放弃一节课。

随着时代的发展，两所学校都几易校址，几经更名，经过曲折起伏，办学道路非常艰难。但师生克服重重困难，形成了"立志、勤奋、求实、创新"（原德阳市嘉陵江路学校校训）、"团结协作，拼搏奉献"（原德阳市华山南路学校校训）的核心文化。在这样的文化氛围熏陶下，两所学校为德阳、为国家培养了一批又一批的优秀人才，为地方教育作出了巨大的贡献。

2007年，两所历史悠久的学校合二为一，成为德阳市衡山路学校。斗转星移，初心不改。如今，正处于"爬坡上坎"时期的衡山路学校继承了前两所学校的优良文化传统，立志以恒，通过开展以"励志教育"为主题的德育活动，不断培养满怀成才报国之恒志的衡山人，为实现中华民族伟大复兴的中国梦而不断努力奋斗！

二、成衡器

（一）培养均衡发展的人

"衡"，来自我校校名"衡山"之"衡"。据志书载，南岳衡山"铨德钧物"，犹如衡器，可称天地。"衡器"即全面发展的人才。学校办学核心理念中的"成衡器"，就是要培养德智体美劳全面均衡发展的人。

1. "德"立少年

国无德不兴，人无德不立。德育在学校教育体系中占据首要位置。学校着重从环境育人和活动育人两个途径帮助学生立德。校园环境和氛围是德育工作的基础。学校通过打造优美的校园环境，加强对德育文化的宣传力度，竭力让学校的每个角落都成为无声的语言，对学生的道德认知和道德自觉进行润物细无声的教育。国旗下的讲话、主题班会、读书节、清明祭英烈、重阳慰老、志愿服务等系列精品德育活动，陶冶了学生的情操，健全了学生的人格，提高了学生的道德实践能力。

2. "智"慧少年

智育，就是教人知识技能。学校教育毋庸置疑立足于教会学生文化知识，让学生在学习知识的过程中发展智力，培养学习能力。

为提高学生的学习效果，我校采用班级授课制、走班制、导师制三种教学组织方式。根据教学内容的不同，采取大、中、小三种班级授课制。各类主题教育采用大班授课制；学科教学采用中班授课制；培优补差、特长培训等采用小班教学制。根据学生学习状况、兴趣爱好的不同，实行走班制。邀请校外专家、校内优秀教师、优秀家长担任导师，致力于学科指导、艺术指导、专题培训等。

3. "体"育少年

"体"育帮助学生拥有学生健康的体魄，这也是学校教育的重要环节。遵循"普特兼顾"的原则，我校坚持日常锻炼与特色活动相结合，坚持大众锻炼与精英培养相结合，走出了体育建设的特色之路。每天半小时大课间活动，人人都会武术操，全校师生都是体育锻炼的受益者。精英培养，学校武术队、足球队等更是在各项比赛中屡获大奖，成为学校体育建设的名片。在锻炼中强健身体，在运动中磨炼意志，"体"育之果将成为学生成长的基石。

4. "美"化少年

美育是指对学生认识美、爱好美、创造美的能力的教育，旨在帮助学生们形成美的品格、美的素养、美的情操和美的形象。我校采用多途径的美育，起到了润物细无声的效果：美育进课堂是将美育课程渗透到各科教学之中，教师结合学科特点，挖掘学科审美内涵，引导学生用审美的眼光去感知世界；音乐、舞蹈、绘画、戏曲等大量兴趣课程是学生探索美的直接课堂；课外艺术活动，是学生发现美、拥有美的天地。

5. "劳"成少年

我校是九年一贯制学校，根据不同年龄阶段学生的特点，制定了不同的劳动目标：小学侧重劳动习惯养成，初中侧重劳动技能培养。学校在学科教学中融入劳动教育，帮助学生养成正确的劳动态度；利用班会课，开展大量以"劳动"为主题的班会活动；开展班级清洁扫除、全校大扫除、校外义务劳动，让学生在劳动中获得成就感。通过家校合作，请家长配合，鼓励孩子在家完成力所能及的家务劳动，培养学生的责任担当意识，形成热爱劳动、热爱生命的态度，锻炼他们独立生活的能力。在防控新冠肺炎疫情期间，学校号召学生在家学做家务，为父母分忧，取得了良好的效果。

（二）培养个性化的人

"衡"也指屋梁之横木，引申为栋梁。学校不仅要重视学生德智体美劳全面发展，也要根据学生自身的特点实现其个性化发展，这样才能为国家、社会的各行各业培养出能担当重任的人。

每位学生都是独立的生命体，由于先天因素和后天环境的影响，呈现出不同的个性特征。在教育过程中，学校要尊重学生个性差异，充分挖掘学生潜能，促进学生个性化发展。

（三）培养面向未来的人

教育是为了让学生掌握立身处世所必备的能力，让他们能独立面对社会与生活的考验。我校明确了为未来而教的宗旨，即培养面向未来的学生。

1. 培养面向未来生活的学生

要培养面向未来的学生，首先要培养学生掌握未来生活应有的基本能力——生存、生活的能力，这是学生未来迈向社会、独立生活的基石。

生活自理能力、沟通能力、合作能力、时间管理能力等都是将来学生独立生活与工作所必备的能力，而这些能力的培养都不是一蹴而就的。

从幼儿园到初中，学校根据不同阶段学生发展的身心特点，以活动为载体，擘画了十二年能力提高蓝图。如组织农场、牧场的研学游，让学生亲手种植、饲养，体验生产的乐趣；开展"寝室美化大赛"，让学生布置、美化自己在学校的小家；开展防灾减灾、火灾模拟自救等演练，提高学生的安全意识，增强学生的应急自救能力；开展班级自主管理，培养学生自治、合作的能力。

2. 培养面向未来世界的学生

未来的世界，科技更加发达，人工智能的应用更加普遍。

为了让学生在未来社会拥有核心竞争力，学校明确，从小就要培养学生具有面向未来的能力，包括主动学习的能力、面对不确定的未来敢于探索的能力、独立思考勇于创新的能力等。同时，还要让学生树立全球化意识，认识世界上多元的文化。

未来的世界，人类将面对发达的科技、日益激烈的竞争以及疾病，如何让自己幸福，保持内在精神的统一，也是一种重要的能力。我们认为在中国传统的优秀文化中汲取精神养料，提升自我人文修养十分重要。学校坚持通过书法和武术两个文化窗口，使学生达到修心和修身以及寻找文化根基的目的。

"立恒志，成衡器"的办学理念不是一个口号，而是一种精神，融入衡山路学校教育教学工作的方方面面，是衡山人的信念。我们将秉持这种信念，发扬衡山精神，不忘初心，以五大体系建设领航；砥砺前行，共筑衡山崛起之路。

本文原发表于《德阳教育》（2020年第6期），有改动

文化引领下的学校特色建设与内涵发展策略
——以德阳市衡山路学校"恒衡"文化建设为例

冷胜火　何锦①　李良②　曲芸萱③

　　学校文化是学校发展的治校之本、强校之基。学校文化战略决定了学校未来的发展方向与水平，是一所学校展现自身特色和存在价值的根本性策略，是学校立足的根。加强学校文化建设是学校深化改革的核心工作，也是落实立德树人根本任务、全面提升育人品质的必由之路。在当下学校改革发展过程中，很多学校特色建设与内涵发展存在千篇一律、不成体系的问题，其背后的原因是文化引领力不够。德阳市衡山路学校历经60余年的办学历史，提炼出"恒衡"文化，并围绕"恒衡"文化在课程建设、课堂改革、德育活动等方面进行了深入探索，走出了一条特色化发展道路。

一、"恒衡"文化的时代理解与历史传承

（一）"恒衡"文化的精神溯源

　　德阳市衡山路学校由德阳市嘉陵江路学校和德阳市华山南路学校合并而成。这两所学校的成立都与国家的"三线建设"有密切的关系。建校之初，师生同甘共苦，边修建边办学，边教边学，才使得学校逐渐发展起来。学校的历史充分体现了"艰苦创业、无私奉献、团结协作、勇于创新"的"三线精神"，学校的发展也传承了"三线精神"，鼓励师生把自我价值与社会价值结合起来，树立远大志向，成为栋梁之才。结合学校的精神传承和校名中"衡山"的文化意象，学校将办学核心理念确定为"立恒志，成衡器"。

（二）对"恒衡"文化的时代理解

　　在新时代建设高质量教育体系的背景下，学校坚定不移地贯彻党的教育方针，落实立德树人根本任务，在学校文化建设中体现五育并举的重要要求。"恒志"即专一恒久的志向和理想，"立恒志"就是教育学生树立爱党爱国、为中国特色社会主义事业奋斗终身的

---

① 何锦，女，硕士研究生，中学二级教师，德阳市教坛新秀、初中教学先进个人。
② 李良，女，大学本科，中学一级教师，德阳市直属学校和经开区学校初中生物第一届中心教研组成员。
③ 曲芸萱，女，硕士研究生，中学二级教师，德阳市直属学校教坛新秀、德阳市教育系统优秀团干部。

恒久远大之志。"衡器"即全面发展的人，"成衡器"就是培养德智体美劳全面发展的学生。二者结合，是要使学生能够适应未来中国的发展，成为一个立足中国、面向世界的有用之人，成为"立志以恒，铸器衡成"的社会主义事业接班人。

（三）"恒衡"文化的体系建构

学校文化体系包括精神文化子系统、执行文化子系统和形象文化子系统。"恒衡"文化围绕"立恒志，成衡器"的办学核心理念立体构建三大子系统，确保多方位、多层次地实现"恒衡"文化的内涵发展。

精神文化子系统包含课程理念、教学理念、德育理念、校风校训等具体内容。学校制定了"培养爱岗敬业、教书育人、为人师表、终身学习的教师""培养志向恒远、身体康健、基础扎实、个性张扬的未来型公民"的师生培养目标，确立了"恒志健体、强基扬长"的课程理念，和"普特兼顾、激潜扬长"的教学理念。

执行文化子系统是学校文化在实践中的具体体现。学校以制度为保障，制定了发展规划蓝图，明确了"生存—品质—卓越"的发展路径，以学生全面而有个性的发展为着眼点，从"衡"课程、"恒"课堂、器度德育三个方面开展教育教学。

在形象文化子系统方面，以校园环境建设为主。学校校园实行区域化打造，除以"衡山"为主题设计教学楼之外，还建设了感恩林、清廉广场、"田园四季"等主题功能区，美化环境的同时丰富了校园的教育功能。

二、"衡"课程的内容整合与资源拓展

（一）"衡"课程的内容整合

课程建构是学校文化的重要载体。学校以"恒志健体，强基扬长"为课程理念，形成了符合学校特点的"衡"课程。"衡"课程是国家、地方、校本课程的平衡，是德育、智育、体育、美育、劳育的平衡，是文科、理科、综合学科相关知识的平衡，是学生全面发展与充分发展的平衡，也是知识传授与能力培养的平衡。

"衡"课程体系分为四大课程群，即恒志课程群、健体课程群、强基课程群、扬长课程群。

恒志课程群重点培养学生高远的志向、深厚的家国情怀、大爱的品格、豁达的性格和坚强的意志。课程以校本课程为依托，包括励志教育课、学法指导课、研学课。

健体课程群旨在培养学生健体的意识、知识和能力，拥有健康的体魄。课程以国家和校本课程相结合的形式，坚持对学生普遍要求与自愿选择相结合的原则，开设常规体育课、传统武术课、柔道课、球类（篮球、足球、羽毛球）课等。

强基课程群以培养学生扎实的语言、人文、艺术、自然和综合学科的核心素养为目标，为学生终身学习、可持续发展奠定基础。该课程以国家课程为主，包括语文、数学、英语、道德与法治、历史、物理、化学、地理、生物、科学、音乐、美术、劳动综合等课。

扬长课程群助力学生个性发展，以校本选修课为主，开设语言人文类课程（绘本故事阅读、演讲与主持、英语绘本与儿歌等）、艺术类课程（合唱、歌唱表演、戏曲、鸟语花香绘画班、动漫、剪纸、电脑绘画、沙画、软笔书法、硬笔书法等）和科学类课程（科技编程等）。

（二）"衡"课程的资源拓展

"衡"课程以国家课程资源为基础，充分挖掘学校资源（教师资源、家长资源、环境资源等）和地区资源，拓展教学实施场所，丰富教学组织形式和课程评价方式，为学生打下坚实的基础，培养学生多种能力。

例如，劳动课程"田园四季"充分利用学校闲置的土地，开辟了师生自己的果园和菜园；研学旅行课程充分利用周边地区资源，带学生走进博物馆、科技馆、茶山、农场等能体现当地特色的文化场景；学校有国家武术一级裁判、国家柔道队退役运动员等特长教师，他们充分发挥自身优势，开设高水平的武术、柔道等课程，帮助学生强身健体，并多次带领学生在比赛中获奖。

三、"恒"课堂的模式创新与评价变革

在信息化时代，终身学习已成为每个社会成员发展的需要，每个学习者都要学会学习，能够自觉主动、不断探索、学以致用。"恒"即持久，"恒"课堂贯彻终身学习理念。学校以"获得知识、具备能力、悟清规律、掌握方法、挚爱学习、培正三观"为教学目标，以"会学、乐学、学会"为学习目标，围绕这两个目标，独创了"四驱自主"教学模式。

（一）"四驱自主"教学模式

"四驱自主"教学模式指教师通过情境、问题、合作、图式四个外在要素，调动学生内驱力，把学习变为学生内在需求，实现自主学习、自我管理、自我成长，从根本上促进学生认知、能力和个性发展的教学模式。"四驱自主"教学模式的基本式包括：情境驱动、明确目标，问题驱动、自主学习，合作驱动、交流提升，图式驱动、构建体系。

1. 情境驱动，明确目标

"情境驱动"指教师根据教学内容，在教学过程中有目的地引入或创设带有一定情感

色彩的、与学生现实生活联系紧密的生动具体的情境，以引导学生的情感体验，调动其已有经验，帮助学生走进教材、理解教材。"明确目标"是指教师明确本堂课的学习目标，为学生搭建一幅"目标全景图"，让学生对学习结果有一个清楚、准确、全面的认识，从而在学习上具有掌控感，便于在整个学习过程中监控、调节自己的学习行为，独立思考、自主学习，真正成为学习的主人。

2. 问题驱动，自主学习

问题是探索研究的出发点，是开启学科学习的钥匙。没有问题就不会有解释问题和解决问题的思想、方法和知识，也难以诱发和激起求知欲。问题是产生学习的根本原因。"问题驱动，自主学习"指学生带着问题，与教材对话，初步了解学习内容。

3. 合作驱动，交流提升

"合作驱动"是指学生在自主学习后，与学习同伴（师生、生生合作）交流自学成果，讨论疑点，提出解决方法，拓展学习思维，丰富学习成果，使学习不断丰富、深入。合作学习不仅能促使学生知识增值、思维活跃，还能满足学生对归属感和影响力的需要。

4. 图式驱动，构建体系

"图式驱动"是指学生在绘制学习导图的过程中，把新的、零散的知识体系化、结构化，形成融会贯通、触类旁通的知识体系，为以后的学习建立一个有机框架（图式）。"图式驱动"有助于学生对所学知识进行深度加工和整体性学习，形成结构化思维，从而有助于学生对已有知识进行系统整理和对新知识迁移学习。

（二）关注学的课堂教学评价

课堂教学评价是与课堂教学有关的测量与评价的总称，是指为促进学生学习、改善教师教学而实施的，对学生的学习过程与结果、教师的教学所进行的测量和评价。传统的课堂教学评价往往重教轻学，重结果轻过程，重知识轻素养，重诊断轻激励、调节。

"恒"课堂是以学为中心的课堂，注重采用多元化的表现性评价，让学生充分展示自己的学习成果，并以当堂互动、成长档案、成长故事等形式及时进行积累和反馈。课堂教学评价对象既包括教师的教学情况，也包括学生的学习情况；既包括教与学的过程，也包括教与学的结果，从而在功能上既发挥其诊断功能，也发挥其引导、激励、调节等功能，更有利于教师改进教学设计和学生调整学习状态。

四、器度德育的整体设计与日常渗透

青少年时期是一个人身体和心理发展的重要时期，也是形成世界观、人生观和价值观的关键时期。学校德育要抓住学生成长的关键时期，不断提高学生的思想水平、政治觉悟和道德品质。为此，学校在"立恒志，成衡器"的核心教育理念下，秉承"包容、开放、协同、创造"的德育理念，把"器度教育"作为德育主题。"器"是全面发展的人才，"度"是准则。"器度教育"就是从道德意识、行为规范上引导学生，将他们培养为志向恒远、意志坚定、胸怀宽广、兼容并包、有原则、守规矩、能自律的中国公民。

在此目标下，学校德育从三方面开展，分别是"器之恒""器之广"和"器之协"，每一方面又按照学段特征，制定了相应的学段目标。"恒"指恒久的志向和坚强的意志，主要培养学生的政治素养、志向素养、品德素养和性格素养；"广"指宽广的胸怀和广博的知识，主要开展学科教育、法治教育、安全教育、国际教育等；"协"指协调的身心与和谐的社会关系，培养学生学会与自我、与社会、与自然和谐相处。

"器度德育"主要通过文化途径、管理途径、课程途径、活动途径和协同途径实施。文化途径以学校文化为载体，潜移默化地影响学生的思想品德、行为习惯和价值观等。管理途径是通过共青团、少先队、社团、年级、班级、食堂、宿舍等不同层级、不同类别的组织管理，以及学生的自我管理来实现对品行的塑造。课程途径以专门性课程、渗透性课程和专题性课程向学生传递德育知识。活动途径，主要通过团队类活动、班会类活动、节日类活动、仪式类活动、社团类活动和游学类活动开展，增强学生的参与度和体验感。协同途径的目的在于建立教育协同综合体，包括校内协同、家校协同、社校协同和校校协同，以确保各方教育相互配合，协调努力，使之目标统一、步调一致，形成合力，将教育效果最大化。

五、衡山校园的主题规划与功能实现

校园形象，是学校文化的物质化表达，直观地反映了一个学校的价值取向、精神风貌和审美情趣，具有文化浸润的功能，在潜移默化中影响学生。要达到环境育人的目的，校园绝不能是景物的简单堆砌，而应是学校核心教育理念的一体化体现。衡山校园紧扣"立恒志，成衡器"的核心教育理念，实行区域化打造，建设有主题、有文化、有特色、有温度的"四有"校园。

教学楼以"登峰衡山"为主题，此处的"衡山"一语双关，既指自然中的衡山，也指衡山路学校。教学楼每一层根据主题的不同，采用绘画、摄影、手工制作等不同方式进行布置。学校教学楼共五层，从下往上依次为：一楼"印象衡山"，展示自然界衡山的形象、地理风貌和衡山路学校的历史与现状；二楼"人文衡山"，展示衡山的人文特色和学校师生风采；三楼"气韵衡山"，展示自然界中的衡山所蕴含的精神；四楼"励志衡山"，展示学校的励志精神，激励师生拼搏进取，勇攀高峰；五楼"守望衡山"，展示学校的教育情怀，守望衡山路学校是全校教职员工义不容辞的责任与担当。

其他区域建有感恩林、教师林、党员林、团员林、清廉广场、"田园四季"劳动教育基地、传统文化教育基地、安全教育基地等，一步一景，以景育人。以初2018级学生毕业时集体赠送母校的芙蓉树为契机，学校将芙蓉树和芙蓉花确立为校树、校花，整体绿化围绕芙蓉展开，以不同品种的芙蓉树、芙蓉花，营造出一个芙蓉盛开的衡山校园。

参考文献

[1]马友平．高效教学操作全手册[M]．南京：江苏教育出版社，2011．

[2]陈朝晖．学科核心素养导向的中小学课堂教学评价改革[J]．教学与管理，2021（1）：121-124．

本文发表于《教育科学论坛》（2021年第11期），有改动

体系引领，砥砺奋进，闯出衡山特色之路

冷胜火　　张维芳①

从古至今，大家普遍认为，"天时地利人和"是成功之路的三大要素。"天时"是伯乐、机遇；"地利"是环境、条件；"人和"是综合实力，是成功的关键要素。孟子曰："天时不如地利，地利不如人和。"当李继星教授带着"五大体系顶层设计"来到德阳，来到我们身边的时候，我们知道：伯乐来了，机遇来了。如何抓住"天时"、创设"地利"、追求"人和"，是摆在衡山人面前的问题。经过一次次交流、商讨、研究，最后在五大体系建设工作思路上达成共识：

<blockquote>
因地制宜，立足衡山实际，

凝聚人心，共同攻坚克难。

披荆斩棘，闯出办学特色，

砥砺奋进，不负初心使命。
</blockquote>

近两年来，学校师生上下一心，在五大体系建设工作中取得了可喜的成果，下面从"恒衡文化""激励制度""精致课程""四驱模式"和"器度德育"五个方面进行综述。

一、"恒衡"文化引领学校迈向崛起之路

（一）取得的成果

1. 提炼出办学核心理念——立恒志，成衡器

斗转星移，历经沧桑，经过64年风雨兼程的衡山路学校，紧紧抓住德阳市直属中小学五大体系建设的良机，在李继星教授的指导下，逐步形成了自己的独特文化，提炼出学校办学的核心理念——立恒志，成衡器。立志以恒，立恒志；器衡中华，成衡器。

明代著名的思想家、教育家王守仁认为："志不立，则天下无可成之事。""恒志"即专一恒久的志向和理想。唯有立下恒志，才能历经磨难，滴水穿石，克服岁月的牵制，勇往直前，实现人生价值。

据志书载，南岳衡山"铨德钧物"，犹如衡器，可称天地。学校办学核心理念中的"成衡器"，就是把学生培养成为均衡发展之人，这与习近平总书记在教育大会上的重要

---

① 张维芳，女，小学高级教师，德阳市骨干教师、四川省教育协会会员。

讲话"培养德智体美劳全面发展的社会主义建设者和接班人⋯⋯"正好契合。

冷胜火校长将"立恒志，成衡器"办学核心理念在清华大学主办的全国名校长会议上进行交流，得到大家的认可；在上海华东师大举办的全国名校长交流大会上，我校"立恒志，成衡器"的办学理念得到教育专家的高度赞扬：教育部中学校长培训中心副主任田爱丽高度评价说："四川省德阳市衡山路学校的办学理念，完全符合习近平总书记'立德树人、五育并举'的教育观，又具有原生态、校本化、独创性、接地气的特点，个性十足，一校一品，充满了芬芳的办学气息。"

2．精神文化成果

在"立恒志，成衡器"办学核心理念的指引下，我校文化体系顺势推进。在理论建设上，完成了文化体系基本框架图，编写了《德阳市衡山路学校文化战略纲要》。在精神文化上，我们确定了"恒衡"教育主题，制定了"培养志向恒远、身体康健、基础扎实、个性发展的未来型公民"的学生培养目标和"培养爱岗敬业、教书育人、为人师表、终身学习"的教师培养目标，确立了"中正、广博、和谐、恒远"的校训，形成了"活泼、求实、文明、和谐"的校风，以及"爱生、严谨、善学、敬业"的教风和"立志、诚信、乐学、拼搏"的学风。

3．执行文化成果

在执行文化上，我们制定了学校章程和"十四五"发展规划，制度建设、公民教育、课程体系与教学改革协调推进。

4．形象文化成果

在形象文化上，校徽、胸徽、校服、校歌、学校官网、微信公众号进一步得到了完善；新校门的修建、宣传橱窗的增设、读书角的设置、阅览室的装修、种植基地的开垦让校园面貌焕然一新。

（二）推进过程

我们亟待解决的是幼儿园沙坑、水池、种植区域的改建，中学生住宿条件的改善，南北校区大厅的装修，北校区内操场的美化和亮化工程，武术段前考级场地的选择，戏曲阵地建设的推进，教师校服的订制⋯⋯这一桩桩一件件，都需要我们去落实、完成。各位领导都非常关心我校的发展，都曾为学校的发展建过言、出过力。在此，我恳请各位领导，能一如既往地给予我们支持和帮助，我们将进一步围绕学校的办学核心理念，不断完善提升，创设更好的文化氛围，为学生健康成长提供更好的育人环境。

二、用"激励"制度推进管理走向现代治理

（一）取得的成果

1. 确定《德阳市衡山路学校"恒衡教育"制度体系建设基本框架图》和《制度大典》目录

我校以"立恒志，成衡器"的办学理念为出发点，以原有的《制度汇编》为基础，本着"分工专责，责任归口"的构建思路，确定了《德阳市衡山路学校"恒衡教育"制度体系建设基本框架图》和《制度大典》目录。

我校制度体系建设框架分为学校章程、学校文化战略纲要、学校发展规划、校级治理结构和相关职责、学校各中层部门相关业务制度、学校发展性评价制度和后记七个部分。

2. 编制《衡山路学校组织管理结构图》

我们厘清了校级治理结构及相关职责，编制了《衡山路学校组织管理结构图》，明确了各个机构的职责，有利于各项制度的落实，方便教师确定工作责任部门和查阅制度内容。

3. 根据部门对制度进行分类

我们根据学校各部门所负责的相关业务，将相关制度进行分类，将各项制度归口到党政办公室、政教处、教务处、教科室、总务处五个部门，再以各部门的职责分工为基础，完善各自业务相关制度。

4. 修改完善系列其他制度

近两年来，在制度建设过程中，学校反复征求教师意见，修订和完善了《评职晋级方案》《小等级晋升方案》《教师评优选先方案》《综合目标奖考核发放方案》《奖励性绩效工资发放方案》等，在充实和完善制度体系的同时，激发出教师们的工作热情和集体荣誉感。

（二）推进过程

一个学校的制度体系并非一朝一夕形成，在学校不断发展的情势下，我们也力图做到呈现更符合我校特色、更切实可行的制度体系。学校根据发展需要，制订了《中考目标考核方案》《小学毕业班保生奖励方案》，旨在激发教师主动落实提升教学质量的工作热情。在接下来的工作中，我们将继续根据学校发展的需要，不断制定和完善促进学校发展的相关制度，力求制度管人，强化自主管理，构建现代化的学校治理体系，让学校散发出蓬勃的发展活力。

三、"精致"课程彰显鲜明办学特色

（一）取得的成果

1. 形成了课程体系

我校明确以"恒志健体，强基扬长"的课程理念为指导，建设符合我校特点的课程结构，最终形成了"恒衡教育"课程体系。以课程功能为标准，将学校课程分为基础性课程、拓展性课程、综合性课程和环境性课程。目前我校已有丰富的体育和艺术拓展类课程，如柔道、长拳、武术操、京剧、川剧、版画等。在综合性课程方面，我们严格实施国家和地方开发的课程，积极开发学校综合性课程。在环境性课程方面，因为我校是四川省爱鸟护鸟特色学校，我们开发了"我们身边的鸟"环境课程；因为我们是进城务工子女相对集中的学校，我们开发了"下午四点半学校"社区环境课程。

2. 打造精品课程

我们在拓宽课程广度的同时，更注重提升课程的高度和挖掘课程的深度，力求打造精品课程。我校是"四川省体育传统项目学校"，历年来，致力于打造武术教育品牌，以推动我校特色教育深度发展。在理论层面，在李继星教授的指导下，结合现有的两本武术校本教材，编成了《衡山路学校武术课程标准》。在武术教学上，我校目前在小学推广，结合课后延时兴趣班，实行走班制，成立了校武术队，同时鼓励和积极组织学生外出参加市级、省级、国家级各类武术比赛，获得各类奖项百余项。2020年暑期，在第三届四川省学生武术套路锦标赛中，武术队再创新高，荣获小学组团体总分第一名。武术教师刘云山被评为"省级优秀教练"。现在，武术队基本达到了学校的要求——招之即来，来之能战，战之能胜！2019年我校通过审核，成为德阳市唯一一所武术协会段前级考点。

（二）推进过程

下一阶段，我校的课程建设将分为"两步走"：第一步，推进戏曲、书法等已有课程的建设，增强理论深度，扩大活动广度，争取打造出下一批精品课程。第二步，动员全体教师群策群力，加快必要的校本课程的研发速度。比如开发"田园四季"劳动课程，提升我校劳动教育水平；开发"小初衔接课程"，助推我校布局改革、提升教育质量。

四、"四驱"模式稳步推进课堂自主教学

（一）取得的成果

1. 形成"四驱自主"教学模式

一直以来，我们坚持"以完善的课程体系为理论指导，以高效课堂教学体系为实践指

导"的建设路径，在"普特兼顾，激潜扬长"的教学理念引领下，围绕"获得知识、具备能力、悟清规律、掌握方法、挚爱学习、培正'三观'"的教学目标，设计完成高效教学体系。在德阳市教科院的推动和李继星教授的指导下，该高效课堂体系已进入实践运用阶段。并且，我们以此为指导，探索研究出"四驱自主"教学模式，即通过情景驱动、问题驱动、合作驱动、图式驱动，实现学生的自主学习、自我管理、自我成长。

2. 反复宣传，了解模式

学校全面复课后，研究小组多次召开教研组长会、教师大会，组织教师学习"四驱自主"教学模式，主动征集在运作模式教学过程中出现的问题，不断完善教学模式。同时，为了更好地推广，形成示范效应，我校举办了两次高效课堂赛课活动，使全校教师进一步了解、掌握高效课堂教学方法。

3. 长期实践，取得成效

在理论探索过程中，通过教师们坚持不懈的实践、讨论、修改，"四驱自主"教学模式方案已完成第4稿，现在的教学模式更加贴近课堂、贴近教学实际，操作性、实效性不断增强。同时，课堂教学实践效果也显著提高。我校12名青年教师曾以"四驱自主"教学模式为蓝本，参加经开区首届青年教师优质课大赛，取得1个一等奖、5个二等奖的优异成绩。

4. 排除障碍，加速提升

要提高教育教学质量，先要创设好教育教学环境。2020年暑假，我们四处调研，反复讨论，多次召开教师会、学生会、家长会，最后完成了学校布局优化。"一年级南移""六年级北移"，终于让小学有了两个完整的年级，首次有了自己的年级组长，可以组织年级活动；首次有了自己的备课组长，可以在一起讨论本学科、本年段的教学目标和重难点。"毕业班整合""小初衔接""分层教学"是我们探索九年一贯制学校优势的重要举措。这一系列工作，为学校教学改革创设了条件。

（二）推进过程

在教学改革道路上，我牢记冷校长的嘱咐："我们要正视学校教师老龄化的现状，循序渐进地稳步推进。"所以，关于教学改革，我们采取了"三步走"策略。

1. 选择试点，逐步推广

我们计划在下学期选取1个班作为试点，各科老师都采取"四驱自主"教学模式，研究小组收集案例，采集数据，对比分析，形成可供全校范围使用的操作方案，让观望的教师们心悦诚服、心甘情愿进行课堂变革，逐步达到全校推广的目的，真正实现"减负增效"，从而提升学校的教学质量，打造学校的质量品牌。

2.　加强研究，形成成果

研究小组将围绕《德阳市衡山路学校"四驱自主"高效课堂教学体系建设纲要》，继续进行理论研究，收集案例，整理形成文字资料，完成高效课堂教学体系建设手册。

3.　开展培训，探索变式

我们正在制订下学期教师培训计划，打算将"四驱自主"教学模式作为教师培训、分组教研、教师学习的主要内容，在掌握基本式的基础上，鼓励教师探索更多变式，不断丰富高效课堂教学体系的内涵。

五、"器度"教育指引学生成为未来公民

（一）取得的成果

1.　形成公民教育体系

在公民体系建设上，我们秉承"包容、开放、协同、创造"的公民教育理念，围绕"培养志向恒远、意志坚定、胸怀宽广、兼容并包的未来型中国公民"的总目标，制定出以"器之恒、器之广、器之协"为主要内容的"器度教育"公民教育体系，构建出"公民教育体系基本框架图"。在公民体系建设实践中，我们以提升学生核心素养、开拓学生眼界为基本追求，开展系列活动。

2.　不断丰富主题活动

开展"我的书屋·我的梦"活动，以励志为旨归，拓宽阅读视野；开展"学宪法讲宪法"活动，以法律为圭臬，规范日常行为；开展"倡导国庆新民俗、打造爱国活动周"活动，以民俗为支点，激发爱国热忱；开展"12·5"志愿者活动，以良善为指南，锻炼实践能力；开展"传承红色基因，争做时代新人"德阳市第五届青少年文艺作品创作大赛活动，以爱国为初心，增强民族自信。

3.　倾力创建特色活动

围绕公民体系建设主题，我们不断拓展活动类别，创建特色活动。2020年6月，六年级、九年级开展思维拓展夏令营，帮助学生提升思维能力；9月，我们以"养成好习惯　走好第一步"为主题开展小学一年级新生幼小衔接教育和七年级新生"掌握好方法、迈出关键步"中小衔接教育，让中小学新生平稳过渡。11月，开展全校性的图书漂流活动和体育艺术节，帮助学生感受书香，体会艺术魅力。另外，行为习惯养成教育、文明学生评选、心理健康教育等，都是我校公民教育体系的积极实践活动。

4.　学生自信，崭露头角

随着多种活动的开展和公民体系建设的推进，学生精神面貌发生了很大变化，在各类比赛中逐渐展现竞争实力：2020年5月，我校几名学生面对中央电视台的采访镜头大方分

享了宅家生活；"邮政杯"创新作文大赛，多名学生获奖；在《学宪法讲宪法》演讲比赛中，我校学生获得了二等奖。

（二）推进过程

下一步，我们将在实践基础上，进一步完善公民教育体系，加强指导，提高可操作性。同时，我们将与课程体系建设相结合，打造另一个品牌活动——"田园四季"主题活动，围绕二十四节气，开展种植、民俗、爱国等系列特色教育活动。

"立恒志，成衡器"的办学理念不仅仅是一个口号，更是一种精神，融入衡山路学校教育教学工作的方方面面，是衡山人的信念。未来，我们将秉持这种信念，发扬衡山精神，不忘初心、砥砺前行，闯出衡山特色之路。

本文在德阳市直属学校2020年五大体系成果展示会中汇报交流，有改动

"恒衡"文化引领的
"衡"课程体系建构与实施提质

冷胜火

在学校教育中，文化是治校之魂，课程是强校之基。德阳市衡山路学校从六十余年办学历史沉淀中提炼出"恒衡"文化，并以此引领构建了"衡"课程体系，走出了一条特色化、高品质发展之路。

一、"恒衡"文化解读

我校由德阳市江陵江路学校（原中国二重子弟校）和德阳市华山南路学校（原四川省建四公司子弟校）合并而来，两校都是"三线建设"时期企业子弟校。"恒衡"文化中的"恒"取义恒久专一的立志报国、无私奉献的"三线精神"，后一个"衡"源自校名"衡山"文化意象，古语衡，乃"屋梁之横木"，引申为栋梁。南岳衡山"铨德钧物"，犹如衡器，可秤天地，引申为均衡、全面发展。因此，在当前建设高质量教育体系背景下，我校将办学核心理念确定为"立恒志，成衡器"，"恒衡"文化由此而生。"立恒志"即树立专一恒久的志向和理想，就是教育学生树立爱党爱国、为中国特色社会主义事业奋斗终身的恒久远大之志；"成衡器"就是成为德智体美劳全面均衡发展的人。二者结合，就是使学生成为一个立足中国、面向世界的有用之人，成为"立志以恒，铸器衡成"的社会主义建设事业接班人。

我校"立恒志，成衡器"的核心理念得到教育部中学校长培训中心副主任田爱丽的高度评价，她说："四川省德阳市衡山路学校的办学理念，完全符合习近平总书记'立德树人、五育并举'的教育观，又具有原生态、校本化、独创性、接地气的特点，个性十足，一校一品，充满了芬芳的办学气息。"

二、"衡"课程体系建构

在"恒衡"文化引领下，我校确立了"恒志健体，强基扬长"的课程理念，形成了全面均衡的"衡"课程体系，包括衡基、衡志、衡体、衡长四大课程群。

衡基课程群以国家课程为主，包括语、数、英、理、化、生等课程。这类课程，我们整体构建九年一贯的课程体系、门类和课时比例，凸显课程结构的均衡性和综合性，培养学生扎实的语言、人文、艺术、自然、科学等基础素养，为其终身学习、持续发展奠基。

衡志课程群包括"恒衡"大讲堂、励志教育课、仪式课、研学课等。仪式课程包括学生的入学典礼、升级仪式、毕业典礼，是伴随学生成长的系列仪式，包括入队入团、学生成长节点等重要仪式。研学课程根据学生身心特点设计了从幼儿园到初中不同阶段的研学内容，涉及自然探索、人文励志、文化传承、科技创新等，形成系统性、成长型研学课程，着力培养学生远大的报国志向、深厚的家国情怀、豁达的性格气质和坚毅的意志品格。

衡体课程群包括传统武术、柔道、篮球等。如柔道课程有柔道礼节礼貌、自我保护、攻防技术等，难度系数层层递进。我校柔道老师马军是国家一级运动员、四川省柔道冠军、全运会冠军赛第二名，他培养的学生王凤获全国青年运动会第三名，王娟获省柔道冠军。这类课程着力培养学生树立健体意识、掌握健体知识，达到增强体质、促进全面发展的目的。

衡长课程群包括语言人文类课程、艺术类课程、科学类课程和自然教育类课程。如自然教育类课程中的鸟伴课程以鸟为主题，引导学生观鸟、喂鸟、护鸟、爱鸟，学生在画鸟、为鸟儿做巢、救治受伤小鸟、期盼旌湖候鸟的过程中，感受与鸟为伴的快乐，体会与自然和谐相处的美好。这类课程着力培养学生兴趣、陶冶情操，助力个性发展。

四大课程群既各有侧重，又相互融合、相互支撑，构建成一个全面均衡的体系。"衡"课程体系是国家、地方、校本课程的平衡，是德育、智育、体育、美育、劳育的平衡，是学科知识与社会实践的平衡，是学生全面发展与充分发展的平衡。

三、"衡"课程的实施与提质

衡基课程群以国家、地方课程为主，这是"衡"课程体系的根基，是学生全面、终身发展的基础。衡体、衡志、衡长课程群以校本课程为主，是"衡"课程体系的枝叶，旨在满足不同潜质学生的需求，促进学生健康、持续、个性化发展。在实施过程中，我们确定了"获得知识、具备能力、悟清规律、掌握方法、挚爱学习、培正'三观'"的教学目标，确定了"会学、乐学、学会"的学习目标，创建了"四驱自主"教学模式，各学科在基本式的基础上，根据学科和课型的不同，形成了不同的变式。"四驱自主"教学基本式有四个基本环节：情境驱动、明确目标，问题驱动、自主学习，合作驱动、交流提升，图式驱动、构建体系，即教师通过情境、问题、合作、图式四个外在要素，调动学生内驱力，把学习变成内在需求，实现自主学习、自我管理、自我成长，从根本上促进学生核心素养的发展。

　　下面以衡体课程群中的武术特色课程为例，阐述"双减"背景下课程建构实施与提质策略。我校武术特色课程按照"六有"标准实施，"六有"标准即有师资、有课标、有教材、有课堂、有科研、有评价。

（一）打造师资团队

　　我校体育教师刘云山是四川省武术优秀教练员、国家武术一级裁判员、中国武术六段。他酷爱武术，有良好的武术功底和武德修养，积极投身武术课程建设，承担了我校第一个武术班的教学任务。在他的带动下，学校更多的老师加入武术教学行列。我们与德阳市武术协会合作，引入校外武术指导教练。校内外武术教师通力合作，使学校武术师资队伍逐渐壮大。

（二）制定课程标准

　　武术课程组参照中小学《体育与健康课程标准》，精心编写了学校《武术课程标准》。我们把武术课分为普及和精进两种班型，前者面向全体学生，以传统班级为单位组织教学，以"普及武术知识、激发武术兴趣、领略武术精神、掌握基本套路"为目标。后者培养武术特长学生，实行走班制，以"深悟武术精神、精通武术技能"为目标。

（三）编写校本读本

　　我校武术课程读本编写遵循连续性、统整性原则，以螺旋上升的方式编制课程内容。普及班和精进班教学目标不同，两种班型课程内容的广度和难度各有不同。前者主要领会武术精神，学习武术套路的基本动作和武术操等。后者增设了拳类课程，如南拳、太极拳、长拳；器械类课程，如南刀、南棍、太极剑及长拳类的刀枪剑棍。

（四）优化教学课堂

　　武术教学的课堂以"四驱自主"教学基本式为基础，创建了武术课堂变式，包括以演代教、激发兴趣，动作分解、学练融通，展示交流、合作学习，总结技法、拓展提升四个环节。课堂上教师注重武术精神的传承，将知识传授、技能训练和能力培养融会贯通，使学生练武习德。

（五）加强科学研究

　　我们加强常规教研，注重武术课题专题研究。相继开展市级武术课题"中国传统武术在小学体育活动的方法研究"和省级武术课题"依托武术特色培育红领巾小健将的模式研究"，让教学科研回归教师教育实践，打通了教师、课程、课堂互通的渠道，助力教师专业成长。

（六）完善课程评价

学校武术课程评价坚持"因材施评"原则，贯穿课程实施全程，做到评价主体多元化、评价方式多样化、评价标准多形态和多维度。竞赛也是武术课程的一种重要评价方式，校内武术比赛、校外武术大赛都是衡山学子一展身手的机会。近几年，学校武术教育逐步树立了在德阳的领先地位，站到了四川省武术竞赛的冠军台上，连续三年获得省武术锦标赛团体总分一等奖。

现在，武术课程已成为学校的一张"名片"。学校成为四川省武术协会直属会员单位、四川省校园武术推广实践基地、四川省武术套路传统项目学校和四川省段前级考试单位。武术课程是我校校本课程发展的缩影。像武术课程一样，我校"衡"课程体系的每门课程都遵循高品质、高标准原则实施。

"恒衡"文化已经全面融入学校教育教学的方方面面，我们通过"恒衡"文化引领的"衡"课程体系建构实施，达成"志向恒远、身体康健、基础扎实、个性张扬的未来型公民"的学生培养目标，学校坚持特色化、高质量发展，在五大体系的引领下，砥砺奋进，开启衡山新征程。

本文为四川省第18届中学教育教学改革研讨会校长论坛经验交流稿，有改动

校际联盟平台　助力衡山腾飞

冷胜火　张维芳

校际联盟是协作学校之间教育教学资源实现共享的纽带，是经验交流的展示平台，是教育教学资源互补的一种有效途径。在德阳市教育局的正确领导下，在协作学校的共同努力和全体教职工的积极参与下，德阳五中与衡山路学校教育教学互动频繁，活动有声有色，收到了较好的效果。

一、市教育局牵线搭桥，衡山校与五中联姻同行

德阳市衡山路学校是一所市直属九年一贯制学校，由德阳市江陵江路学校和华山南路学校合并而成。在当时特殊的社会历史背景下，学校师资流失，生源数量剧减，教学质量下滑，生存和发展艰难，急需输血补氧。在市教育局的关心和指导下，2013年，我校和德阳五中成立了校际发展联盟，我校设立了两个五中试点班，运行良好。2017年，市教育局批准我校为德阳五中衡山校区。从此，两校开启了校际之间的深度合作交流，在"共建、共享、共赢"原则下，校际间均衡协调发展。短短几年，衡山路学校迅速驶入发展快车道。

二、构建"七个统一"管理模式，全面提升教育教学能力

我校与德阳五中实施校际协同发展，借助其强大的引领作用，以五中的管理理念鞭策自身，以五中的教育镜鉴自身，自挖潜力，设定新的教育目标，以励志教育为基础，形成"立恒志，成衡器"的师生共同愿景。经反复研究、不断实践，我们总结提炼出了深入实施校际协同发展的"七个统一"管理模式，具体内容如下。

（一）统一常规管理

校际协作学校在整体的教学常规管理中统一下功夫，针对其中的难点、重点、热点问题实行统一商讨、计划并安排落实。

每学期开学前，联盟校举办合作交流联系会议，校区领导参会交流学校管理、教育

教学等方面的做法与经验，共同谋划学校发展之路，确立年度合作交流工作目标，制订具体工作安排计划、实施办法和相关工作制度；建立合作交流工作领导小组，明确小组成员职责，分工协作，要求平时经常联络，及时交流各自工作进展情况，保证合作交流工作顺利、有效进行。

（二）统一教师互派

一是年级管理干部互派，让我们的年级主任、年级组长和集体备课组长在交流互派中得到快速成长。例如，现任我校七年级组长李亚兰老师到德阳五中互派交流回校后，把所学经验运用到年级管理、学生管理工作中，所任教年级教学有序，教学质量可赞。她所带的上届毕业年级入口非常差，优生率仅占9.5%。经过三年努力，毕业时优生率达到了23.85%。

二是骨干教师互派，相互学习，共同进步。我校骨干教师罗莉在交流中，教学能力和班主任管理能力均有进步。她在五中所带班级在综合考评中名列前茅。回校后，她所带的初一1班班风好，学习氛围浓厚，教学成绩优异。

三是学科教师互派。在校际协同发展的7年中，所有学科实现教师互派。到2019年，交流教师达26人次。五中过来交流的老师，每期会安排他们上示范课，让没有出去交流的老师也能学到五中先进的教学经验和教学方法。

（三）统一课程安排

为了使教学进度统一，更好地进行合作共进，按照四川省课程设置方案，联盟校统一编排了初中各学科课程、教学时间和教学课时，实现了"下课铃声一起响，教学内容都一样"的跨区域统一教学新模式。

（四）统一教研管理

为使校际协作学校好的教学经验得到传播，工作有创新，方法有突破，联盟校还专门制订统一的教研活动方案，搭建网络教研平台，深度开展联合展示、交流、评价培训活动，实现了优势互补和深度融合。

每个月一次的集中备课，各学科教师统一安排教学进度，梳理教学内容，提炼重难点，进行教法探究等。每年秋季的青年教师优质课大赛，使我校教师准确把握教学方向，牢固掌握教学方法，扎实提升教学水平。

此外，我校教师还参与五中开展的课题研究，极大地提高了科研能力。目前，我校罗莉老师参与的课题"中学'雅正'德育体系研究"已顺利结题。

（五）统一监测评价

联盟校通过实行统一命题、统一组考、统一分析，达到统一监测评价的目的。

学期前的命题交流会上，确定命题人员和审核人员；每一次命题讨论会上，商议命题难度、难度系数比例、命题范围以及分值比例等相关内容。每次组考时间统一，网上阅卷统一进行。组考后，联合举办成绩分析会，统一查找问题，总结经验，不断改进，以调整后期教学进度和教学方法。

以上种种措施既保证了监测效果科学、公正、有效，又为我校教师进一步了解学生、改进教学方法提供了重要依据。

（六）统一表彰先进

每学期末，各校区联合表彰优秀学生，增强学生信心。联合表彰教育教学业绩名列前茅的教师，并选派优秀教师、优秀班主任、优秀年级组长参加期末经验交流会，鼓舞教师士气，进一步优化教师队伍。

此外，借鉴五中的管理思路，综合两校评价标准，我校还对教育、教研上取得优秀成果的教研组进行表彰，以提升教研组水平，发挥模范作用。

（七）统一举行活动

为了让各校的学生风采在更大的舞台上得到展示，联盟校每年会统一举行重要活动。如春期的初三学生百日誓师大会，我校学生代表、教师代表誓师发言，激励初三学生的学习热情。每年秋期统一召开运动会，实行集中举行开幕式，分校区进行项目比赛的方式。2019年，我校初中学生在开幕式上表演的武术操，获广大师生好评。2020年，初一五个班的个性化表演也各具特色。

在联盟校的帮助下，我校的办学理念在提升，教学管理更细更实，学校的新气象极大地增强了师生的自信心、荣耀感，提升了学校的知名度、美誉度。

三、校际联盟成效彰显，美好未来前景可期

（一）学生人数连年递增，学校吸引力越来越大

2013年是我校与五中协同发展的初始之年，在校学生875人；经过四年的协同发展，2017年我校被德阳市教育局批准成立为德阳五中衡山校区时，在校学生上升到1086人；2020年，我校已有学生1683人，是2013年的2倍。学生来自德阳、绵阳、遂宁、成都，甚至新疆、上海等各个地区，包括汉、藏、羌、回、苗、土家族等近10个少数民族，学校对优

秀学生的吸引力大大增强。

（二）教学业绩连年攀升，学校办学质量越来越好

经过全体师生的奋勇拼搏、励志前行，我校中考成绩连年攀升。2013年中考，A等生占比13.30%，B等占比27.06%，C等以上占比52.75%，省市示范普通高中升学比为36%，全市排名81名；2016年中考，A等生上升至21.05%，B等生为41.23%，C等以上达85.96%，省市示范普通高中升学比为70.18%，全市排名升至36名；2020年中考，A等生占比23.85%，B等生占比63.08%，C等以上达100%，省市示范普通高中升学比例达到75.86%，全市排名上升至24名。从2016年至今，我校连续四年荣获德阳市中考质量一等奖，多名干部、多学科教师受到市教育局的表彰奖励，社会影响力越来越大。

经过多年的实践运行，我们深切地感受到教育联盟协作的巨大作用。作为联盟受益学校，我们在市教育局的领导下，在五中旌湖校区的引领帮扶下，取得了一点小成绩。但是，未来的工作任重道远，我们将充分利用联盟平台，探究协作的策略，充分发挥协作作用，缩短和强校的差距，使联盟各校的工作得到互补，真正实现资源共享、优势互补、互惠共赢，努力办好人民满意的公平而有质量的教育。

本文是德阳市2019年全市教学质量大会交流文稿，有改动

拓宽思路寻找对策　办市区优质特色学校
——关于学校现状与发展的思考

陈蜀炜① 李昌淑②

为了实现教育均衡发展、把每一所市直属学校办成示范校的目标，引领德阳教育向前发展，德阳市教科所、市政府教育督导室针对衡山路学校实际，于2013年秋冬季到学校进行过程督导检查和年度综合督导评估，为学校的发展诊断把脉。鉴于此，学校行政班子认真听取专家意见和建议，着手思考规划学校的未来，牢固树立"办好适合每一个孩子的教育"的信心。

一、学校现状

学校是一所于2007年由德阳市嘉陵江路学校（原省建四公司中学）和德阳市华山南路学校（原二重厂西学校）整合而成的九年一贯制义务教育学校，是一所办学历史60余年、文化底蕴较为深厚的学校，也是一所教育教学设施齐全的现代化学校。

学校南北两校区占地面积53 000平方米，近80亩。建筑面积18 165平方米，其中学生宿舍4 012平方米，学生食堂1 470平方米。现有在编教职员工116人，学历合格率100%；45岁以下教师73人，小学高级教师23人，中学高级教师20人，省级骨干教师2人，市级骨干教师6人，市级教坛新秀1人。现有27个教学班，其中幼儿园3个班，小学12个班，中学12个班，共有学生920余名。

学校位于德阳城西的老工业区和城乡结合部之间。近年来，随着德阳市区向北、向东发展，居住人口不断东移，我校发展面临诸多困难：交通不便捷；生源数量骤减、质量下降；优秀教师外流。加之学校管理并及时跟上，导致教学质量滑坡。

二、查摆问题

基于学校发展现状，德阳市教科所于2013年10月对学校进行了集中教学视导；市政府

---

① 陈蜀炜，男，中共党员，中学高级教师、德阳市骨干教师。
② 李昌淑，女，中学语文高级教师、衡山路学校工会主席。

教育督导室于11月对学校进行了过程督导检查，12月进行了年度综合督导评估。各位专家和领导通过听、看、查、访、问等多种形式深入了解学校发展现状，为学校把脉，诊断出了阻碍学校发展的症结所在。经过总结，问题集中体现在六个方面。

一是办学思路欠明确。学校办学思路和办学目标有待进一步明确，办学理念需要提炼。

二是学校管理欠规范。在制度建设方面，存在制度有待改进、规范，执行不到位的问题。在教学管理方面，过程管理需要进一步落到实处，要加强教学探究和校本研修，落实补差措施，进一步提升差班学生成绩；课程安排还需要更加科学合理；现代教育技术的应用、教学资源库的建设与管理需要加大力度。在学生管理方面，对留守和家庭困难等特殊学生需要加强关爱和呵护。

三是队伍建设有待加强。学校提出的队伍建设"三大工程"的目标任务、方法措施需要具体化，加大实施力度。

四是宣传工作需要加强。对外宣传力度不够，主要是招生宣传力度不够，需要改进招生宣传策略，加强与社区的沟通，有针对性地开展工作。

五是校园文化特色不明显。教师对学校文化建设认同度较低（仅占33.33%），学校文化建设需要加强，办学特色需要进一步凸显。

六是交通环境亟待改善。由于学校外围城市建设进程较慢，城市公交车不能直通学校，也没校车，学生上放学不便，严重阻碍学校发展。

三、对策思考

学校行政班子对市教科所的教学视导和督导室的督导检查十分重视，各处室、年级组、教研组积极参与问题调研，多次召开议，集思广益，分析现状，查摆问题，探究原因，研究整改措施。

1. 针对"办学思路欠明确"的问题

（1）理清办学思路，明确发展目标。学校确定了近期工作目标，以"秉承传统，科学发展"为总体思路，以"思想育人、知识育人、环境育人、服务育人"为办学思想，以"办好适合每一个孩子的教育"为办学宗旨，以为学生提供均衡优质教育为前提，苦战3～5年，努力把学校建成办学理念先进、育人环境优美、管理科学规范、教育教学质量优秀、师生素质不断提升，深受广大学生、家长和社会信任的市区优质特色学校。

（2）研讨学校现状，设计办学规模。本校是德阳市区少有的一校两区，开设幼儿园、小学和初中三个教学层次的学校。学校根据办学现状和周边生源状况研究分析，确定未来5～10年的整体办学布局为：鉴于学区生源少、进城务工人员子女及留守儿童比例大，实行小班化教学（每个班计划35～40人），南校区共计划招收12个小学班，每年级拟开设1个寄宿制班级；北校区共计划招收12个初中班、6个小学班，初中实行全寄宿制封闭式管理。开设幼儿园标准班级4个，南北校区各2个。

（3）拓宽办学路子，争取外部援助。加强与市教育局相关部门沟通联系，争取领导和专家亲临指导，勇于接受督导检查，促进工作规范、有序开展。主动与社区、派出所及周边企业联系，维护校园良好的社会与治安环境。

借助教育改革的春风，坚持开放式办学，走"联合办学"之路，主动争取友好学校的支持与帮助，学习优质学校的管理经验，借鉴薄弱学校成功转型为优质学校的经验。借助德阳五中优质初中教育资源和品牌效应，改善生源结构，提升办学水平，办成德阳五中衡山路初中分校。继续加强与中江县清凉中心校友好交流，让师生学习清凉中心校老师们爱岗敬业和无私奉献的精神，学习同学们吃苦耐劳和勇于拼搏的精神。

2. 针对"学校管理欠规范"的问题

（1）规范行政管理，提升执行能力。一是健全完善管理制度，如评先选优、考核评价和绩效奖励等制度；二是修改已有制度，增强制度的合理性、可行性。三是强化监督，增强管理制度执行能力。第一，对学校南北校区管理统筹协调，分工协作，责任到岗，落实到人。确立"分线条、分层次"管理原则：德育、教学科研、安全、总务后勤和行政由校长统筹协调，各副校长分管一条线，中层干部直接对分管校长负责，不越级、不越位。第二，强化学校干部考核制度，调动工作积极性。重视过程管理，讲究办事效率，实行限时办结制，加大问责力度，落实《德阳市衡山路学校问责制度》。第三，加强南北校区小学的统筹力度。安排校级领导和中层干部对小学工作专项管理，选拔思想进步、业务过硬、责任心强的年轻教师参与小学管理工作，使南北校区小学协调管理、融为一体，不断提升小学办学质量，为学校整体发展打牢根基。

（2）规范教学管理，提升办学效益。一是优化课程管理。根据学校"办适合每一个孩子的教育"的理念，结合学科特点开设第二课堂，在开展书法、绘画和体育活动基础上，建立生物种植园，创建机器人、航模等科技馆，开展泥塑、陶艺工艺兴趣班，开设以科技创新为发展方向的校本特色课程。以创建德阳市书法优秀学校为契机，成立学生书画社。加强心理健康课程教学工作，充分发挥高规格的安全体验室功能，提高"生命·生活与安全"课程教学质量。充分发挥我校四川省心理健康教育活动课一等奖获得者何锦老师的资源优势，充分发挥心理健康辅导室功能，开展心理健康教育，以课题方式推进中小学生学法指导，助推教学质量提升。

二是规范教学管理。首先，深化课程改革，规范教学管理。坚持教学"六认真"管理不放松，探索"四三二一"（"四读"：读课标、读教材、读教辅、读学情；"三写"：写目标、写教案、写反思；"二过关"：课堂过关、单元过关；"一辅导"：个别辅导）教学管理模式。改革课堂教学方式，小学试行"双向目标"（教学目标、检测目标）教学，初中推行"四步一体"学案导学。更新教学观念，完善学校听课制度。其次，精细化管理，注重质量检测。分析自身教育优势与不足，发挥班额小、资源齐、师资足的优势，细化教学过程管理，精耕细作。认真组织学月质量检测，建立完善的检测机制，规范检测，科学分析，为学情、教情研判提供有效的参考依据。最后，关注和研究学生个体，多形式开展学法指导，提高课堂教学效率，减轻学生课业负担。在建立家校联系和完善教学目标考核机制的基础上，以课题形式开展学困生转化研究；逐步建立学科导师制，完善培优补后措施，进行一对一的学科辅导，让每个孩子得到应有的发展。

三是有效利用教学资源。结合省级物理课题"信息技术与初中物理教学有效融合的策略研究"，鼓励教师应用现代教育技术，促进信息技术与学科教学有效融合。以争创德阳市教育技术示范校为契机，以电子白板应用为突破口，通过专项培训、专题教研、赛课活动等多途径推进现代教育技术的应用。畅通图书借阅渠道，增加图书阅览室开放次数，保证有充足的时间对学生开放，确保学生到馆率达到80%以上，图书流通率达到40%以上。同时，有效利用网络设备，开展学生电子阅览，增大信息量。

四是规范学生管理，赢得社会口碑。根据生源特点，关爱留守学生及家庭经济困难学生。这是学校教育教学工作的重点，也是难点。

建立"留守学生、进城务工子女、单亲家庭学生、贫困学生、学困学生"等特殊群体学生档案。进一步办好家长学校，定期召开监护人工作会议，明确教育和管理责任，开展家庭教育方法指导。各班级定期召开学习和生活指导会。政教处开展"四个一"教育活动，即"改正一个缺点，做一件好事，交一个好朋友，做一个懂事的好孩子"，教会学生如何做人。学校建设好留守学生活动中心，完善配套设施，如图书、体育用品、音乐器材等。设置"亲情电话"，通过班主任和任课教师与家长进行联系，沟通管理。充分利用网络等教育资源，开设知心信箱、心灵驿站等，开辟心灵沟通的绿色通道，引导特殊群体学生保持心理健康。

学校党总支坚持为民服务，继续开展党员与学生"一帮一""手拉手"等活动，定期到结对学生家中进行家访，增进师生了解，把关爱工作落到实处。

3. 针对"队伍建设有待加强"的问题

坚持实施队伍建设"三大工程"。

第一，实施"核心工程"，培养优秀干部队伍。加强学校党组织建设，深入开展群众路线教育实践活动，保持并增强党员先进性。实施干部培养计划，建设一支具有现代教育理念的学习型、务实型、创新型、民主型、廉洁型干部队伍，提高业务管理能力和水平，进一步增强工作执行力。

第二，实施"名师工程"，打造一支名师团队。重视教师全员培训，注重过程监管与考核。强化教师专业技能培训，不断提高专业技术水平、教学和科研能力，努力培养一批教育、教学能手。实行名师引领，加强师德师风建设，提高师德水平，规划培养一批省、市、校级骨干教师、教坛新秀、知名教师和优秀班主任。

第三，实施"青蓝工程"，促进青年教师成长。一是充分发挥学校名优教师的帮带作用，建立一对一的师徒结对帮助制度，加强过程监控，注重培养效果。二是与市内乃至省内外优质学校建立友好关系，与德阳市五中、东电外国语小学深度合作，开展联合教研，互派教师，培养青年教师。抓住"成德一体化"有利契机，积极创造条件，分批选送骨干教师到成都乃至北京、上海学习或跟班培训一周以上。三是根据教学视导情况反馈，结合专家意见和建议，加强薄弱学科建设，由学校教科室牵头、教研组配合，根据各学科教师实际情况，针对培养对象，制订切实可行的培训整改计划，提高各学科教师教学水平，整体提升教学质量。

4. 针对"宣传工作需要加强"的问题

规范宣传内容。根据学校发展规划，以及办学条件、办学成果和办学特色，重点编制宣传手册，制作宣传展板，拍摄宣传视频，宣传学校的办学理念、办学条件，宣传管理模式、招生方式、优惠的收费政策及多项资助政策，宣传学校开放办学优势和寄宿制的管理服务特色，宣传励志教育德育特色，宣传学校培优补后工作效果。

注重宣传效果。在深入学区和周边社区开展宣传基础上，借助知名的新闻媒体广泛开展宣传，让社会更深入、更客观地认识学校。特别是通过成立招生工作领导小组，设立专门的招生办公室，研究招生政策，加大对外宣传力度，实施招生工作，完成招生任务，有效利用教育资源。

5. 针对"校园文化特色不明显"的问题

学校成立校园文化建设工作小组，由行政干部和教师组成精干力量，把校园文化建设工作纳入年度重点工作。以校本研究形式开展校园文化专题研究，归纳校园文化特色，提炼学校办学理念。

学校研究制订适合学校特色的校园文化建设方案，重视校园美化、净化、绿化、语言文字规范化，实现环境育人、文化育人。坚持"立德树人"，突出"以德立校、励志前行"主题活动的德育特色。坚持传统项目培训，以艺体特长教学为突破口，开展书画艺术教育，提高球类项目培训水平，发挥学校鼓号队传统优势，创建少儿传统武术训练班。突出科技创新素质教育特色，以科技体验活动为载体，开展科技创新体验活动。

6. 针对"交通环境亟待改善"的问题

一要以专项报告或提案形式恳请市政府尽快改善校园周边交通基础设施，加快完成规划中的衡山路道路建设，尽快实施韩江路（二重厂西与318国道的连接通道）建设，切实改善学校交通环境，方便学生出行。

二要在未开通公交车的情况下，按校车营运管理政策，以政府购买校车服务方式，由公交公司或政府指定的校车公司每天定点接送学生上下学。待衡山路道路和韩江路建成后，及时申请开通学校公交线路，降低成本。

三要针对留守儿童和务工人员子女比例高的特点，在北校区已经实行初中生寄宿制基础上，在南校区开设寄宿制服务，让交通不便、离校较远的小学生实行寄宿制。

在市委、市政府的关心领导下，在市教育局特别是市教科所和督导室的指导和帮助下，学校必将攻坚克难，乘风破浪，到达"市区优质特色学校"的胜利彼岸，实现"办好适合每一个孩子的教育"的奋斗目标。

本文发表在《德阳教育》（2014年第2期），有改动

加强安全教育，维护校园安全
——从学校管理到班级实践

李良

学校是青少年学习的主要场所，学生大部分时间生活在学校里。近些年来，一些地区中小学生安全事故时有发生，给家庭、学校、社会带来较大的负面影响，校园安全已成为全社会关注的焦点。加强安全教育，维护校园安全，是保障学校教育教学活动正常运行和保证学生健康成长的必要条件，从学校管理到班级实践，都必须切实落实。

一、学校安全管理工作

（一）学校安全管理工作的背景

近几年来，我国中小学校的安全事故时有发生。据统计，每年我国中小学非正常死亡人数达1.6万人。[1]2006年，中国中小学安全形势分析报告指出，各类中小学生事故中，有32%发生在学生上学或放学路上，其中以交通事故为主；有39%发生在学校里，其中以校园伤害和学生斗殴为主。44%的事故因学生安全意识淡薄而发生，19%的事故因学校管理问题而发生。[2]有关专家表示，约有80%的非正常死亡本来可以通过预防措施和应急处理得到避免。

为了全面深入地推动中小学安全教育工作，大力降低各类伤亡事故的发生率，做好中小学生的安全保护工作，促进他们健康成长，1996年初，国家教委、劳动部、公安部、交部、铁道部、国家体委、卫生部联合发出通知，决定建立"全国中小学生安全教育日"制度。2006年6月29日，十届全国人大常委会第二十二次会议表决通过了新修订的《中华人民共和国义务教育法》，"校园安全"被首次写入新义务教育法。2007年2月7日，国务院办公厅发出通知，转发教育部《中小学公共安全教育指导纲要》，要求把中小学公共安全教育贯穿于学校教育的各个环节，使广大中小学生牢固树立"珍爱生命，安全第一，遵纪守法，和谐共处"的意识，具备自救自护的素养和能力。校园安全，关乎祖国的下一代能否健康成长，关系着祖国的未来。安全大于天，责任重于泰山。开展安全教育，提高学生的安全意识，培养学生的安全实践能力、自我安全防范能力和应急能力，是确保学生安全学习、健康成长的关键，也是从根本上维护校园安全的重要途径。

（二）学校安全管理工作的措施

1. 明确安全管理职责

学校的安全工作实行校长负责制。校长作为学校安全工作的第一责任人，要亲自抓安全工作，同时与各处室、班主任、科任教师以及全校工作人员，层层签订目标责任书，使每一级都有明确的安全任务和要求，责任分解落实到个人，确保管理渠道畅通、措施落实到位。健全的组织、明确的责任，可以为学校安全工作的有效运行提供强有力的保证。

学校要落实安全工作"一票否决"制度，把安全工作与教师业绩评价、年度考核、福利奖金挂钩，奖优罚劣，形成激励机制。对因决策失误、责任制不落实、教育管理不到位、防范措施不扎实，发生重大治安、稳定、安全问题的部门和人员，实行一票否决，取消处室参与当年学校以上综合性荣誉称号的评选资格，取消有关责任人当年评先评优、晋职晋级资格。

2. 建立健全安全管理制度

保障学生在一个安全的、健康的环境中成长，是学校的基本职责。学校应建立健全各项安全管理制度，主要包括以下三个方面。

一是建立安全保卫制度如门卫制度、治安责任制度、实验室危险物品管理制度、消防安全管理制度、要害部位管理制度、治安保卫工作检查和隐患整改制度、治安防范教育培训制度、治安巡逻制度、治安保卫工作考核及奖惩制度等。此外，应将学校的校园报警点与报警服务中心联网，建立信息传输渠道。这将有利于学校更好地应对突发事件，最大限度地保证全校师生的安全。

二是建立突发事件应急处置预案体系，包括消防应急处置预案、大型活动突发事件应急预案、自然灾害应急处置预案、食物中毒应急处置预案、触电应急处置预案、溺水应急处置预案等。学校还应定期对应急处置预案进行检查，并根据实际情况及时修订更新。

三是建立安全事故报告制度。安全事故报告制度包括事故汇报和登记两个部分。学校发生安全事故后，学校要立即向相关管理部门汇报，并提交事故报告，与相关部门联手展开事故后续调查工作，听取安全工作改进建议等。此外，学校还要将安全事故的相关信息向学校的教职员工、学生及其家长汇报。这一方面是出于对学校成员权益的维护和尊重，而且在仍有可能发生危险的情况下，通报事故情况可以引起学校成员的充分注意并进行有意识的防范。事故处理结束后，学校还要开展相关信息的登记备案工作，将事故发生的时间、人员姓名、受伤类型及相应治疗、事故汇报情况、预防事故再次发生及事故索赔的相关信息等，记录在学校的"事故登记簿"中。

3. 重视安全防范工作

学校安全工作应以预防为主，把不安全因素消灭在萌芽状态。一是学校要加强安全基础设施建设，加快改造、扩建或新建厕所、食堂、饮水设施和宿舍。要对现有的场地、设施进行全面排查，该加固的加固，该增加安全防护设施的一定要增加。采取切实有效措施，改善学校安全条件，落实安全措施。二是要认真做好学校卫生防疫和食品安全工作，预防食物中毒。学校对食堂和小卖部要实行重点防范，禁止无关人员进入。要实行食物24小时留样制度，以便在发生事故时能及时处理，分清责任。要经常性地对食堂、饮水设施等容易造成学校突发公共卫生事件的环境进行自查。三是重点管控易发生事故的时间和地点。根据事故统计分析发现，体育课或运动会、课外活动、晚自习后、全校集体活动、上实验课或劳动课等学生活动时段和无成人在场的时段，是学生在学校中最容易发生安全问题的时间。学生在学校中最容易发生安全问题的地点为楼梯、校门口200米内、操场、实验室、厕所等通道狭窄之处或人多的地方，以及上学和放学路上。

4. 强化安全教育

学校要持续加强对广大师生的安全教育，强化师生安全意识，增强师生应对突发事件的实际能力。定期组织师生开展安全教育，通过举办安全方面的展览、竞赛、讲座，征集相关标语、口号，发放安全知识传单，手册，办墙报、板报等多种形式，坚持开展防楼梯踩踏、防地质灾害、防溺水事件、防火、防盗、防毒、交通安全等方面的教育，提高师生的自护、自救、防灾、逃生的能力和水平。准备充足的安全教育资源，如"安全教育影视""教师安全知识读本""学生安全知识读本"和"安全教育活动方案"等。在平时教育之外，学校更要注重实践，突出以活动为主的特点，让学生在参与中、体验中真正受到安全教育。学校的安全教育不能纸上谈兵，应避免形式化。学校还应聘请法制副校长和校外辅导员，坚持通过上法制讲座课、看电影或录像片等形式，对学生进行法律知识教育，增强学生遵纪守法的意识。

5. 建立家校共管机制

学生的思想行为在很大程度上受社会、家庭的影响。因此，加强学校安全管理，发挥家长的监护作用，形成"家校共管"机制，显得十分重要。学校可充分发挥"家长委员会""家长学校"的作用，对家长进行各种学生安全问题讲座，组织家长积极参与学校管理，引导家长充分发挥监护人作用，管好学生安全。向家长发放《学生安全知识手册》和《学生安全联系卡》等，重点引导、组织广大家长积极配合学校搞好学生上（放）学路途接送，周末学生在家防火、防溺水、防电等方面的监护管理，形成齐抓共管、协同教育的态势。

二、班级安全工作实践

根据学校安全管理的特点和要求，班级安全应从以下几方面去努力实践。

（一）明确安全工作的目标

班级是开展安全教育的主要基地，教师是安全教育的主要承担者，学校当以班级为依托，以教师为主导，切实加强安全教育。安全教育是以学生为本的教育，是在尊重和保护中小学生生命的基础上，提高中小学生防范与处理安全事故的能力以及自我保护的能力而进行的一种教育。[3]认识到这一点，教师才能更好地开展工作。

在具体实践中，教师需明确：针对不同年龄阶段的学生，应根据其年龄特征、智力水平、学习能力的不同制定相应的目标。小学生要求其理解采取安全行动的重要性，为保证安全培养良好的习惯；要求学生学会遵守纪律，遵守承诺，能意识到身边的危险，一旦发现危险或突发事件事故，就应迅速告知教师、家长或附近的大人，并能听从指示，采取适当的行动。初中生要求其能在一定程度上理解身边存在着的各种危险发生的原因以及如何防范事故，能意识到危险事态的发生并能采取行动保证自身的安全。高中生要求其能够通过对事态的观察预测到危险的发生，并能主动采取行动保证安全；不仅要能自我保护，而且要能照顾、帮助家人和朋友，能采取一些简单的应急救护措施。

（二）抓好常规安全教育

有研究显示，进行安全教育最适合的时期是中小学时期。人一旦进入社会，就很难有机会受到系统的安全教育。[4]教师应细化日常管理，从日常行为规范中渗透安全教育。安全教育不能仅靠强硬的态度或强制性的要求，而要明确告诉学生遵守安全规则的意义，应该培养学生的独立思考和自我判断的能力，使他们懂得安全行为的意义并知道用怎样的方式来保证自己的安全。教学生懂得保证自己与他人的安全，不仅是为了自身平安，也是为社会作贡献。

班主任作为班级管理主要责任人，应充分利用入学教育、班会、晨会等时间，结合运动会、春游、防灾演练、安全讲座、安全教育日、特重大事故发生后等重点时机，通过案例分析、画册导读、讲解讨论等多种生动活泼的形式，分层次、有目的、有计划地对学生进行法纪教育和安全教育宣传。班主任应随时了解和掌握学生的思想动态，通过心理辅导、谈心交流等多种形式，及时化解学生之间的矛盾，防止学生之间因小事发生口角而引起斗殴，造成人员伤亡事故。

科任教师要充分发挥学科课程的育人功能。要发挥小学"品德与生活""品德与社会"和中学"思想品德""思想政治"等课程的主渠道作用，在教学中加强对学生进行交通法规、日常行为规范、治安管理处罚条例等法规教育和自我安全防范教育，提高中小学生的法制意识和安全防范意识。同时，要积极引导其他各学科教师加强各学科中安全法纪知识之间的横向联系、衔接和渗透，增强各学科安全法纪教育的连接性、渗透性和互补性。

（三）抓好学生心理健康教育

　　掌握学生心理特征和规律，重视学生心理健康教育，可以极大限度地降低安全事故发生概率。在一般情况下，容易导致学生事故的自身因素有：缺乏自我保护的意识和知识、冲动行为、从众心理和逆反心理等。教师可以订阅心理教育杂志、举办心理辅导讲座等，纠正学生的不良心理，帮助学生消除心理障碍，防止学生心理脆弱。在教育对象上，要重点抓好"留守学生""单亲家庭子女"和"重组家庭子女"的思想教育和安全教育，减少学校安全事故。这些学生受家庭因素影响大，缺乏有效的监管和教育，极易成为"问题学生"，也是最易发生安全问题的"高危人群"，安全隐患非常大。教师应对这些学生建立档案，由专人负责，定期谈话，以细致入微的关怀和教育，加强对他们的管理。同时，依法执教，尊重学生，关注学生的个性和特长的发展，开展各种活动，加强素质教育，消除安全管理工作中的隐患。

注释

[1]王矜学，王有荣. 学生安全教育是建设平安和谐校园的重要前提[J]. 学习月刊，2007（8）.

[2]贺霞. 2006年全国中小学安全形势分析报告[R]. 中国教育报，2007-03-22（2）.

[3]付刚. 公共安全教育是最好的灾害救援[N]. 新京报，2005-11-28（A02）.

[4]李开勇，冯维. 论我国中小学安全教育存在的问题及其解决对策[J]. 现代教育科学，2009（5）.

本文发表于《中国基础教育研究与探索》（2019年第7期），有改动

第二篇

德育类

家校共育，共筑孩子的美好明天

袁娟①

"每个孩子都是一朵花，花期有的早，有的晚，只要你耐心等待，精心培育，都会开花。"这就是我的班级管理理念。这个理念是我从近20年教学及班主任工作的经验中总结出来的。

我现在所面对的是一群正上初中的孩子。在这个阶段，他们正处于青春发育期，其生理、认知、情感、意志、自我意识在迅速发展，成人感日渐增加，服从长辈的意识淡薄，喜欢独立思考，不愿别人把意志强加在他们身上，这个阶段的叛逆行为日益出现。在与他们接触中，我不仅深深感受到为人师的艰辛和压力，而且还感受到艰辛压力背后那无法释怀的平凡和奉献。也许很多老师都有和我类似的经历与感受：我们深夜挑灯苦熬，精心备课，辛辛苦苦传授学生知识，却发现学生的热情不够高，眼神不够渴望；当他们犯错时，我们认真投入地对他们晓之以理、动之以情地劝诫，却发现这些调皮又有个性的孩子依然我行我素。我的心就一点点冷却下来，有说不出的恼火和伤心。如何走出这样的困境？这是我长期以来的困扰。

正当我澎湃的激情慢慢消失的时候，又是这些孩子，在我一次次付出后终于表现出让人欣慰和感动的一面，温暖了我的心田。记得有一次，我患重感冒，虽然上课时不停地咳嗽，但是我还是坚持连续上完了几节课。上完后我的声音已经非常嘶哑了，待我疲惫不堪地回到办公室时，我惊喜地发现，我的办公桌上赫然放着几包感冒药和一盒润喉糖，还有一张写了歪歪扭扭字迹的小纸条，上面写着："老师，您要注意休息，我们会认真听讲的。"一时间，一股暖流流过我的心间，很感动！

但是，不是所有的付出都有回报，有的孩子就像顽石一样，感觉怎么焐，都热不起来。怎么办呢？记得我曾经班上有一个孩子，平时很调皮，学习也不太认真，无论老师怎么教育都没有什么效果，让所有的任课老师都很头疼，都不知道拿他怎么办了！有一天，他的作业又没有完成，我就给他的家长打了电话，是他父亲接的电话，他说他在外地打工，离了婚，平时都是他爷爷奶奶带他的，可能有些娇惯，又有一些自卑，但很希望别人能关心他。我听后深感自己的失职，连这个孩子的家庭情况都没有摸透，凭什么给他戴

① 袁娟，女，中学一级教师，校级优秀班主任、优秀德育工作者，德阳市直属学校骨干教师、先进工作者。

上"冥顽不灵"的"帽子"呢？从此以后，我特别留心他的一举一动，总是在适当的时候"帮他一把"。可以看出，他慢慢有了一些转变。而让他彻底转变的事是，有一天他去食堂打饭时不小心摔倒了，脑袋上摔了一个大洞，由于他家住得比较远（平时他都是住校），天又下着大雨，他的父亲没有办法及时赶到，我就叫上班上另一个同学和我一起跟着救护车把他送到医院。当时，我虽然怀着二宝，已经五六个月了，身体行动起来很不方便，但是他入院的每一项需办理的手续都是我一个人跑上跑下处理的，手术也是我扶着他去做的，从下午6点半一直陪着他到临近晚上11点。他的父亲赶到后，我才稍微松了一口气。他的父亲对我千恩万谢，还让他以后要好好听我的话。其实我做这些事情时只是觉得自己仅仅尽到了一个班主任该尽的职责，没有想到他出院后就像变了一个人似的，对我所教的科目就特别认真起来，成绩还上升了不少呢！这让我感到无比欣慰。同时，我也感到了家校联系的重要性。从此以后，我就特别重视家校共育了。

著名教育家苏霍姆林斯基说："儿童只是在这样的条件下才能实现和谐的全面发展，就是两个'教育者'——学校和家庭，不仅要有一致的行动，还要向儿童提出同样的要求，要志同道合，抱着一致的信念，坚持从同样的原则出发，无论是教育的目的、过程还是手段，都不能发生错位。"为了实现这种育人目标，我在所管理的班级成立了家长委员会，并将它作为沟通家庭和学校的桥梁，不断提高我们家长对教育的认识，使家校共育向科学化方向稳步发展，同时也密切了学校与家庭的关系，拉近了彼此间心灵的距离。我们既发挥了家长优势，也挖掘了教育资源。许多家长委员都愿意为孩子们的成长尽心尽力。这让我深切体会到：家校共育，统一的教育思想与方法，既能教会孩子怎样做人，又能提高孩子的学习成绩。

在我班上还有一个这样的孩子，他从小被寄养在爷爷奶奶家，父母常年外出打拼，后来孩子大了，爷爷奶奶身体也没那么硬朗了，父母便把孩子带到身边。一家团聚本应该是一件非常高兴的事情，但事实是：孩子经常和父母争吵，最凶的时候爸爸还会动手打孩子，他们之间的关系越来越僵。妈妈便带孩子到我这里来，她一坐下来便不停地数落孩子，说孩子越来越不听话了，每次回家就好像我们做父母的欠他似的。我们供他吃喝，给他花钱，养他长大，为什么他不理解父母的用心？还没听她讲完，孩子便皱着眉头说："我不稀罕你们的钱，我是我自己长大的，你们根本就没有管过我，现在凭什么对我管东管西？"我先是对妈妈和孩子做了情绪安抚，然后分别单独了解情况。孩子埋怨小的时候父母没有陪伴他，现在就没有资格管他。父母觉得辛辛苦苦工作都是为了孩子，为什么他不理解。其实这件事情本质上是留守家庭父母教育和陪伴的缺失，导致恶性循环。可见，家庭教育在一个孩子的成长过程中是多么重要呀！

教育不单单是学校老师的责任，学习科技知识也不是教育的全部。家庭教育是非常重要的一个方面，父母的行为习惯就是孩子学习的一本教材，家长要做到言传身教。另外，对待孩子，我们要做到疼爱但不溺爱，正确对待孩子提出的要求，对孩子进行适当的挫折教育，让其明白失败是正常的一件事，对待事情做到努力但不强求。

如果我们想采取正确的方式教育好小孩，则必须要家庭与学校两方面共同发力。平时，家长和老师也要多多沟通，与老师一起查找问题和缺陷，了解孩子的情绪是否稳定、言行是否一致，并共同制订良好的教育计划，采取科学的教育方式。平时，多与孩子平等交流，耐心听取孩子的意见，从而有的放矢地进行教育。

家庭是习惯的学校，父母是习惯的老师。我们要通过家校共育，来缔造学生的良好习惯和健全人格，共筑孩子美好的明天！

本文在2019年德阳市家校共育优秀论文（成果）评选活动中荣获二等奖，有改动

如何当好新时代初中班主任

饶洪春[1]

目前，尽管各级教育行政部门都非常注重学生的德育工作，但由于受到社会上各种不良因素的影响，学生的思想存在极大的差异，给班主任的工作带来相当大的困难。鉴于此，本人对如何当好新时代初中班主任进行如下探讨。

一、深入了解学生动态，获取反馈信息

了解学生即了解学生学习、生活、道德、政治、情感、意志、信念等状况。因此，班主任在工作中要经常到学生中走一走、看一看、谈一谈，以高度的责任感和至诚的心去接近、关心、体贴学生，从中掌握、了解学生的思想动态和学生需要解决的问题。平时要仔细观察，注意调查研究，善于观察学生的情绪，接受学生反馈的各种信息，做到教有对象、育有目标。

作为当代教师的我们，更应该在充分了解学生的基础上，根据学生的实际，根据学生本人的心理状况开展工作，使自己能够根据学生不同的实际情况进行教育。不同的学生，他们生活的家庭环境、原来就读的学校以及周边环境是不一样的，所以他们的个性品质也不尽相同。这就要求我们在做学生的思想工作时对这一切要做充分的了解。只有这样，学生才能感觉到你处处为他着想，才能接受你的教育，反馈率才能提高。

二、公平面向全体学生，杜绝偏"爱"现象

有位教育学家曾说过："漂亮的孩子人人都爱，爱不漂亮的孩子才是教师真正的爱。"做老师的就应该公平地对待每一个学生，让学生享受到平等的被爱的权利。每个班级中都存在着"优秀生"和"低差生"，班主任大多把"优秀生"看成掌中之宝，而对"低差生"不够耐心，甚至干脆放弃。要充分认识到转化一名"低差生"和培养一名优秀生是同等重要的。

同一班级的学生，各方面的差异是明显的，这种差异是一种客观存在，是班主任有针

---

① 饶洪春，女，中学高级教师，四川省优秀教师、德阳市学科带头人。

对性进行思想教育工作的出发点，但绝不是班主任对学生采取不同"标准"和"政策"的依据。不能因为学生的家庭经济条件不一样、社会背景不一样、学业成绩不一样，而采取不公平的做法。这样会极大地伤害学生的自尊心和自信心，也会降低班主任在同学们心目中的威信。实际上，不管处在哪个层次的学生，他们都有一个共同的心理需求：希望得到他人的尊重，希望班主任一视同仁地对待他们。

三、以良好的形象感染学生

班主任老师是学生的榜样，我们都知道"身教重于言教"，因此我们应时刻注意自身对学生的影响，处处做到以身作则。平时我在班级经常强调："要讲卫生，不能随便乱扔垃圾。"有一天，我看见教室的地面上有垃圾，就随手捡起扔到垃圾桶里。我的动作被学生看见了，他们也都开始检查自己的周围是否有垃圾，并有同学在周记中写道："老师都能弯下腰去捡一片小小的垃圾，我们更应该按照她的要求去做。"之后，班级卫生明显有了好转。又有一日，我正在教育学生要有礼貌，见到老师或长辈要主动问好，班上忽然有一个学生问我：我们向老师问好，可是有些老师却不回应我们。老师都没礼貌，凭什么要求我们讲礼貌？这个学生的话听起来有些刺耳，但提醒了我们为人师者：老师的一言一行都会潜移默化地对学生产生影响。

四、制订一份可行的班务工作计划

做任何工作都应有计划，有明确的目的，使工作有条不紊，班主任工作也不例外。班主任工作计划有长期计划和短期计划两类。长期计划是指该班学生从进校到毕业，完成整个学段学业的全期工作设想；短期计划则包括学期工作计划和短期工作安排。

班级工作计划的第一个内容就是要确定一个共同的奋斗目标，这个目标能使个人和集体为之奋斗，具有极大的导向和激励作用。一个班级的共同奋斗目标对群体心理有制约力和凝聚力，是班集体形成的基础。

马卡连柯曾说："培养人就是培养他对前途的希望。"奋斗目标要以建立健康、积极、乐观、向上的班集体为中心，培养"求实、勤奋、团结、友爱"的班风，可以根据各个时期的不同要求和各班的具体实际来确定。目标的确定过程，既是教育学生的过程，又是组织班集体的过程。确定了奋斗目标，就要有确保实现目标的措施，这也是班级工作计划的重要内容。

五、开好三类会议，齐抓共管

（一）班干部会

经过学生民主选举或选拔出来的班干部是班集体的骨干，是班主任的得力助手，是班级活动的核心力量。班主任应该对他们倍加爱护和着力培养，除了平时个别指导外，开好班干部会是加强班级干部队伍建设的有效途径。班干部会的主要内容通常有三个：一是组织干部学习，提高他们的理论水平。二是总结前段工作。对前段成绩，班主任要借机对班干部进行鼓励；对前段出现的问题，班主任要主动承担责任，引导班干部反省。三是商讨下段工作。这里要突出班主任的指导性作用。班干部会的召开还必须注意：一是要定期，二是要及时。

（二）主题班会

班会是一个班的全体会议，不同于思想品德课和团队活动，侧重解决班级学生思想实际、学习实际和生活实际中存在的各类问题，主题班会是其中的一种形式。班会每周一次，主题班会每月召开1~2次为宜。开好主题班会应该注意：（1）主题班会是针对班级中比较重大的事件，或意义比较深刻的问题而举办的，必须有"主题"。（2）主题班会要去掉"清账会"的老一套，应不断创新，形式多样，如讨论式、畅谈式、讲座式、演讲式、竞赛式等，开出自己的特色。（3）防止教师"一言堂"，要体现学生是主人，议题应由班委提出，尽量让班长主持。（4）主题班会要富有时代感。

（三）学生家长会

定期召开学生家长会，是实施教书育人、全面提高学生素质的重要举措。如何开好家长会，是家长会的召集人和主持人即班主任应认真考虑的问题。我认为家长会要摆脱事务性的俗套，把它开成具有一定质量的研讨会。这就要求：（1）会议要有明确具体的目的。（2）会议参加者要有广泛的代表性。（3）会前要有充分的准备。（4）会中要有集思广益的民主气氛，会后要有畅通的信息交流渠道。

总之，班主任工作任重道远，但面对现实我们还要继续做下去，用普希金的诗歌来说："一切都是瞬息，一切都会过去，而那过去了的，将会成为亲切的怀恋！"

参考文献

[1]钟鸣.刍议如何做好新时期的高中班主任[J]. 软件，2014（6）：121.

[2]唐万里，裴英．初中班主任的管理教育策略刍议[J]．教育科学，2016（11）：291.

本文发表于《教育科学》（2017年第5期），有改动

良好的教育，从尊重孩子开始

易敏[①]

　　几年前，我担任一年级班主任兼语文老师。班上有个女孩，乖巧懂事，聪明活泼，是我们班的班长。一天早上，我刚到学校，就看见她的妈妈和她在走廊上小声地说着什么。妈妈表情严肃，孩子的眼睛红红的，一言不发，显然是哭过的。她的妈妈看见了我，就把她带到我身边，严厉地斥责她："你怎么那么不听话呢，怎么能随便拿别人的东西呢？"一听到这话，孩子的眼泪就出来了。从妈妈的话语中，我感到事情有些严重，我知道，当着老师的面批评孩子，是一件很不光彩的事，于是我示意家长先消消气，让孩子先回教室上课。她妈妈告诉我：昨天，孩子的一个同学说她在学校偷了别人三块钱，而且钱已经用了。家长觉得很生气，回家就批评了她一顿。可问了一个晚上，她就是不说钱是从哪里来的。孩子的妈妈还拿出三块钱，让我还给被"偷"的同学。我想：这个孩子一直很乖巧，如果真是拿了别人的钱，也应该有什么"难言之隐"。于是，我让家长先回去，我和孩子谈谈再说。

　　下课后，我把孩子叫到办公室，对她说："你看现在就我们俩，你能告诉老师，妈妈说的是真的吗？"孩子把头埋得低低的，我知道她不愿意告诉我。我又说："其实每个人都有犯错的时候，但犯了错误只要改正了，就还是好孩子。老师以前也犯过错误。"孩子的嘴唇动了动，欲言又止，我也不着急，耐心地等待着。终于，孩子朝我点点头，我知道的确是她拿了三块钱。于是我又问她："能告诉老师，你那钱是从哪儿来的吗？"这个问题很敏感，孩子一听这话，眼泪又出来了，她还是不愿意说。我想我也不能再逼她了，就又换了个问题："那你那三块钱是怎么花的呢？"孩子沉默了片刻，一边哭一边说："我用那钱买糖吃了，妈妈不给我买，我看见其他同学吃糖，我也想吃。"孩子已经慢慢地打开她的心扉，但最关键的是钱从哪里来还没搞清楚。这时，上课铃响了，我让她回教室上课。第二节是我的语文课，课堂上，我发现她注意力不集中，也不回答问题，一副心事重重的样子。

　　我知道这件事已经影响到她的学习了，必须尽快妥善处理好。第二节下课后，是大课间活动，孩子们做完课间操回到了教室，我正准备再叫她出来谈谈时，她却主动走到我身边。我把她带到办公室，"你愿意告诉老师那三块钱是从哪里来的吗？"孩子点点头，

---

　　① 易敏，女，大学本科，小学一级教师，德阳市直属骨干教师。

说："那钱是我从姥姥的抽屉里拿的，不是我从别人那里偷的。"孩子说完，如释重负。原来，事情并不像妈妈说的那样钱是从同学那里偷的，孩子此时是信任我的，她已完全向我打开了心扉。这时我抓住时机继续问："哦，原来是这样，你真是一个诚实的孩子，那你觉得在这件事情上，你有没有什么做得不对的地方呢？"孩子一脸认真地说："老师，我知道我错了，我不应该偷偷地拿钱。"我继续说："你看事情说清楚了就没事了，你要拿什么东西，应该先征得别人的同意；想吃什么东西，可以让爸爸妈妈给你买，对吗？"孩子又点点头。我真诚地表扬她："知错就改就是好孩子，你还是老师眼中的好孩子，那你晚上回家，好好和妈妈说，向妈妈承认错误，好吗？"孩子满口答应了，脸上又露出了灿烂的笑容。看到孩子脸上的笑容，我知道这件事处理得比较妥当。

之后，我又打电话和家长交流，告诉她事情的真相，希望她不要过多地责备孩子，孩子只是一时贪吃才犯错的。我听见电话那头传来她妈妈的哭泣声，她说，他们平时对孩子管教得比较严，为了孩子的健康，很少给孩子买零食吃……看来家长也开始反思了。如果她能先做到尊重孩子，和孩子好好交流，相信孩子一定会告诉她事情的真相。

要想得到孩子的信任，就必须要学会尊重孩子，这样我们才能走进孩子的心灵。尊重，是脸上一抹真诚的微笑；尊重，是在他人发表不同意见时的倾听；尊重，是为别人付出努力时所给予的掌声。作为一名教师，我们首先应该学会尊重孩子。

参考文献

[1]崔亦强．家校携手共育，促进学生成长[J]．天天爱科学（教学研究），2021（5）：173-174．

[2]周煜．让习惯与孩子结伴而行[J]．知识文库，2021（6）：5-6．

[3]余志敏．让学生在关爱中成长[J]．课程教材教学研究（教育研究），2020（Z1）：89-91．

本文发表于《百科论坛教育科研》（2021年第8期），有改动

谈语文教学的育人功能

熊晓爽[①]

　　长期以来，我国的基础教育在"一切为了升学，一切围绕升学"的思想指导下，"考什么、教什么，教什么、学什么"便成为中小学的普遍现象，很多教师只重视知识传授，忽视对学生智能、动手操作能力及情感个性等方面的培养。教会学生做人是素质教育最根本的要求。谈到"教会学生做人"，很多教师普遍认为这似乎只属于德育的范畴。殊不知，语文教学亦包含这一功能，只是广大教师并没有注意。下面笔者就语文教学中的育人功能谈一点粗浅的看法。

一、自信自强的激发

　　学生的自卑心理是怎样形成的呢？我们知道，独生子女在现代社会中是普遍现象，唯一的孩子便成了父母的掌上明珠，父母对孩子的照顾可以说是宠爱有加，这样就使得长期在父母宠爱的温室中成长的幼苗经受不了任何风吹雨打。一旦他们在学习或者生活中遭受一点点的挫折，便对自己的能力产生怀疑，进而看不起自己。在繁华的都市，父母迫于过快的生活节奏，在孩子上了中学后无暇顾及孩子的心理辅导，也容易导致他们在遭受挫折后一蹶不振，自暴自弃，进而产生自卑心理。如果是在偏远的农村，这一现象则会表现得更为突出，因为边远山区的孩子无论是在物质生活还是精神生活方面，都不如城里人，他们的父母无论如何辛苦劳作，都很难改变现状，这便会在孩子的心里打下烙印，致使他们在学习中也会产生"我本来就不如他人"的自卑心理。另外，由于离婚率上升、单亲家庭增多，很多单亲家庭的孩子由于亲情的残缺，体会不到"家"的温馨，也容易产生自卑心理。

　　那么，我们在语文教学中应如何激发学生摒弃这种心理而自立、自强呢？这就需要我们在语文教学中，系统介绍作者的生平、相关人物的成长历程，介绍他们在遇到困难、挫折时的处理方法等。如《义务教育课程标准实验均教科书〈语文〉》（人教版）八年级下册中第五课：胡适的《我的母亲》。我们在讲解时，就可以突出胡适的生平：14岁到上海求学，1910年赴美留学。在介绍胡适幼年丧父时，可不失时机地联系当今社会上的单亲家

---

① 熊晓爽，女，小学语文二级教师，德阳市教坛新秀。

庭给下一代造成的负面影响，把胡适幼年的家庭生活状况跟现实生活作比较，让学生看到现实生活中的美，从而树立自信心。当然，还有其他文学史上的故事，如"留下了千古之绝唱，无韵之离骚"的司马迁、文王拘而演《周易》，仲尼厄而作《春秋》、屈原放逐以赋《离骚》、左丘失明厥有《国语》。这一批贤才圣人哪一个不是在逆境中培养出来的？再看看世界，发明大王爱迪生因被认为是低能儿被迫在小学就退了学；贝多芬耳聋，却写出了传世不朽的名作；高尔基从未进过学校，却成为伟大的文学家等。和他们遭遇的挫折与不幸相比，我们同学们那一点点的挫折又算得了什么呢？我们有什么理由自己看不起自己，有什么理由自卑呢？

有关以上这些名人贤士的名篇佳作，在我们现行的语文教科书中比比皆是，只是我们有的教师在引导学生学习课文时只注重培养学生的知识技能，而忽视激发学生的情感。

二、爱国热情的激发

语文是母语教学的主要承担者，是中华民族传统文化在学校教育中的重要体现。学习语文可继承民族文化遗产，弘扬祖国文化传统，激发爱国热情。初中语文课本中能激发学生爱国热情的内容可以说不胜枚举，比如从《七根火柴》中体会革命先烈创业的艰辛；在《故宫博物院》《苏州园林》中欣赏祖先无与伦比的建筑艺术等。另外，还可在"写字"教学中，有机地介绍书法家的生平、趣事逸闻、相关碑帖的创作背景和风格特色以及作者在传统艺术中的地位等。如萧何题额书裳、钟丝阴盗笔法、王羲之"似献反正，若断还连"的传世绝作《兰亭序》、智永的铣限笔象、颜真卿作《祭侄文稿》、杨凝式的大胆创新取神的《韭花贴》……这些书法艺苑中的美谈，一方面能充实丰富课堂教学内容，拓宽学生的知识领域、唤起学生学习兴趣；另一方面可以陶冶学生的情操，激发学生的爱国热情，使学生领悟书法是我国特有的传统艺术，博大精深，内涵丰富，我们应该为之感到自豪，感到骄傲。

三、环境保护意识的激发

湖光山色、鸟语花香、溪水淙淙，是大自然赋予人们最美妙的乐章。但这些不是每个人都能读懂的。当我们为宇宙的神秘而惊异，为人类的智慧而自豪时，我们是否想到，正是大自然无与伦比的智慧创造了这一切；当我们为"征服自然、改造自然而沾沾自喜时，我们是否想到，我们在这条路上的步子到底迈出了多远？"我们只有一个地球，我们都生活在一个地球上，地球是人类赖以生存的家园。然而，城门失火，殃及池鱼；覆巢之下，焉有完卵？君不见，两河流域创造的灿烂的古文化，如今影踪难觅；楼兰古城孕育过先进的生产力，现在已是断壁残垣；罗布泊曾经是美丽的仙湖，牛马成群、绿林环绕、水明如镜，现在也成了不毛之地。"世界著名的内陆湖——青海湖，湖水下降了8.8米，平均每6年下降1米，陆地已向湖中延伸了10多公里；数千年风沙未能掩埋的甘肃敦煌月牙泉，如今也是水深只剩尺余，大有干涸之势。"（人教版八年级语文下册《罗布泊，消逝的仙湖》）。我们惊叹之余，应该深沉地思索：是谁造成了这样的悲剧？伴随工业化、现代化，环境污染日趋严重，造成了很多社会公害，怎样处理这些生产生活垃圾呢？

以上生态环保和可持续发展基本理念在现有初中语文教科书中都得到了很好的体现。我们在引导学生理解课文内容、熟悉科学文艺作品特点、享受文学艺术的同时，也应看到大自然向我们发出的警报，自觉树立环保意识。

本文发表于《中小学教育》（2018年总第110期），有改动

浅谈初中数学教学中的德育渗透

张朝芳[1]

百年教育，德育为先，《新课程标准》把德育放在十分重要的位置。新课程的培养目标指导我们要使学生具有爱国主义、集体主义精神，热爱社会主义，树立民主法治意识，遵守国家法律和社会公德；逐步形成正确的世界观、人生观、价值观；具有社会主义责任感，努力为人民服务；要使学生成为有理想、有道德、有文化、有纪律的一代新人。如何在数学教学中进行德育教育呢？下面是本人在教学实践中将教学和德育有机结合的实例，仅供参考。

一、用好教材中的"阅读与理解"，激发学生爱国情感

在课程标准实验教材中，在指导学生阅读《有关几何的一些知识》《中国最早使用负数》《勾股定理》《关于圆周率》《我国古代有关三角的一些研究》《我国古代的一元二次方程》等之后，告诉学生，自古以来我国在数学应用研究方面就有辉煌的成就，如祖氏公理的发现早于世界其他国家1100多年，杨辉三角的发现先于其他国家400多年，祖冲之对圆周率π值的计算、负数的使用、方程组的解法都比欧洲早1000多年，我国古代的科学成就令世人瞩目。现代，我国科学的丰硕成果同样也令世界各地的炎黄子孙自豪，如我国著名数学家华罗庚教授发起、推广的优选法，被广泛地应用于生产和科学试验，创造了很大的经济价值；陈景润成功地证明了数论中"（1+2）"定理，被誉为"陈氏定理"；美籍华裔科学家杨振宁、李政道、吴健雄因在科学上的巨大成就而荣获诺贝尔奖等。这些真实典型的数学史实不仅可以激发学生强烈的爱国热情和民族自豪感，而且可以激励学生不断进取。

二、引用"古代数学史"，培养学生把理论与实际联系在一起，体现数学的价值

数学应用的广泛性是数学学科的基本特征之一，加强数学与实践的联系，强化数学的应用功能，已逐渐成为人们的共识。数学教学可以培养学生的应用意识和应用能力，而且

---

① 张朝芳，女，中学一级教师，德阳市直属学校骨干教师，德阳市直属学校先进工作者、中考教学先进个人。

可以对学生进行思想教育。

早在公元前两千年，我国的治水英雄——大禹，为了解决治水中的地势测量问题，就巧妙地利用了直角三角形的边角关系，解决了不少治水工程的难题，这种方法比西方三角术的研究早两千多年。讲述这个故事，不仅使学生看到了中国古代人民的智慧，而且使学生深切感受到了数学知识的实用价值，提高了学生学习数学应用题的积极性。在以后讲授直角三角形知识的应用时，再进一步启发学生，数学知识只有最终同实际问题相结合，才能真正体现出它的实用价值。另外，为了加深学生对课堂讲授内容的理解，提高学生解决实际问题的能力，我给学生布置了一些作业，如自己制作测角器，测量学校旗杆的高度，测量凤凰塔的高度；或者建议学生到农村、工厂、建筑工地参观学习，了解数学知识在各方面的应用情况。

祖冲之对圆周率进行运算，得出3.1415926＜π＜301415927，把中国数学推向了又一个高峰。在我们的数学教育中，可以多给学生讲讲这方面的知识，这样既可以提高学生的民族自豪感、自尊心和自信心，也能将这些转化为为祖国建设事业而刻苦学习的责任感和自觉性，同时还可以培养学生不畏艰难、艰苦奋斗、刻苦钻研的献身精神。华罗庚幼年未受过正规教育，但才华横溢，为数学事业作出了巨大贡献；著名数学家陈景润顽强拼搏，在攀登"哥德巴赫猜想"的征途上遥遥领先；著名的德国数学家希伯索斯发现了无理数，为了坚持这一发现而被抛尸大海……在世界数学发展的历程中，每前进一步，都需要数学家们的胆识、勇气和毅力，甚至以生命为代价。

三、充分利用现代信息技术对学生进行德育教育

在信息技术突飞猛进的今天，教师应充分利用现代教学技术作为教学辅助手段，大力开发并向学生提供丰富的学习资源，把现代信息技术作为学生学习数学和解决问题的强有力工具，收集学生难以看到的、具有重要意义的图片来培养学生的爱国热情，激发其学习动力。如"神七"上天、宇航员出仓、三峡大坝、北京奥运会主场馆——鸟巢、上海世贸大楼、中国古代的历史建筑故宫、长城等，展现一代又一代中国人的智慧。

其次，还要运用现代信息技术教会学生自己收集图形、设计图形。例如，设计学生自己喜欢的图形，收集一些公司或企业、行业的标志，为班上设计班徽等，激发学生的学习积极性，让学生在实践活动中培养他们的创新能力。

数学教学可以培养学生的应用意识和应用能力，而且可以对学生进行思想教育。总之，在中学数学中渗透德育教育，要从学生已有的知识和认识目标出发，充分利用数学的学科特点，深挖中学数学教材中所蕴含的德育因素，有机渗透，达到德育、智育的双重教育目的。

本文发表在《少年智力开发报. 数学专业》课改论坛版（2019年第33期），有改动

浅谈中学历史教学中的道德教育

欧波①

在新课程标准下，加强德育教育，培养学生良好道德品质是目前中学历史教学的目标。历史是一门基础学科，有其本身的知识结构，也有其德育的结构。有史有德，既体现了历史教学上的史论统一，又实现了历史在全面发展教育上德育与智育的统一。

我们强调在教学中渗透德育，主要是培养学生爱学校、爱家乡、爱祖国的思想感情以及培养学生的民族自豪感、历史责任感，使学生学会学习、学会生活、学会处事、学会做人。下面笔者就这方面谈谈个人的看法。

一、必要性

青少年学生的自我意识觉醒，自主要求强烈，自我表现欲望旺盛，乐于表达自己的意见，却不太尊重别人的意见。社会文化的多元化，社会不良因素，对学生的认知结构和道德信念的影响逐渐加大，导致学生对传统道德如忠孝节义等内容不感兴趣，道德意志薄弱。因此，进行理论、实践、行为等方面的道德教育，塑造学生健全的道德人格是当务之急，也是中学历史新课程标准的要求。

二、中学历史教学中道德教育的基本内容

（一）培养学生树立正确的世界观、人生观、价值观

历史是向前发展的，一种社会形态向另一种社会形态过渡，都反映出一种进步的趋向。人类社会的进步和发展，新生事物代替旧事物，是历史发展的必然结果。这个规律不因任何个人意志而转移。在教学中，指导学生用进步的、辩证的观点看问题，有助于学生树立正确的世界观、人生观、价值观。

在人类文明的发展史上，曾涌现出无数的民族英雄、爱国志士、科学家等，他们远大的志向、崇高的理想、高尚的品德、坚忍不拔的毅力、无私的奉献精神等，都可以用来对青少年进行理想和优良品质的教育。用先人的事例去熏陶、激励学生，引导学生学习杰

---

① 欧波，男，中学一级教师，德阳市直属学校先进教育工作者。

出人物的高尚品质，树立正确的世界观、人生观、价值观，做一个有理想、有道德、有文化、守纪律的一代新人。

（二）培养学生发扬艰苦奋斗精神

古代历史上著名的"文景之治"就是艰苦奋斗的典型事例，汉代文帝、景帝作为一国之君，能亲自下田耕作，能以身作则提倡节俭，穿布衣、食粗饭，使大汉民风大变，扭转了汉初经济萧条、一片荒凉的局势，使汉朝迅速民富国强。在历史教学中，要让学生懂得，我们和发达国家相比，还有相当大的差距，要坚持独立自主、自力更生、艰苦奋斗，树立正确的消费观，不图虚荣、不浮躁，不见异思迁，矢志不渝地追求真理，坚定不移地将理想付诸实践。

（三）培养学生民族责任感

爱国主义是一个民族赖以生存的强大精神支柱。历史是爱国教育最丰富、最生动的教材，进行爱国主义教育是历史课贯穿始终的任务。

在教学过程中，通过对中国近代和现代这两个阶段的对比，让学生认识到历史的进步，今天超过昨天、明天胜过今天，从而使他们对祖国未来建设产生正确的认识，更好地担负起国家和民族发展的重任，形成强烈的民族责任感。从驱逐倭寇的戚继光、收复台湾的郑成功，到虎门销烟的林则徐、血洒疆场的关天培，他们表现出忠贞的民族气节；从与舰共存亡的邓世昌、以身殉国的丁汝昌，到甘愿为变法而捐躯的谭嗣同、"为天下人谋永福"而献身的林觉民，他们都有豪壮的爱国义举；朱自清宁死不吃美国救济粮，京剧表演艺术大师梅兰芳抗战期间毅然留起了胡须，拒绝为侵略者和汉奸演出，他们表现出了崇高的民族气节。这些都是我们进行爱国主义教育的最好素材。我们也可以结合历史教育教学内容，通过开展丰富多样的课内外活动，有意识地对学生进行爱国主义教育。可以举行国情知识竞赛，组织课外阅读、讨论、观看电影、开展影视评论，编辑历史小报，举行报告会、故事会等丰富多彩、生动活泼的课外教育活动，使学生受到德育教育，激发学生为中华之崛起而读书的热情，树立报效祖国、建设美好未来的远大志向，在潜移默化中接受爱国主义教育。

（四）培养学生的民族自豪感

通过对祖国四大发明内容的讲解，使学生认识到四大发明既是我国人民对世界的重大贡献，也是中华民族的骄傲，激发学生强烈的民族自豪感，对中华民族的前途充满信心。另外，通过对近代中国抗争史的讲解，使学生深刻认识到，近代中国人民备受国内外反动势力的欺凌，中国人民经过一百多年的抗争，经过许多的曲折、失败和不懈的奋斗最终打败了日本帝国主义，打败了美帝国主义，让学生产生民族自豪感和自信心，激发学生的爱国热情，教育学生努力学习、报效祖国，把爱国的热情化为学习的动力。

德育教育是一项伟大的工程，是一个深刻的主题。思想道德素质是主要的素质，历史是当代人的财富。在中学历史教学中贯彻道德教育，既符合历史学科特点，也符合学生心理特点，同时也体现了新一轮课程改革的目标。作为一名历史教师，我们要善于将历史榜样的行为规范和学生现实生活中的行为规范有机联系起来，指导他们在处理个人与国家、集体、他人的关系中学会做人。要从大处着眼、小处入手，培养教育学生以史为鉴，明辨是非，习善成性，使学生增强自尊、自信、自强的民族精神，为中华民族自立于世界民族之林而奋斗。

本文发表于《华章》（2011年第22期），有改动

润物细无声

——浅析初中生物教学内容中情感教育内容的挖掘

肖容①

教育，狭义上指专门组织的学校教育；广义上，指影响人的身心发展的社会实践活动。依据新的课程标准，我们设计了新的课程目标，课程目标必须贯穿和体现于教学目标中，教学目标的内容范围必须与课程目标一致，具体包括以下三个维度：知识与技能、过程与方法、情感态度与价值观。

三维目标中的情感态度价值观目标，指的是学生对过程或结果体验后的倾向和感受，是对学习过程和结果的主观经验，又叫体验性目标，包括认同、体会、内化三个层次。

生物学是研究生命现象和生命活动规律的科学。人类在自然界中扮演着重要的角色，但是人归根结底是生物。学习生物学，可以帮助人找准自己在自然界的定位，搞清楚自己，以及自己的生存环境，增强自己的社会适应能力。同时，作为地球的主宰者，人的身上肩负着重要的责任，我们应该怎么做才能保护好我们和其他生物共同且唯一的家园，这也是生物教学的重要任务。

在七年级上册的教学中，我们要让学生明白，生物圈只有一个，能满足生物生存的范围只是一个薄薄的圈层，人类的一些行为正在破坏它：乱丢垃圾，滥砍滥伐，因为一时贪念编制的捕兽陷阱，因为对利益最大化的追求而肆意建设和破坏……有时候，你很爱美，摘下一朵花玩弄着，但是你不知道，你破坏了花的繁殖；有时候，你会在草地上放飞自我，但是你不知道，你的行为会让土地裸露，导致水土流失；有时候，你会在旅行的路上，带回一些奇异的动物或者植物，但是你不知道，你的行为可能会导致生物入侵，破坏你家乡的生态平衡……我想，也许他们是真的不知道，但是学习生物的意义不就在于了解相关知识吗？学生明白了原因，就会积极参与环境保护的。

在七年级下册中，对人体知识的学习可以让学生了解自己，照顾自己。催吐减肥是极不科学的，PH值约为2的胃酸会严重腐蚀食道，同时对口腔和牙齿的破坏性也很强。胶囊不便于吞咽，但是我们也不能拨掉它的外衣去吞服，因为外壳是由淀粉构成的，它到了小肠才开始被消化，脱掉外壳的药物会影响药效的发挥，严重的会伤害自己的身体。养成正确的用药习惯，就是在爱护自己。打一个喷嚏，飞沫可以到达两米以外；呼吸道对空气的

---

① 肖容，女，大学本科，中学高级教师，德阳市骨干教师。

处理能力是有限的，在特殊情况下，我们要佩戴护具，科学的防护很重要。

在八年级上册，我们会认识很多动物。细菌是微小的生物，条件适宜的话，每半个小时就可以繁殖一次。我们的手上"营养丰富"，为了自己的健康，一定要勤洗手。动物的行为，有先天性行为和学习行为。人类，有很强的学习能力，我们要相信自己，不在难题前绊倒，不在对手前认输，"你只是比我坚持得更好""我也可以"……

在八年级下册，我们走进了生物学世界的更深层。遗传与变异是前沿知识，学好生物，可以参与很多社会活动：谁在公众场合乱吐痰？唾液中有脱落的口腔上皮细胞，只要找到里面的细胞核，我们就可以复原那个人的长相。每个人的指纹、耳纹、唇纹等都是独一无二的，在刑侦学里运用，坏人无处遁形。健康是指一种身体上、心理上和社会适应方面的良好状态，而不仅仅是没有疾病或者不虚弱。现在的学生，要面对来自四面八方的压力，自己处理问题的方法单一，同时缺乏和外界沟通，缺乏对他人的信任，往往会导致负面情绪积累，从而爆发情绪病，严重的会出现抑郁，这些都是不健康的表现，却又经常会被自己或者家人忽略。学习生物学，就是学会看清自己，及时解决问题。

生物教学，不只是知识的传授，还需要做横向的、纵向的延伸。学习生物学，就是要让学习者认识自己，爱护世界。

第三篇

教 学 类

不忘初心，向上生长
——教师继续教育培训学员案例

黄文[①]

教师继续教育培训为提高整体素质和促进教师专业化发展提供了一个平台，通过参加教师各种项目培训、岗位实践，我在教育思想、教育理念、教学设计、教学方式和教育艺术等方面有了长足的进步和提高，深刻认识到树立现代教育观念是教师的立教之本。

一、贯彻立德树人的思想，引领学生身心发展方向

通过教师继续教育的各种培训和理论学习，我始终坚持思想铸魂，将德育寓于教育教学的全过程，充分发挥课堂主渠道作用，结合所教物理学科的特点，努力讲好物理史，特别是中国物理学家在这方面作出的重大贡献，培养学生的爱国主义精神。在《认识浮力》这部分，向学生讲解"辽宁号""山东号"航空母舰，告诉他们我军于2019年12月17日正式进入双航母时代，在润物细无声的课堂教学中厚植爱国家园情怀。积极参加志愿服务活动，关心关爱留守学生和进城务工子女，从思想上、生活上、经济上给他们以无私的帮助，长期主动资助贫困学生，利用放学后的一切课余时间义务为学生补习文化知识，结合学校"立恒志，成衡器"办学核心思想，为学生举行隆重的颁奖仪式，激励他们不忘初心、向上生长，被学生称为"信赖的黄妈妈"。通过教师继续教育的各种培训，守好讲台主阵地，把握学生身心发展规律，增强育人的主动性、针对性、实效性，用平等、尊重、理解、包容、信任的教育信条诠释班主任丰富多彩的班级管理工作，用辛勤的劳动、奉献的情怀、淡泊名利和率真的人生态度丰富师德的内涵。我多次被评为德阳市直属学校教育先进工作者，2017年荣获"德阳市华民园丁师德奖"。

二、筑牢教育理念的根基，努力转变教学方式

我于2005年被评为德阳市骨干教师和中学高级教师后，曾经有一段时间在教育教学中

[①] 黄文，女，中学高级教师，德阳市初中物理中心组成员，德阳市骨干教师、师德标兵、优秀教育工作者。

陷入"此情无计可消除，才下眉头，却上心头"的瓶颈阶段。通过教师继续教育培训，我孜孜不倦地学习和实践，转变观念，走内涵发展之路，由原来随意地、粗放地教学转变为自觉地、精细地科学育人。深刻领悟"教师为主导，学生为主体"的教学理念，着眼于学生深度学习能力和物理学科核心素养的培养，以学定教，分层教学，教学过程中着重德育渗透，逐渐形成了独树一帜的教学风格。在课堂教学中大胆采用"激趣教育法""小组合作学习""同伴互助""让物理课堂具有仪式感"的教学方式，形成了独特的教学方法和教学模式。把课堂教学作为学生亲身体验"发现"和"探究"的过程，上课时经常从讲台走到学生中间，通过师生、生生沟通对话，使学生在轻松愉快和谐的教学氛围中，主动探究物理现象。例如，在讲授教科版九年级第五章第一节《欧姆定律》时，放手引导学生通过自主学习，用已学过的"控制变量法"分小组对"电流与电压，电流与电阻"的关系分别进行科学探究，鼓励学生勇于从不同的角度提出问题，分析数据，交流讨论减小误差的方法，然后得出结论，培养学生良好的科学态度和勇于创新的科学精神，让他们学会合作共赢，尝到成功的喜悦。通过组织学生自制降落伞比赛等丰富多彩的教学实践活动，激发学生学习物理的兴趣和热情。由于教学理念的不断更新和教学方式的不断完善，我们这所生源较差的薄弱学校2014级4班中考物理科优生率达78.6%；2017级1班、2018级2班、2019级5班中考物理成绩在同级同类学校中名列第一。由于教育教学成效显著，我再次被评为德阳市物理骨干教师，2017年又荣获"德阳市直属学校学科带头人称号"。

三、扎紧教学科研的纽带，融合教育技术的脉冲

教学有法而无定法，通过各种教师继续教育培训，不断探索研究教学方法的改革，已成为我教学的一贯原则。在教学实践中，我善于总结教学经验，在教育教学和物理方法等方面进行了一系列卓有成效的研究和探索。为提高教学能力与艺术，我拓宽视野，积极参加省、市、区、校各级现场和网络"教学案例"和"教学理论"的培训。为了迎接信息时代的挑战，我积极参加信息技术项目的专项培训，融合教育技术的脉冲，熟练掌握"交互电子白板""一体机"的使用，熟练运用"西沃白板"等教学软件辅助教学，参加"德阳市教育教学信息化大赛"并获得市级二等奖，2021年荣获四川省优秀自制教具评选活动省级二等奖。我撰写的《初中物理实验教学的创新策略》等8篇教育教学论文在全国各级刊物发表并荣获国家级奖，其中《浅谈网络环境下物理电子备课的优势》荣获德阳市一等奖并选送到省里参评，荣获省三等奖；将物理教学与科研课题研究有机结合，在教师继续教育培训的过程中主动承担市、县、校各级示范课、研究课和专题讲座。近五年来分别在德阳市初中物理教研会上承担了《激情教育情怀，升扬教学境界》等多次专题讲座，承担了"压强专题复习"的示范课，得到了同行们的高度认可。2014年担任主研工作的学校国家

级课题"安全教育策略的应用研究"结题并荣获国家级科研成果一等奖，2019年担任主研的省级物理课题"信息技术与初中物理教学有效融合的策略研究"已结题，2019又担任了德阳市市级物理课题"优化物理课程资源培养初中学生物理创新能力的实践研究"的主研工作。通过教师继续教育培训学习，在完善自我专业成长的同时，我指导中青年教师成长方法得当，效果突出，用独特的人格魅力和专业魅力指导青年教师迅速成长为学校的中坚力量。作为物理中心组成员，近年来我指导梁巧玲老师参加德阳市物理青年教师大赛并荣获一等奖；指导培养本校的青年物理教师黄煜捷，参加德阳市第三届初中物理青年教师技能大赛并荣获二等奖；指导邱兰老师迅速成长为市直属学校物理骨干教师。

四、升华教学艺术的境界，成就课堂教学的精彩

教学是一门技术，更是一门艺术，是一种特殊的实践艺术、过程艺术。通过教师继续教育培训学习、教学实践、教学反思，我越来越感觉到，一堂成功的精彩课，教师不仅要有先进的教学理念、扎实的基本功，还要研究课堂组织、调控、启发艺术，课堂教学出彩的关键就是激活学生的思维。为了达到这个效果，首先，我的每堂课都会创设一个拨动学生心弦的课堂问题或情景，把每一堂课都设计成带领学生一起愉快旅行。例如，在讲授教科版八年级上第四章第四节《光的折射》时就自制教具，模拟渔夫叉鱼，引入新课。课堂气氛瞬间就会变得生动活泼，课堂教学高潮迭起。例如，学习完光的折射规律后，请学生利用自制的教具帮渔夫把鱼稳准狠地叉到，再学以致用解释前面引入时渔夫为什么抓不到鱼，怎样才能抓到鱼。这样首尾呼应牢牢地抓住学生的注意力，不失时机地精心制造教学的亮点，把课堂教学推向高潮，收到了事半功倍的效果。其次，教师要有教学智慧，才能及时、巧妙、灵活地化解突如其来的偶发事件。学生上我的物理课时常会感到时间过得特别快，特别愉悦。一堂精彩的课，不仅要运用到语言艺术，还会涉及目光、动作、情绪等教学技法。如此，四十分钟的课堂就会变得生动、活泼、有效。通过培训学习我深谙这一点，所以只要一站上讲台，就总是以饱满的热情、最佳的心境和高昂的教学激情投入，调动教学气氛，和学生在心理上产生共振，进入最佳的学习状态。我的PPT课件总喜欢插入一些励志的名人名言，片尾也总喜欢插入一些学生喜欢的励志歌曲，以培养学生的爱国爱家爱校情怀，让学生有如沐春风的感觉。近五年来，我分别在德阳市初中物理教研会上承担了《激情教育情怀，升扬教学境界》等多次专题讲座，得到同行们的高度认可。近年来执教的《测量电阻》《焦耳定律创新实验演示器》荣获四川省校园影视教育成果展示交流活动省级一、二等奖。

通过教师继续教育培训，我更新教育思想观念，掌握现代教育技术，优化知识结构，提高专业水平、增强教育情怀、升华教学境界，自己的课堂教学也进入"忽如一夜春风

来，千树万树梨花开"的境界。由于在教师培训中表现突出，2014年被德阳市教师继续教育培训中心评为"学科教学技能培训优秀学员"；2019年参加教师全员培训提交的成果《核心素养在压强专题复习中的教学设计》被专家推优，所带研修组的总分也位居全市前茅，本人也在近2000名研修组长中脱颖而出，被评为"德阳市2019年中小学教师能力素质提升全员培训优秀研修组长"。岁月悠悠，教师的培训学习永远在路上，继续坚持"不忘初心，向上生长"的人生信条，向着课堂教学的最高境界——"悠然心会，妙处难与君说"的方向持续努力，把成为一个深谙教育教学规律，有丰厚的教育教学理论知识，具有较强的教育研究能力，懂得管理的探究型、复合型、专家型的教师作为自己努力的方向，做一个有教育情怀的教育人，做一个有教育思想的教育人，做一个有教育实绩的教育人！

本文于2019年12月作为"教师继续教育培训学习学员案例"选送省上参评，有改动

语文教学要有"爱"

喻跃文[①]

在倡导素质教育的今天,学习语文是为了生活中方便用文字与别人交流,为了学习、工作的需要,为了人的精神需要。语文学习也是一种情感交流的重要方式,是老师与学生用文字对话、用语言交流情感的重要手段。语文教学要有爱,爱会让我们的教学交流变得更顺畅,我们在教学中要用爱去唤醒每一个学生。

一、语言的实际运用中渗透爱的教育

语文教学大纲中"听"和"说"的内容合在一起,形成了口语交际,这是进行情感交流和心灵碰撞的一种非常好的形式。课前三分钟演讲是一种行之有效的方式。在演讲活动中,可以预先设置一个关于爱的主题,如母爱、友爱、师生情等。在"献给母亲的歌"主题演讲中,先以"孟母三迁"和"一碗阳春面"的故事导入,两个故事的生动情节、浓浓的亲情深深地打动了学生的心;接着又配乐朗读了孟郊的《游子吟》,在声情并茂的朗读中,学生进一步感受到伟大的母爱。许多学生跃跃欲试,想讲出自己的亲情故事,想表达自己的感恩情怀。让学生回忆自己或者收集古今中外名人的亲情故事,并一个个讲出来。"一石激起千层浪",引发学生的深思和共鸣,让学生懂得孝敬父母。学生在饱含激情的演讲中受到熏陶。这种对学生进行爱的教育的方式,犹如一股甘泉渗透到学生心中,滋润学生的心田,使他们的灵魂得到升华。

二、阅读教学中有爱

语文教学具有"缀文者情动而辞发,观文者披文者以入情"的情感教育功能,使学生在学习中受到潜移默化的教育。在阅读教学中可以教会他们爱自己、爱父母、爱家乡、爱祖国,让他们成为一个具有高度责任感和使命感的人。

---

① 喻跃文,男,中学语文一级教师,长期从事中学语文教学工作。

（一）在品读中感受细腻真情

品读，就是品味性地读。其基本特点就是反复地、比较性地读，读出意境，读出情味，在读中品味浓浓的爱。例如《背影》中父亲的四次背影：第一次文章开头奠定全文感情基础。第二次出现在车站送别时"胖胖的身躯，穿着黑布大马褂，深青布棉袍，步履艰难，蹒跚地爬过铁道"。第三次在告别后儿子望着父亲的背影消逝。第四次文章结尾，儿子在泪光中读父亲的来信。这些细节描写融入了父亲浓浓的爱。

（二）诵读中体悟博大情怀

叶圣陶先生说："叙事抒情的文章，最好还是要美读。就是阅读过程中要把作品的感情特别是爱读出来，这无非如孟子说的以意逆志，设身处地，激昂之处有激昂，委婉之处有委婉。"在诵读中体味爱，更能进入文境，设身处地，才能使自己的心声与作者的心声产生共鸣，才能更好地品味作品的动人情节，领略人物的品格风采，感受文学作品的完美形象，领会文章饱含的深情。《与妻书》要采用多种朗读方式声情并茂地反复诵读："吾至爱汝！即此爱汝一念，使吾勇于就死也！吾自遇汝以来。常愿天下有情人都成眷属，然遍地腥云，满街狼犬，称心快意，几家能够？吾诚愿与汝相守以死。"

（三）朗读鉴赏中拥有大爱

顾炎武说："国家兴亡，匹夫有责。"汉语作为中华民族的母语，是一个民族思想文化的载体。一个强大的民族必须有爱。语文作为一门工具学科，其作用不可替代。教授《黄河颂》时，利用课余时间给学生观看有关"卢沟桥事变"的电影，让学生体会国家民族被践踏、被蹂躏的悲哀和痛苦，激发强烈的爱国热情，培养热爱祖国大好河山的感情。

三、作文教学中渗透"爱"的教育

"文如其人""文品如人品"，文品的高低直接反映人品的高低，在写作教学过程中，爱的教育尤其重要。写作是运用书面语言进行表达的过程。善事、善德，崇尚美、热爱美、赞扬美、追求美，让学生在作文课中去感受真爱、感悟真理、陶冶性情、升华思想。在教学过程中，教师要努力创造"吾手写吾心"的条件，鼓励学生表达自己对自然、社会、人生的独特感受和真切体验。

（一）抓住作文的命题环节进行爱的教育

命题的好坏，直接影响学生的思路，影响作文中心的确立。因此，教师的命题可以结合社会、人生以及学生的生活经历、内心情感、各种思考等进行，培养学生的宽容意识、感恩意识、独立意识、反思意识、合作意识以及敬业精神等。

（二）抓住作文讲评环节进行爱的教育

陶行知说："真教育是心心相印的活动，唯独从心里发出来的才能达到心的深处。"作文讲评可以培养学生良好的思想品质和高尚的情操，使"作文"与"做人"有机地结合起来。在作文讲评中，我注意选择那些能突出文章中心的段落、思想性较强的语句、突出人物品质的细节描写，激励学生学习他人的文章的好思想。教师的讲评，要像春风，带着真诚将思想教育吹进学生的心田，滋润学生的心灵。

四、在语文教学活动过程中渗透爱的教育

老师在课堂上不仅要传道授业解惑，还要与几十个学生进行情感交流。在语文教学中，我把学生分为三类，不同的学生给予不同的"爱"，对优生严格要求，听课回答问题的状态要求高；对中等生严格和鼓励同时进行；对待后进生更多的是鼓励。而我教学教育的重点更多地倾向于后进生，让他们恢复自信和勇气，重新点燃学习的信心。

"十年树木，百年树人"，成才之根本在于先成人。语文学科所具备的人文精神要求在语文教学中渗透爱的教育，真正为学生的人格全面健康发展服务。

在语文教学过程中，拥有爱就把握了语文教学的核心，这也是语文情感教学的关键。至于在什么时候采取、通过什么手段实施，需要在实践中不断探索和总结，在具体学习和工作中不断完善和加强。

参考文献

叶圣陶. 叶圣陶文集[M]. 长春：吉林文史出版社，2002.

本文发表于《中学生学习报教育周刊》（第1878期），有改动

浅谈初中作文评语的和谐教育功能

冷胜火

作文，号称语文的"半壁江山"。作文教学，写好评语是至关重要的一环。它不仅是对学生作文的评价和指导，更是一次以文本为载体的心灵对话。借助作文评语营造轻松氛围，构建和谐教育，使学生以阳光的心态去发展能力，陶冶品格，是我始终如一的追求目标。

一、挖掘闪光点，建立师生间的和谐关系

心理学家威廉詹姆斯说："人性中最深切的秉质，是被人欣赏的渴望。"老师要善于发现学生作文的闪光点，充分保护学生的写作热情。大到审题立意、构思过渡，小到开头结尾、词句推敲，或者标点符号、思想倾向、书写质量等，要带着"放大镜"去寻找值得表扬的点点滴滴，其中必然会有他与众不同的地方。学生小雪写了一篇题为《漂亮妈妈》的文章，作者的妈妈不仅容貌美丽，而且心地善良。我为之折服，写下了这样的评语："漂亮二字一语双关，构思新颖出奇，若能在词句推敲上再下功夫，必是一篇美文！"学生阅读到这样的评语后，成功的喜悦自不言说，还激起强烈的兴趣和欲望，作文的畏惧心理完全消除了。两天后作文重新交来，清新脱俗，文采飞扬，最后一段抒情文字是这样写的："妈妈，也许将来我也干不了什么惊天动地的大事，但我一定努力学习，报答你们。当某一天你们苍老得走不动的时候，我将毫不犹除地变成你们手中的拐杖，陪伴你们走遍世界的天涯海角！"后来，本文成功发表在《德阳日报·教育周刊》，校园为之轰动。现在该学生已经成为我班公认的作文之星。

但是，抓闪光点并不等于无原则地吹捧。评语要满怀深情，要中肯、准确，尤其是赏识性的赞语不能言过其实。有时候，越是好文章越要提出高要求，使作者既得到鼓励，又不至于自我陶醉。曾看到一位老师这样下评语："你的文章闪烁着思想的光芒，我不由得想起了鲁迅！"我认为这样的评语只会让学生感到不安，甚至觉得是对他的羞辱，这样起不到激励的作用。

由于知识、阅历等因素的影响，学生的作文不可能每篇都尽善尽美，有的甚至一塌糊

涂。如果教师一味挑毛病，将文章批得千疮百孔，只有打击，缺乏鼓励，学生的自尊与自信也就荡然无存，会认为作文难写，于是怕写。因为怕写，所以越来越难写，后来干脆不写，形成恶性循环。不要吝惜表扬，这是我一贯遵循的教育和教学原则，借助评语对学生进行思想教育，使师生之间增进了解，沟通心灵，作文评语成了我和学生交流的窗口。多年来，我与学生保持着良好的关系，学生喜欢语文，乐于作文，而且越写越好，现在我所任班级已有9名学生的作文在省市级报刊发表，占本班学生总数的1/5，受到师生和家长的高度评价。教学相长，我也在与学生的作文活动中丰富和提高了自己。小小的作文评语发挥出了双重效益，一箭双雕，何乐而不为？

值得注意的是，言为心声，学生在作文中很容易流露出自己的真情实感，特别是一些消极情绪，如厌学、情感困扰、学习压力等。每到这种时候，我们就要把作文技巧之类的东西暂时抛开，在评语中就他暴露出来的问题进行探讨。这类评语，超越了传统作文评点的范畴，实际上是一种书面谈心，这也是语文学科人文性的具体体现。

二、融汇教师学识，稳固师生间的和谐关系

随着学生年龄的增长和兴趣范围的扩大，强烈的求知欲使他们特别仰慕学识渊博的老师。语文是一门综合性很强的人文学科，内容宏丰，包罗万象，这就要求语文教师必须对各类知识都有所涉猎，广收博取，方能游刃有余。如果在评语中能恰当融入其他知识，既可以让学生开阔眼界，增强求知欲，调动他们学习的积极性，还能体现教师的学识、修养、气度和才情。久而久之，教师会在学生的潜意识中形成一种榜样和人格力量，威信大增。

一名学生在《武侯祠游记》中写道："站在刘备墓前，我思绪万千：仁爱宽厚的一代雄主，竟然未能'逢凶化吉'，如今默默葬身于这森森古柏之下……"我做了如此旁批："刘备死于农历四月，烈日炎炎、气温很高，从白帝城到成都交通也不方便，再快也需30多天，尸体必然腐烂。据此，刘备葬在成都一说，当是讹传。"此语一出，当即引爆班级"三国论坛"，学生唇枪舌剑，争得如火如荼，实在出乎意料。学生对我说："老师，想不到你对历史还很有研究呀！"其实，我还是从地摊闲书上看到这些说法的。

青少年最强烈的心理需求就是得到别人，尤其是"权威"人士的评价和赞许，这样会使他们得到最大的满足和快慰，进而转化为强烈的自信和向上的力量。如果你是他们心目中的权威教师，你的建议性评语，他们更愿意接受。点拨得法，学生往往会茅塞顿开。学生小燕在一篇作文中，写她的大伯通过开办苕片加工厂，搞活家庭经济，最后脱贫致富，过上了小康生活。素材不错，但题目换了几个都不如意。我以商量的口吻评道："本文意在体现农村经济面貌的巨大变迁，你觉得'神话'一词如何？"她豁然开朗，当即敲定为《大伯的神话》，着实让人眼前一亮。

三、尊重学生个性，完善师生间的和谐关系

苏霍姆林斯基说过："在人的心灵深处，都有一种根深蒂固的需求，这就是希望自己是一个发现者、研究者、探索者。"现代教育观主张教学中尊重生命，把教师与学生的关系看成生命体对生命体的关系。其中，尊重学生个性发展，是语文教师的首要任务。如果教师发现学生在写作文时没有按既定要求做，通常的做法是把作文返还给学生，命其重写，或者用自己的个人见解代替学生的独特体验。这样做，实际上无异于充当了扼杀创新的"刽子手"。

一个学生在作文中写道："什么？记者要去采访我叔叔？他可是全村著名的穷人啊。"我哑然一笑，在"著名"二字下面划上横线并打了一个问号，试图了解他的用意。学生反馈：老师，"著名"是褒义词，此处反其意而用之，是为了取得幽默的表达效果。我恍然大悟，欣然提笔，将问号改成大大的惊叹号，并作上"☆"以示鼓励。我为自己没有贸然下"用词不当"的结论而庆幸。学生视我如知音，每成一作，必相与探讨，成绩进步之神速，令人吃惊。期末考试中，其语文以作文47分、总分108名列全校第一。其实，学生只要打开了创新思维的大门，就会释放出巨大的写作潜能，妙笔生花就成了水到渠成的事了。

作文评语，一个永久而鲜活的话题。教师若能紧紧抓住这一联系师生情感的纽带，充分利用它"纸上谈心"的便利，创建和谐统一的良好氛围，提升作文评语的导向品位、文化品位和育人品位，我确信，这份营养丰富的精神快餐，必能使作文教学走进奇葩满园的新天地！

本文发表于《现代教育理论与实践指导丛书》，有改动

语文教学如何培养学生的创新精神和实践能力

曾祥琼[①]

有人说过这样的话，跨出学校大门，就要将你在学校学到的知识全部忘掉。这虽然说得有些绝对，但不能不引起我们思索：教学何时陷入了这样的窘境？我们常常告诫学生要学以致用。作为教师，如何教授学生，才能让他们学有所得、学有所用呢？陶行知先生说："千教万教教人求真。"可见，在课堂教学中，我们就不应把奉送知识真理作为主导，而应以教学生发现真理为主。作为一名语文教师，在教学中培养学生的创新精神和实践能力是当务之急。

韩愈在《师说》中写道："师者，所以传道授业解惑也。"长期以来，教师把"传道、授业、解惑"的古训视为教坛圭臬。在传统教学中，教师就是课堂的主体，而学生就是被动接受教育的"塑造对象"。这种教学模式严重阻碍了学生的心智发展。毛泽东同志曾经号召"教育要革命"，主张从课堂上解放学生。如今提倡的素质教育是教育的一大变革，这一变革的重要内容就是要确立学生在课堂教学中的主体地位。这就要打破教师控制课堂、主导课堂的局面。所以，教学要创新，首先就应从教师做起。第一，教学观念的创新。教师要确立与创新素质教育相适应的现代教学观念。第二，教学方法的创新。要改变传统的课堂中强行灌输、死记硬背、题海战术的教学方法，遵循以学法为主、教法为学法服务的原则，综合运用启发式、诱导式、讨论式、质疑式等多种教学方法。第三，教学手段的创新。在高科技和信息时代，教师不能只满足于教案、粉笔、黑板这些老式的手段，而应采用较先进的多媒体教学。

那么，语文教学中如何培养学生的创新精神和实践能力呢？

第一，教师应为学生敞开知识的大门，培养学生的创新思维。在课堂教学中，教师应引导学生从多方面思考问题，尊重他们的想法，肯定他们的做法，并适时地鼓励他们。面对孩子质疑的眼光，不要轻易说"不"。要激发学生的创新思维，就不要做出阻碍学生思维发展的行为。比如，统一步骤，统一答案，统一方法……这一系列的"统一"只会禁锢学生的思想，无益于孩子将来的发展。有这样一道语文题："雪化后是什么？"有孩子答"是水"，也有孩子答"雪化后就是春天"，还有孩子答"雪化后变成养料滋润庄稼"。

---

① 曾祥琼，女，大学本科，中学一级教师，市直属学校先进工作者，指导学生习作参加各级各类比赛多次获奖。

这些回答充分反映了孩子们的创造性思维，我们能因为所谓的"标准答案"就否定其他答案吗？从2002年起，高考语文试卷把诗歌鉴赏题由客观题改为主观题，不也正是基于这方面的考虑吗？

第二，设置问题不能太死板，要给学生留足够的想象空间。绘画中，有一种技巧叫留白，我认为，把它运用到语文教学同样管用。对此，教师设置问题，就应做精心考虑。问题不能太简单，应尽量避免出回答"是""不是"的是非问题。当然也不能太难，要有一定的层次性，多出开放性题目。我教《散步》这篇文章时，在学生预习课文后，就设置这样一道题："瞧这一家子"，让学生根据自己的理解介绍这一家人。教《老王》时，我让学生以"我看老王"为题介绍主人公。这类题目不呆板，又留有余地，学生思维挺活跃，回答问题很积极，阐述的观点也非常新颖。

第三，精心设置问题情境，引导学生品读课文，发现问题。语文学科博大精深，课本所选的文章也是典范。我们要教学生认真赏析课文，体会欣赏的乐趣，激发学生的创新精神和实践能力。在语文教学中，常常应是"于无疑处生出疑来"。如鲁迅先生的《药》，华老栓买回人血馒头后与华大妈有这样的对话："得了么？""得了！"对此学生并不在意。老师可设置问题引导：①得了什么？②为什么不点明是人血馒头？③这只是鲁迅先生用语的简练吗？通过引导，学生会发现，看似简单平常的对话，把华老栓夫妇渴望得到人血馒头，但又害怕血淋淋的人血馒头，因而忌讳说人血馒头的复杂心态表现出来了。可以说是于细微处见真知，真正做到了小中见大、平中见奇。学生在品读中找到了兴趣点，提高了学习积极性。同时，又开阔了思路，为阅读和写作找到了新的切入点。

第四，建立合理的评价制度。评价学生是教育学生的手段，只有做到评价时客观公正、一视同仁，教育才能做到有的放矢。片面、粗浅地评价学生，只会抑制学生创造性思维的发展。评价学生应以促使学生上进、引导学生健康发展为原则。当前教师对学生的评价，大多还是以学习成绩为标准。这种片面的评价标准，忽视了对学生综合能力的培养，也打击了成绩差的学生的学习积极性，给学生心理造成极大的危害。陶行知先生曾提醒我们："你的教鞭下有瓦特，你的冷眼里有牛顿，你的讥笑中有爱迪生。"我们在评价孩子时，可千万别错过了未来的瓦特、未来的牛顿或者未来的爱迪生，否则将会铸成千古遗恨。所以，建立合理的评价制度，应注意到以下几点：①要注意到学生的个体差异；②采取激励机制，肯定学生的进步；③善于发现学生的长处，激发学生的内在潜能。

第五，引导学生积极地参与到教学中来。陶行知先生说："行动是老子，知识是儿子，创造是孙子。"只有让学生切实参与到教学中来，才能让他们得到真正的锻炼。学生通过教学过程中的具体操作获得知识，这样才能为其开拓创新创造条件。在课堂教学中，教师应创造良好的氛围，建立和谐平等的师生关系。北大教授陈平原说："师生之间，有传授知识与接受教育的关系，也是一种对话与竞争。"他认为师生之间应是从游、问学的关系。良好的师生关系，可以激励学生的参与意识，让学生在学与知中享受到获取知识的乐趣，从而激发学生的创新精神，提高其实践能力。

总之，课堂教学是实施以培养创新精神和实践能力为核心的素质教育的主渠道。在课堂教学中，教师应教会学生学习方法，把抽象的知识转化为可操作性的实践。有意识地培养学生的创新精神和实践能力，提高学生自主学习的能力。

本文发表于《新形势下教育管理理论与实践指导全书》（2008年第3期），有改动

初中语文古诗词鉴赏教学有效性初探

李昌淑

古诗词鉴赏教学要寻找有效路径，就必须先弄明白古诗词鉴赏究竟是什么。我们不妨这样想，鉴赏的前提是理解，理解的前提是阅读，所以鉴赏的过程也是阅读的过程。在这个过程中，始终是读者自愿、自主地在与文本发生对话。因此要寻找路径，就应该以读者的鉴赏心理和古诗词文体特征为起点，寻找古诗词鉴赏教学的有效路径。

一、初中语文古诗词鉴赏教学的意义

在推行素质教育的今天，人们越来越认识到重视人的思想道德素质、能力培养、个性发展、心理健康教育的重要性。通过开展基础教育，来提高受教育者各方面的素质，而初中语文古诗词鉴赏教学可以有效实现这一点。首先，对初中生开展古诗词鉴赏教学，既是对我国优秀传统民族文化的有效传承，更是一个发扬的过程。其次，我国古诗词文化中，不少都包含着一定的教育意义，比如对家乡的热爱、孝顺长辈、忧国忧民等。最后，通过实施初中语文古诗词鉴赏教学，能陶冶学生情操，有利于初中生形成积极向上的思想。古诗词是我们的民族文化瑰宝，其内容丰富、形式生动，是我们民族引以为豪的文化成果。学习古诗词是了解我们民族的过去、培养我们民族自豪感的重要途径。利用诸如辩论、演讲等多种形式加深学生对古诗词的理解，或者鼓励学生多读有相关背景知识的书籍，多看相关历史知识的好电视、电影节目，增强学生对民族文化的认同感，激发学生学习古诗词的热情。因此，综合来看，在初中语文教学中开展古诗词鉴赏教学意义重大。

二、初中语文古诗词鉴赏教学分析

（一）在观图中初步感知美

苏轼在《书摩诘蓝田烟雨图》这首诗中说："味摩诘之诗，诗中有画；观摩诘之画，画中有诗。"诗词中总是能描绘出一种优美的意境和画卷，要想在教学中体会诗词的特点，可以将这幅画卷直观地呈现出来。在教学过程中，教师可以根据诗词的具体内容，以PPT的形式展示出相应的场景图片，给学生以更直观的感受。这样学生理解起诗词来会有所依据，更容易展开联想，降低诗词鉴赏的难度。

以《使至塞上》一诗为例，"大漠孤烟直，长河落日圆"这一千古名句是学生感知的重点。在传统教学中，教师对于"孤烟"和"大漠"这两点会着重讲解，让学生想象出相应的场景，但这样并不能引起学生的兴趣，更无法让学生产生真实的感受。如教师将这一场景通过多媒体设备展现在大屏幕上，则会给学生以视觉冲击，让他们和作者产生情感共鸣。"大漠抓烟直，长河落日圆"一联不仅在形式上对偶，内容上也"对偶"，自然而然并且协调统一，而且不会影响此联阔大苍茫的意境，作者哀婉凄美的情思亦衬托其中。对于教材上所配的观赏图片，应引导学生细致而全面地观察，初步感知诗歌所描绘的美的意境，亦可结合诗歌内容和图片，在学生诵读的过程中发挥想象力，由诗及画增强诗歌鉴赏能力。

（二）在品味关键词语中找准"诗眼"

委婉含蓄、意味隽永是古诗词语言的特色，"言外之意，象外之象"给读者留下大片想象的空间，更让我们难以从词句的浅易讲解中言传出诗人所表达的心境和思想情感。那么，怎样让诗人所隐含的思想情感彰显放大，通俗易懂？

从表象的语言文字深入诗歌所抒发的情感与阐述的哲理，对学生来说有一定的难度。那么，如何从某字、某句诗中去品味体会，抓住"诗限"体会"文心"呢？例如：有的题目就是诗歌的眼睛，是诗的魂魄；有的诗题目直接点明文章内容，如王昌龄的《从军行》、杜甫的《春夜喜雨》等；有的则点明写作意图，如王维的《送元二使安西》、王勃的《送杜少府之任蜀州》等。根据题目我们可以把诗歌分为送别诗、写景诗、咏史诗、咏物诗等。学生只要把握诗歌的类别，就基本能把握诗歌的主要内容了。

前面举的都是唐诗的例子，那词曲怎么办呢？其实道理也是一样的。词曲的词牌名或曲牌名本身不仅是一种格律形式，也是一种内容形式，如《雨霖铃》《蝶恋花》这一词牌大致是婉约一类的，《长相思》自然是表达思念之情的，《渔家傲》则侧重于边塞豪放之情。

每首诗都有一个关键的句子来抒发诗人所表达的情感，教学时必须抓住这个关键句以及这个句子中的关键词，使学生能准确理解诗歌所表达的情感。教学王湾的《次北固山下》时，抓住"海日生残夜，江春入旧年"中的"生"和"入"，让学生体会景物节令中，时序交替是那样匆匆不可待的自然理趣。海日生于残夜驱尽黑暗，江上景物呈现的"春意"闯入旧年，赶走严冬，不仅写景逼真、叙事确切，而且表现出具有普遍意义的生活真理，给人以乐观、积极、向上的力量。这样讲，诗中所蕴含的哲理和诗人的思乡之情也就自然而然地显现出来了。

（三）在诵读中体会古诗词的思想感情

"书读百遍，其义自见。"初中学生正处在世界观、人生观、价值观不断形成的阶段。在古诗词教学中，教师可充分利用这个特点，引导学生多读、多背，从而积累丰富的知识，为古诗词的学习奠定良好的基础。同时，培养学生在背诵中进行品味，不断提高学生的语文素养和审美情趣。例如，白居易的《钱塘湖春行》，教师可引导学生通过反复诵读，体会语言的优美，体会早春时节嫩柳、春花充满生机的意境，品读作者所描绘的这幅淡雅、富有情趣、动静结合的美丽水彩画，深入理解"几处早莺争暖树，谁家新燕啄春泥。乱花渐欲迷人眼，浅草才能没马蹄"的精彩画面。

三、结语

在初中语文新课改的背景下，教师要不断关注学生的古诗词鉴赏能力，引进新型古诗词鉴赏教学法，不断提升学生的古诗词鉴赏能力，从而提升学生的语文专业素养。

参考文献

[1]张桂明．初中语文古诗词教学方法浅析：论如何提高学生学习古诗词的兴趣[J]．语文教学通讯，2015（1）．

[2]杨勇．轻叩诗词大门进游诗词海洋：浅谈初中语文古诗词教学[J]．语文教学通讯，2014（3）．

本文发表于《教学与研究》（2020年第16期），有改动

浅谈想象训练在语文教学中的作用

聂忠安[①]

想象是人对自己头脑中已有的事物进行加工、改组而建立新事物的心理活动过程。语文教学中的想象训练就是学生在学习语文课文时，针对课文部分的内容，进行充分合理的想象，产生一个新意境的心理活动。

笔者认为，可从学生的想象训练入手，促进学生读写听说能力的全面提高。

一、以想促读

想象训练是以课文内容为出发点的，要达到想象合理，就得对课文内容有全面、深入的理解；否则，想象就会成了无源之水、无本之木。

想象训练让学生乐读。常言道，兴趣是最好的老师。孔子也曾说过："知之者不如好之者，好之者不如乐知者。"

想象训练有助于学生深读课文，挖掘文章的主题，使学生认真仔细读课文，使理解达到一定深度。

想象训练可以激发学生强烈的求知欲望。学生会在阅读上主动下功夫，本来具有抽象意义的文字，在具体的语境中可以唤醒学生不同的情感体验。在与学生的精神融合中，语言也具有丰富的色彩，具有生命。阅读的过程，是学生展示自己生命力量的过程、升华自己精神的过程。想象训练对促进学生阅读、培养学生阅读能力，起到了促进作用，能让学生养成充分利用自习时间自觉朗读课文的习惯。

二、以想助写

想象训练所需时间短，几乎每堂课都可以进行。想象训练可以训练学生的思维能力和语言表达能力。它针对性强，只侧重学生的感受能力和语言表达能力；效果好，学生通过想象训练也可以写出佳作。想象训练可以调动绝大部分学生的写作积极性，提高学生的写

---

① 聂忠安，男，中学高级教师，荣获德阳市教育局直属学校先进工作者、德阳市教育信息宣传先进个人、德阳市教育工委优秀共产党员等荣誉。

作兴趣。

三、以想带听

想象训练，可以帮助学生提高听说能力。听讲授课文内容，听教师要求，听同学发言，并提出自己的意见；不认真听讲，想象训练就无法顺利进行。结合课文设计一系列想象训练，可以提高听说能力。因此，以想带听是培养学生听力的有效途径。

四、以想引说

想象训练的结果最终要用语言表述出来。在想象过程，学生的形象思维、逻辑思维、判断推理能力都有所提高，有助于提高学生说的欲望，让每个学生都想说、敢说、能说。

总之，想象训练是听说读写有机联系的纽带，语文教学通过以想促读、以想助写、以想带听、以想引说的想象训练，让学生的语文素质得到质的提升。

本文发表于《德阳日报教育周刊》（2009年第11期），有改动

领略诗词之韵美
——浅谈初中语文古诗鉴赏教学策略

罗莉[①]

古诗教学给语文学习带来了活力，但由于教师没有充分应用，学生并没有对古诗的内容进行细细研读。所以，古诗教学质量并不是很高。为了解决这个问题，教师需要对学生加强引导，让学生能够更为充分地感受诗词之美，能够在学习的过程中更好地提高自己的综合素养。

一、引导学生在阅读诗词的过程中理清思路

由于诗词的语言是较为精练的，学生在阅读诗词的时候需要先弄清楚它的表面意思，再结合自己对其写作背景的了解，发挥自己的合理想象，才能对其进行正确的理解。然而在实际的学习过程中，学生在阅读诗词的时候常常会出现一头雾水的情况，他们会觉得诗词的跳跃性较大，较难理解，因而不能够很好地理清思路。

为了有效解决这个问题，教师可以通过点拨的形式对学生进行加强引导，让学生在教师的启发下，结合自己对诗词文字的理解，对诗词的内容进行一定程度的梳理。但如果仅仅是将诗词文字翻译成白话文，学生并不能够很好地明白诗词的写作目的等，这对于学生鉴赏诗词韵律之美是不利的。因此，教师需要对诗词的背景进行介绍，让学生能够更全面地审视诗词的内涵，从而能够领略诗词之美。

二、引导学生品味诗词的语言，感受诗词之美

在学生梳理清楚诗词的写作思路之后，教师可以引导学生对诗词的语言进行品味，让他们通过精读的方式进一步感受诗词的韵律美。在这个过程中，教师需要对学生进行一定程度的引导，让学生能够较为充分地把握诗词的结构，能够在朗读的过程中结合自己对上下文内容的理解，对某一经典的句子进行细细品味。值得注意的是，在这个过程中，教师需要引导学生进行大胆的想象，从而能够更好地品味诗词的魅力。

---

① 罗莉，女，大学本科，中学一级教师，德阳市骨干教师，优秀共产党员。

在这个过程中，教师可以对学生提出三个要求：第一，让学生能够通过品味诗词的语言，感受诗词的思想内涵。教师可以向学生提出一些问题，让学生能够在朗读的过程中有一定的目的性，增强学生的阅读效果。同时，学生也能够通过解决这些问题更好地把握文章的思想内容，这对于学生领略诗词之美是有一定帮助的。第二，在学生能够基本把握诗词的中心思想之后，教师可以鼓励学生进行相互讨论，让学生在讨论的过程中坚定自己的想法。当然，学生也可以倾听他人的观点，从而学习他人独到的想法，并且能够从中受到启发，这对于学生更为全面地把握诗词是有一定帮助的。第三，在许多的诗词中，教师常常能够发现会有一些留白的部分，因此，教师可以引导学生对其进行续写，让学生进一步感受诗词的韵律美，有效提高学生的综合素养，这对于激发学生的学习兴趣有重要的作用。

例如，在教授《黄鹤楼》的相关内容时，教师可以先对黄鹤楼这一建筑进行介绍，激发学生的学习兴趣，让学生能够调整好自己的心态，开展后续的学习。接着，教师可以引导学生通过自由朗读的方式把握诗词的大致内容，让学生能够在自由朗读的过程中感受诗词的韵律美。之后，教师可以将教学的重点放在诗词中的两个"空"字，让学生结合自己对上下文的理解，分别对两个"空"的含义进行赏析。这将帮助学生更为充分地感受诗词的韵律美，能够让学生在朗读的过程中更好地与作者共鸣。学生能够较好地把握这两个"空"的含义后，他们自然能够较为清楚地把握文章，能够体会文章的思想感情，从而提高自己的诗词鉴赏能力，进而有效提高自己的综合素养。

三、引导学生以生活的视角感受诗词之美

教师在开展诗词教学的过程中，往往会认为诗词讲述的内容与我们现在的生活相去甚远，因而常常忽略将诗词的内容同我们的生活进行一定程度的联系。其实不然，诗歌仍然对我们的生活有着较强的启示作用。因此，教师需要帮助学生调整好心态，在学习诗歌的过程中以更为轻松的状态对其进行理解，从而有效降低自己学习诗歌的难度，提高自己的鉴赏能力。

为此，教师可以对其进行一定的引导，以学生在实际生活中接触的事情为素材，帮助学生更好地将其与诗歌的内容结合，让学生能够较好地把握诗歌的内容，感受诗歌的魅力。当然，教师还可以将学习的主导权交由学生，让他们发散思维，自主地将生活同诗词的内容进行联系。在这个过程中，学生可以将其同真实的生活进行联系，也可以将其同自己想象中的生活进行联系。不管是哪种方式，都将有助于学生以个性化的方式对诗歌的内容进行较好的赏析，这将帮助学生更好地开发自己的想象能力，提高自己对诗歌的鉴赏能力。

四、总结

总之，教师在开展初中语文古诗鉴赏的教学过程中，可以通过引导学生通过阅读的方式理清诗词的思路，从而能够为后续的学习做好一定的准备；可以引导学生联系上下文，对描写最为出彩的一句话或者一个字进行赏析，让学生在品味的过程中更好地把握诗歌的魅力。同时，教师也可以引导学生续写，更好地把握诗歌，提高自己的语文综合素养；可以引导学生从生活的角度对诗歌进行赏析，帮助学生以更好的心理状态欣赏诗歌，提高自己的鉴赏能力。

参考文献

[1]郭芸芸. 诗词鉴赏，增识提趣——谈初中语文的古诗词鉴赏教学方案[J]. 中文信息，2020（4）：155.

[2]汪元丽. 初中语文教学中加强对学生古诗词鉴赏能力的培养[J]. 散文百家，2020（6）：142.

[3]韩曙昌. 关于初中语文培养学生古诗词鉴赏能力的教学实践分析[J]. 魅力中国，2020（8）：80-81.

本文发表在《学习周报（教与学）》（2021年第7期），有改动

浅析神话"精卫填海"的文化内涵

曲芸萱

一、精卫填海的内容

我国古代著名书籍《山海经》里有一段非常简短的文字，记录了"精卫填海"的神话故事："又北二百，曰发鸠之山，其上多柘木，又鸟焉，其状如鸟，文首、白喙、赤足，名曰精卫，其鸣自詨。是炎帝之少，名曰女娃。女娃游于东海，溺而不返，故为精卫。常衔西山之木石，以堙于东海。漳水出焉，东流注于河。"

我们把目光投向原始社会。在原始时期，物质生活极度贫乏，人们常常食不果腹、衣不蔽体，还常常要和野兽争夺食物，争夺生存的空间。为了生存，他们想了很多种方法。后来在无意中他们发现了火，用火烹饪食物，用火制造武器围捕野兽，他们又在生活中发挥集体的力量，通过多人的共同围捕，他们能捕猎更多的野兽虫鱼。与野兽的抗争可以通过武器，通过集体的力量慢慢解决，但是面对一望无际、面对神秘莫测的大海，他们一筹莫展，他们不知道应该用什么样的方法来应对。虽然人们在面对现实的困境时经常束手无策，但是从古至今人们面对困难时都拥有强大的精神世界。当他们看到海面上自由飞翔的小鸟时，他们就幻想自己能变成一只小鸟，能够征服大海，在大海上自由翱翔。原始社会的人为了自己的生存问题，坚决与任何艰难困苦作斗争，这种坚持不懈的精神让我们肃然起敬。

二、精卫填海的归属类型

神话是由人创造的，承载了人们的思想，寄托了人们的理想。由于不同的理解视角，我们可以把精卫填海归属为不同类别的神话。首先，精卫填海可以归为变形神话，并且是变形神话中的"死后托生"神话，即人肉体死后灵魂不死，并且将灵魂依附在现实生活中的另一个生物上。文中的少女在东海边上嬉戏，不幸落入海中溺死，然后将灵魂寄托在鸟的身上，变成了一只精卫鸟。其次，我们还可以这样分析精卫填海的类型：炎帝少女和大海没有任何仇怨，但在自己不慎溺亡后，从此和大海抗争到底，化身为一只精卫鸟，日日夜夜填海。由此，我们也可以说精卫填海属于"复仇类型"的神话传说。针对此说法，不少学者得出这样一个观点："中国古代神话中记录了很多典型的非自然的死亡事件，其中的意外让人看到了先人在自然面前的弱小和无能为力，同时也透漏出了生命的脆弱。"我们从原文中看出，女娲不幸溺水身亡就是一种非自然死亡，体现了先民们在面对自然时的无能为力，以及生命的无比渺小。著名作家茅盾则认为："精卫与刑天是属于同型神话，都是描写象征百折不回的毅力和意志的，这是属于道德意识的鸟兽神话。"茅盾把精卫填海归属为道德层面的神话类型，体现了本民族人民坚持不懈、不屈不挠的坚强意志力。

三、精卫填海体现了人与自然的关系

在原始社会，因为社会生产力极度落后，人们无法对生活和自然现象做出合理的解释，于是发挥想象，赋予自身某种超自然的力量，以此来体现对大自然等外界环境做抗争的决心以及对美好生活的期待。《精卫填海》神话的解读中最广为人称颂的是精卫鸟所体现出的坚持不懈、永不言弃的精神。在原始社会，生产力极其低下，人和自然是紧密联系在一起的，人做任何事情都必须考虑自然的因素，基本没有办法改变自然条件。但随着人的活动空间的逐渐变大以及人在实践中不断强大起来，人与自然的关系就发生了改变，开始形成了对抗的局面。心理学家冯特说："神话思维的重要推动力，不是观念，而是伴随着观念的情感激动，因此一切神话都来自情感激动和由此产生的意志行为。"袁珂先生有过评价，他说："从人们的理智上看来，她这工作当然是徒劳无益，但从感情上看来，沧海固然浩大，然而小鸟的坚忍不拔想要填平沧海的志慨却比沧海还要浩大，此起所以为悲壮，为值得赞美。"

四、精卫填海中包含的鸟图腾

图腾，是记载神的灵魂的载体，是古代原始部落迷信某种自然或有血缘关系的亲属、祖先、保护神等，而用其来做本氏族的徽号或象征。炎帝的少女死后，化身为一只精卫鸟。由此可以推出，在炎帝生活的时代，鸟作为一种图腾，象征着整个部落。在我国原始社会，称炎帝者有两个，一是古华夏族团的炎帝（出于少典氏，与黄帝并列）；另一个是古东夷族团的蚩尤。华夏炎帝姜姓，以羊为图腾，领地距海甚远；蚩尤族隶东夷，东夷以鸟为图腾，地濒东海。由此可推出，精卫鸟不是华夏炎帝部族的少女，而是炎帝蚩尤部族的少女溺亡化身而成的。虽然神话所描绘的故事大都是神秘并且虚幻的，但体现了原始社会人民心里真实的想法与愿望。图腾给人以莫大的精神鼓舞，在他们面对不可战胜的危险与困难的时候，他们都相信图腾神灵会给他们以庇佑。因此，先民们将鸟作为图腾，作为部落的象征，充分体现了对鸟的崇拜之情。

参考文献

[1]高朋，李静．精卫填海神话的文化内涵解析[J]．淮阴工学院学报，2012（4）．

[2]闫德亮．中国古代神话的文化观照[M]．北京：人民出版，2008：45．

[3]茅盾．中国神话研究初探[M]．上海：上海古籍出版社，2005：88．

[4]高尔基．论文学[M]．北京：人民文学出版社．1978：97．

[5]邓启耀．中国神话的思维结构[M]．重庆：重庆出版社，2005．

[6]袁珂．古神话选择[M]．北京：人民文学出版社，1982：90．

[7]龚维英．"精卫填海"神话深层蕴涵及其他[J]．求索，1993（1）：86-89．

[8]王增永．神话学概论[M]．北京：中国社会科学出版社，2007：209，210．

本文发表在《人间》（2016年第5期），有改动

小学语文课堂中学生审美能力培养的实践分析

叶帆[①]

对于小学生而言，审美观念的形成与完善，为他们日后的学习和工作中提高对事物的认知能力打下扎实的基础。美感教育应该贯穿在学生生活、学习等各方面，其作用是去除人在审美过程中的目的，以更纯粹的审美态度对事物进行观照，从而达到更高的审美高度，获得很好的审美效果。《小学语文课程标准》明确指出："在语文学习过程中，培养爱国主义感情、社会主义道德品质，逐步形成积极的人生态度和正确的价值观，提高文化品位和审美情趣。语文课程还应重视提高学生的品德修养和审美情趣，使他们逐步形成良好的个性和健全的人格，促进德、智、体、美的和谐发展。"因此，小学语文教师要不断创新课堂教学方法，遵循语文课程的特点，有意识地对学生进行审美能力的培养。

早在18世纪，德国著名哲学家康德的二元论将统一的世界分为"现象世界"和"实体世界"，并且认为"现象"和"实体"不是对立的，而是世界的两个方面，现象世界即我们能感知的客观存在，是有形的；实体世界是我们的精神世界，是看不见的，但绝对存在的。我国著名教育家蔡元培对"两个世界"进行解释，他认为前者是对现实幸福的追求，后者是对超越价值的追求，即前者是客观生活上对物质、社会关系等事物的追寻，后者注重人的精神家园建设，从更高的层面讨论人的价值。美感教育也就在人的精神层面进行。小学语文课堂教学中的审美能力培养即对学生精神层面的培养，是感性的、抽象的、非结构性的知识培养。因此，教师要牢牢把握教材的人文主题，从教材中挖掘美学内涵。

在部编版语文教材中，特别强调对学生人文素养的培养，每个单元都安排一个人文主题，如四年级上册单元人文主题包括童年、生活、爱国、想象等。人文主题的确定便是培养学生真善美品质的具体要求。教学前，教师要充分理解每个人文主题的内涵，例如，在四年级上册第七单元中，以"天下兴亡，匹夫有责"为人文主题，设计这一单元教学时，可分析文本的美学内涵。如第20课《古诗三首》中，蕴含三位诗人强烈的爱国精神。在《延安，我把你追寻》一课中，作者用强烈的语言表达追寻延安精神的热情。课文里的这些爱国精神和革命精神，是新时代背景下培养社会主义接班人事业的内在要求。对学生来说，这些精神太过抽象，如何有效地让学生体验到这种崇高美，便是课堂审美能力培养的第二步——在朗读中感知美。

---

① 叶帆，女，中共党员，硕士研究生，2019年获德阳市直属、经开区语文优质课竞赛一等奖。

学生理解的"美"很片面，多以视觉美为美。因此在教学中，教师没有办法通过语言叙述让孩子理解课文的美学内涵。朗读起到了补充作用，在《延安，我把你追寻》这一课中，通过反复诵读，教师加以情感上的指引，学生很快便投入追寻延安精神的情感中，即使延安精神对他们来说还很模糊，但在课堂反馈中能感受到学生对延安精神的认可和肯定。在诗歌的情感高潮部分，学生自觉地加强语气，在朗读中感知文本中的美。

最后，学生应该主动发现美、感知美。在教师进行一定的审美能力培养后，学生也具备一定的鉴赏能力、批判能力和感悟能力。此时，需要让学生将这些能力外化为文字。因此，需要学生将课上和课后所发现的、感知到的美表达出来，进行鉴赏。可在课堂上让学生口头表达，也可以在随堂小练笔中体现。只有在创作中，学生的审美能力才能得到真正提升。

蔡元培强调："美育就要发挥一种相当于审美在现象世界与实体世界之间的桥梁作用的那种作用，才能达到一种对人或世界的整体观照。"我们的语文教学便是其中的桥梁之一，只有不断探索小学语文课堂审美能力的培养方式，才能更好地传播真善美，培养出具有灵性的孩子。

参考文献

[1]朱光潜. 谈美书简[M]. 上海：华东师范大学出版社，2016.

[2]濮坤. 小学语文教学创新的实践思考[J]. 江苏教育学院学报（社会科学），2011（5）：16-18.

[3]李莎莎. 论蔡元培美育思想及其现代意义[D]. 山东师范大学，2007.

本文获德阳市教科院论文比赛一等奖，有改动

浅议小学语文的游戏化教学

赵华①

学生不仅是教学的主要对象，而且是教学的主体。只有围绕学生开展教学活动，才能够提高教学的质量与效率。小学生具有活泼好动、爱玩的天性，传统的教学模式与学生的内在诉求并不适应，游戏化教学能够有效激发学生的兴趣与热情，有效提高教学质量，为学生的发展奠定基础。

一、利用游戏进行小学语文教学的功能

所谓游戏化教学，就是让教师结合学生的心理发展特点，在设计课堂教学的时候，将游戏引入进去，利用游戏的情境、趣味等，以辅助的形式使教学策略得到进一步完善，让课堂教学的氛围变得更好。这种教学模式在当前的小学阶段教育中深受师生的喜爱，其余基本的教学目标融合了游戏的精神和教学实践活动，既能够让教学内容按时按量完成，又能够让学生在课堂上更好地发现小学语文教学的魅力，促进教学内容转化为游戏内容，让学生产生更加深刻的印象。在此过程中，游戏氛围浓厚，能够让学生们对语文学习的兴趣大大增强，从而从根本上提高语文学习的有效性。总体来说，小学语文游戏化的教学主要有以下几个功能。

1. 激发学生的课堂参与热情

对于小学生而言，兴趣是学习的动力源泉，富有感情色彩的教学内容往往更容易让学生加深理解。利用游戏可以让学生在有趣的环节中，充分体验语文知识内容的趣味性和娱乐性，从而激发学生的正面情绪体验，让每一个学生都能够通过关注游戏来学习教学内容，从而使游戏的动机逐渐转变为学生学习语文的动机。

2. 提高学生的个人修养

游戏有完善的规则，学生有秩序地参与游戏，能够在潜移默化中受到语文知识的熏陶，从而也能间接地培养审美情趣。游戏环节可以融入朗诵、歌咏、竞赛、绘画等多种形式，能够从声音、图像、文字、动作等方面让学生得到教育和熏陶。此外，每一个学生都

---

① 赵华，女，高级教师。从事小学语文教学多年，一直在探索如何利用课堂40分钟有效地吸引学生的注意力，激发他们学习语文的兴趣，提高教学质量。

要严格遵守游戏规则，让学生的个人道德修养不断得到提高，从而养成自律、尊重、善于合作的美德，并且在未来的生活中也能更加尊重他人，坚持公平诚信的原则，树立正确的价值观念。

二、小学语文游戏化教学的开展策略

1. 提高教师的教学能力，提升游戏化教学的基本水平

利用游戏进行教学，需要教师有较强的教学能力，因为教师是游戏化教学的实施者。所以在日常的教学中，应该对教师的游戏化教学方面的能力有一定的要求。传统的教学模式，正是因为缺乏学生们的主动参与，所以师生之间毫无互动。这样的教学模式之下，学生学习的积极性不高，而且学习的欲望也会严重受挫，所以语文教学的效果并不明显。而游戏化教学正是让教师通过引导学生，释放学生的天性，增强课堂的趣味性，让生动活泼的学生能够把自己的个性特点充分发挥出来，并且积极地投入游戏环节。要想让游戏教学能够更好地发挥作用，首先，教师应该更新自身的教育理念，不断进修，提高自己的教学综合能力，努力做好游戏化教学的实施者。其次，学校也应该邀请有相关经验的专家来定期给教师开展讲座，让教师能够在这些交流中，把自己教学实践的心得体会与专家进行分享交流，从而不断查漏补缺，找到自身在教学过程中存在的问题，并且及时总结，让教师的游戏化教学能够做到与时俱进。

2. 利用多媒体教学设备，辅助游戏化教学的开展

随着信息技术的不断发展，多媒体教学技术走进了小学教学的课堂当中。这种教学模式有着传统教学方法无法比拟的优势，多媒体展示能够让学生对教学的内容有更加深刻的印象，能够让学生更加集中注意力。多媒体的运用无疑可以让教学进度加快，还可以在课堂上更好地拓展知识内容，使教学的效率得到提高，教师可以给学生留出更加充分的时间，组织学生开展游戏活动，让课堂发挥不一样的作用，从而达到良好的教学效果。教师可以通过多媒体把课文中的自然景象、故事情节动态地展现给学生。此外，教师可以在多媒体教学之余，鼓励学生大胆地进行创作，从而激发学生们学习的信心。

3. 把游戏化教学应用到新课导入环节中

课堂导入环节是十分重要的。俗话讲，良好的开端是成功的一半。利用游戏来进行新课导入，能够在课堂一开始就充分吸引学生们的注意力，更好地激发学生自主学习。教师应该好好把握这个特点。例如，在低年级的语文教学中，主要是让学生们锻炼识字和写字的能力，让学生在文章的学习中加强自身朗读能力的训练，而传统的教学方式只会让学生感到枯燥乏味。所以，为了让课堂形式变得更加生动形象，教师可以在课堂导入的环节，让学生们通过游戏的方式来完成。比如，角色扮演就是一个很好的方法。《笋芽儿》这篇

文章的教学就可以利用这种游戏的方式来导入新课。可以让学生扮演文章中的笋芽儿、雷公公、春雨姑娘、妈妈等角色，让学生们融入这篇课文的内容当中，进行朗读，加深对课文内容的理解。这对于学生们来讲是一个表演的机会，小学生都愿意把自己展现在其他人的面前。学生表演结束之后，教师可以给予学生一定的评价，给学生充分的鼓励，让学生能够更加有信心学习。

总而言之，游戏化教学的应用更加符合学生的年龄特征，对于学生小学语文综合素质的培养也有十分重要的作用，可以提高学生个人情趣，让学生的个性得到充分展现，让课堂教学收到更好的效果。

本论文在《中小学教育》发表，并获得一等奖，有改动

编筐编篓，重在收口
——浅议小学语文课堂教学结课的艺术

吴秋玲[①]

精彩的导入可以有效调动学生参与课堂活动的积极性，但完美的结束语也可以让课堂教学意犹未尽，引起学生无尽的思考。所以在教学过程中，教师要深入研读教材内容，结合小学生的学习情况，精心设计课堂教学结束语，构建精彩的语文课堂。

一、角色体验，加深领悟

小学生都喜欢表演，而教师也可以用引导学生进行角色体验的方式来结束课堂教学。这样的结束语不仅能满足学生的表演欲，而且可以让学生在角色体验的过程中对文本内容有进一步的理解，促进学生情感的升华，实现深度阅读的教学目标。

在教授《圆明园的毁灭》这篇课文的时候，教师是这样设计结束语的："同学们，这节课上，经过认真学习，相信大家都获得了属于自己的个性化体验。现在，课堂已经接近尾声，老师请你们假设一下，现在就是145年前，而你就是国家最高领导人——皇帝，或者是朝廷中的重臣，或者是身负保家卫国使命的士兵，或者是普通的老百姓，那么面对八国联军火烧圆明园的恶行，你会有怎样的表现？请选择一个角色说一说，演一演。"

在课堂教学的结束部分，教师让学生自主选择文本中的角色进行体验，这样可以让学生进一步明确文本内容，对自己的所学进一步巩固，有助于学生的深度阅读。

二、语言感染，升华情感

在人教版小学语文教材中，每一篇文章都蕴含着丰富的情感，不仅教会我们真善美，还教会了我们坚强和勇敢。在设计课堂结束语的时候，教师也可以采用激励性的语言感染学生，让学生的情感得到升华，实现新课标要求和语文教学情感教育目标。

在教授《怀念母亲》一文的时候，有教师是这样设计结束语的："同学们，母爱是世界上最伟大的爱，母亲是世界上最无私的人。读《第一次抱母亲》，我们不仅要读出母

---

① 吴秋玲，女，小学语文一级教师，直属学校骨干教师，德阳市先进工作者。

亲无私的爱，还要感受母亲的博大以及无畏。每一个母亲都值得我们尊敬和爱戴，而我们也要牢记用'寸草心'回报母亲的'三春晖'。现在请同学们欣赏一首歌曲《烛光里的妈妈》，希望同学们能够深刻体会，想一想以后应该怎样爱自己的母亲和亲人。"教师充满感染力的语言让学生对文本内容进行充分回味，对文本中的情感体验更加深刻。

在这个教学实例中，教师的课堂结束语不仅有充满感情的语言引导，而且配以音乐，这样的设计让学生的情绪完全沉浸到文本情感中，同时也激起学生的情感共鸣，让学生受到强烈的情感熏陶。

三、延伸引导，拓宽视野

在课堂结束语的设计上，教师不能仅仅满足于课内知识的总结，还应该引导学生进行拓展延伸，让学生接触更加丰富的知识，实现阅读能力的提高。这样的做法不仅有助于拓展学生的视野，而且让我们的教学更具深度和广度。

在教学《少年闰土》的过程中，教师引导学生注意文本中闰土和"我"相约三十年之后的再见面。根据这样的故事情节，教师这样设计结束语："同学们，文本中的'我'和闰土相处的时间仅有三十天，但是二人却结下了深厚的感情，他们相约三十年后再见面，你能想象一下那会是怎样的情景吗？在课下的时间，你也可以阅读完整版《故乡》，看一看鲁迅是怎样描写的。"

在教师的引导下，学生们在课后阅读鲁迅的作品《故乡》，并且自己寻找问题的答案。这样不仅拓展了学生的知识空间，而且有利于让学生对课外阅读产生强烈的兴趣，从而拓展学生的视野，扩大课堂教学的容量。

总而言之，小学阶段的语文教学要注重结束语的巧妙设计。语文教师可以采用灵活多样的方式，帮助学生深度阅读文本，实现高效课堂的构建。

参考文献

[1]刘海锋. 打造高效的音乐课堂　享受美好的艺术感受[J]. 中学生导报：教学研究，2013（16）.

[2]黄日清. 初中语文课堂艺术美的创造[J]. 中学教学参考，2013（16）：2.

浅谈小学语文中口语交际的训练

马莹[①]

在人际交往中，口语交际是最重要的方式和手段。新教学大纲指出："学生在入学之前已具有初步的听说能力，小学阶段应在此基础上，规范学生的口头语言，提高口语交际能力，培养良好的听说能力，培养良好的听说态度和语言习惯。"这就要求我们在语文教学中，要依据小学生认知特点，利用教材优势，立足课堂这一阵地，面向全体学生设计多种训练方法。新教学大纲强调，口语交际"要利用语文教学的各个环节有意识地培养学生的听说能力"。口语交际能力的训练，不能孤立地进行，而要结合字、词、句、段、篇的教学，并贯穿在语文教学的全过程。根据小学生年龄特点和接受知识的规律，笔者认为口语交际应从低年级抓紧训练。

一、利用"入学教育"进行训练

刚入学的儿童，说话不完整、不规范，需要我们去悉心引导与培养。学生入学第一天，对什么都感到新鲜，教师可利用学生的好奇心，进行语言训练，如做自我介绍，与大家交个朋友。还可利用课本上"入学教育"的图画进行训练。教师要按一定顺序指导观察画面，如这是什么地方、图上都有谁、他们在做什么？引导学生讨论：想一想，开学的第一天，见到老师的时候，你和老师说了什么？老师对你说的什么？这时，老师创设情境与学生对话，与学生模拟练习。还可带学生看看校园，让学生说说看到了什么。此时的学生无拘无束，会提出很多问题，教师应尽可能满足学生的好奇心，不要轻易放过一个问题。这样的训练，将观察方法、思维训练隐含其中，可以激发学生说话的兴趣。

二、利用识字教学进行训练

教师在识字教学过程中，要发展学生的思维、语言表达能力。教师要指导学生用已有的知识自学，叙述自己自学的方法和结果，训练学生的听说能力。如：学习"告"字，可以让学生用熟字加一部分的方法学习。如，"告"字上面是"牛"字一竖不露尾，下面加

---

① 马莹，女，小学语文二级教师，德阳市直属教坛新秀。

个"口"。还可以让学生开动脑筋用编字谜的方法来学习，如"一口咬掉牛尾巴"。在识字教学过程中，我们还可以进行"一字开花"的练习，丰富学生的词汇，为更好地进行说的训练打好基础。如，教"中"字，先让学生组成"中国""中央""中间""心中"等单词，然后启发学生用这些字说话。如"中国"——"我是中国人"。无论学生怎么说，只要他说得有道理，有助于记忆字形，就应予以肯定。我们要鼓励学生灵活运用汉字的基础知识，联系自己的生活经验，用多种方法分析记忆字形，以掌握汉字的音、形、义。只要学生能够独立找出字的难点、解决难点，能想出独特的记忆字形的方法，就说明学生思维的独立性和创造性得到了发展。

三、利用质疑解疑加强训练

在质疑解疑中启发思维，为训练语言打开通路。质疑解疑是学生在学习过程中发现问题、分析问题、共同解决问题的重要环节。这个环节不但能培养学生发现问题、分析问题、解决问题的能力，而且能培养学生的表达能力和交际能力。如学习《司马光》一课时，我鼓励学生大胆质疑，学生则提出了许多问题：他们不会把缸里的水抽出来吗？他们不能去拿一根大竹竿伸到缸里救人吗？他们为什么不一起用力推倒大缸呢……再如《小猫种鱼》一文，我提出这样一个问题：小猫种鱼对不对呢？围绕这个问题，学生展开了讨论。有的说，小猫做得不对，它是个大傻瓜，鱼是生长在水里的，怎么能在土里长呢？有的说，小猫虽然做得不对，但这说明它爱向别人学习。有的说，小猫不爱动脑筋，光看别人种玉米，就学别人也把鱼种在地里……众说纷纭，饶有趣味。这种训练不仅加深了学生对课文的理解，而且发展了学生的思维能力，锻炼了学生的口语交际能力。

四、利用阅读教学进行训练

学生口语交际的训练除了在口语交际课上进行认真练习外，还要自然融合在阅读教学中。如学习《美丽的公鸡》一文时，课文中"美不美不光看外表，要看能不能帮助别人做事"，这是重点句。怎样引导，是培养学生正确审美观的重要一环。我要求学生分组讨论：如果你是啄木鸟、蜜蜂、青蛙，你会觉得自己美不美？为什么？问题一提出，学生就兴奋得七嘴八舌说起来。有的说，我是一只啄木鸟，虽然我长得丑，但我会给大树治病，是在帮助别人做好事，所以我觉得自己很美。有的说，我是一只小蜜蜂，我会采蜜，我爱劳动，所以我觉得自己很美。学完课文后，我又问学生你喜欢这只公鸡吗？为什么？学生又展开了讨论，有的说，公鸡一开始很骄傲，整天跟别人比美，什么事儿都不做，我不喜欢，后来它改正了缺点，我又喜欢它了。有的说，公鸡就像知错就改的人，后来变得很勤劳，我喜欢它……通过讨论，学生对课文的内容有了深刻的认识。在阅读教学中，我常常在指导阅读的同时进行口语交际。或以小组的形式开展讨论和合作做题，让学生在宽松的小天地里畅所欲言，发表见解；或让学生当小老师，对学生汇报的学习内容进行评价。只有在这种双向互动的语言实践中进行口语交际，才有利于培养学生准确、简练、有条理的说话能力。

总之，教师要把培养和训练学生表达自己见解的能力放在首位。无论什么时候，教师都要以满腔热情关爱学生，以和蔼的态度亲近他们，和他们交谈，让每个学生都能得到充分展示自己才华的机会，让每个学生都能得到锻炼、得到提高，在和谐、宽松的气氛中开出不败的智慧之花。

本文在2018年度德阳市小学语文教育教学论文评比活动中获得一等奖，有改动

让随课微写成为习作起步的指明灯

涂晓丹①

　　语文学习的主要任务就是"学习语言文字运用"。在写作时，学生因为阅读量少、语言积累少、生活经历少、情感体验少而只能"闭门造车"。三年级是作文的起步期，在这个阶段，重要的是要培养学生写作的兴趣，保护好学生最原始的习作态度，让学生爱上写作文。同样重要的是，教给学生写作的方法，丰富写作的内容，渐渐地让学生的笔头写通写顺，为中高年级作文打下坚实的基础。为达到这个目的，我努力摸索、尝试，积累了不少方法，其中一种就是随文练笔，也就是随课微写作。

　　"随文练笔"中的"随文"，即根据文本规定性所进行的微型写作活动。紧紧跟随阅读教学，在阅读教学中相机进行写作训练。它"就文取材"，把学生的语言组织运用和对课文内容的理解有机结合起来，相互促进。它机动灵活，形式多样，切入口小，难度低，完成速度快，是奠定习作基础、培养写作兴趣、提高写作水平的一种行之有效的途径。

一、运用文本空白补写

　　从小学一年级开始，我就着手引导学生进入写作模式。小学课文中，有不少地方总给人意犹未尽的感觉，总有些省略号给人遐想的空间。而这些恰恰是练笔的好机会，要引导学生巧妙地把文本中的空白补充起来，让故事情节更加充实完整，让学生充分理解，发挥想象。《青蛙写诗》一课，文末是青蛙的诗，一串省略号使学生有了自由发挥的空间……在这，我给学生设置一个小练笔环节：青蛙来到果园里，哪些果子可以帮它写诗？它有了怎样的收获？这"果园里结满了果子"具体又是怎样的景象？学生联系实际想象果园里的情境：圆圆的苹果是句号，黄澄澄的梨子是逗号，紫莹莹的葡萄是省略号。这样的练笔不但让学生明白了文中的小蝌蚪、小水珠、小泡泡，形状像标点符号，而且让学生享受积累带来的乐趣和成就感。

　　再如在《笋芽儿》中，"桃花笑红了脸，柳树摇着绿色的长辫子，小燕子叽叽喳喳地叫着……"我让学生说一说春天还有哪些景物、笋芽儿还看到了什么。学生回忆他们的所

---

　　① 涂晓丹，女，小学语文教师，德阳市直属骨干教师，从事小学语文教学工作20余年，倡导在生活中学习语文，曾多次指导学生写作获奖。

见："梨花打了粉似的，小草伸出嫩嫩的新头发，野鸭嘎嘎地在湖里叫着……"学生的语言有了丰富的积累，连内心都被充盈起来，感觉自己也会写好文章了。在《找春天》中，学生联系生活实际，写出了"蒙蒙细雨落在小草和衣服上，那是春天的舌头吧？""暖和的溪水，那是小鸭的洗澡水吧？"我鼓励学生，只要留心观察生活中的事物，就会有新的发现。

二、模仿经典段落仿写

阅读肤浅、机械模仿、指导缺位是随课微写的大忌。儿童有天然的模仿才能，而仿写是小学生习作的重要途径。许多课文文质兼美，构段、遣词造句独具匠心，仿写能让学生悟出表达方式的真谛，使学生受益匪浅。如《白鹅》第三自然段语句优美生动，采用了总分的构段方式，用作比较的方法写出了养鹅的好处，用举例子的方法写出了鹅看家的本领。在教学时，除了让学生反复诵读体会作比较、举例子的精妙之处，更重要的是要求学生仿照这种写法，如写一段小狗看家时对待陌生人的态度、吃食时的样子。再如，《故乡的杨梅》也是一篇很好的习作例文，可以模仿写一种水果。我让学生抓住文本中描写杨梅的颜色、形状、味道三个方面，然后让学生仔细观察自己喜欢的一种水果，利用眼、耳、口、鼻、手等器官，甚至当堂品尝、互相分享，再模仿着写下来。学生的激情可想而知，写出来的小练笔也是有声有色、有滋有味。当然，我还利用班会办了一次趁热打铁的"水果宴会"，带领学生下地挖自己种的红苕、花生，摘豆角、茄子、西红柿，品尝红薯饼、凉拌豆角，大作文《不一样的班会》就应运而生了。

三、改写古诗词

小学文本有着丰富的表述方式，灵活地指导学生进行文体的转换和改写，不仅可以加深学生对课文的理解，而且可以使学生掌握不同体裁的写作技巧，极大地提高学生的写作能力。如改写古诗，让学生用自己的语言进行再创造。学生把古诗《山行》改写成散文：深秋时节，我独自走在山间一条石头小路上，这条幽径弯弯曲曲地伸向远方。在山林深处白云缭绕的地方，隐隐约约有几户人家。我停下车子不走，是因为我喜欢这深秋时节枫林的晚景，我被陶醉了，要尽情观赏。被秋霜打过的枫叶比春天的鲜花还要红艳……将这些联想与诗句的意境有机融合起来，会让学生妙笔生花。

教《送元二使安西》时，我也有过大胆的尝试，让学生改变原有诗歌的形式，将简短的文字转变成具体而生动的内容。"送"在学生的笔下有了新的意境：微雨纷纷的清晨，空气中夹杂着尘土的清香。好友尚未出门，我已到达他的住处，杨柳青青又是一个春天的季节。我和好友在这个美好的春天分别，把酒饯行，祝君平安！此别难再聚，再无知心人。学生把离别的忧伤写得让人揪心，充分表达了恋恋不舍的情感。

四、延续故事情节续写

文本的结尾处往往是学生的情感共鸣点。依据原文，进行创造性续写，对于发展孩子的创造性、合理性思维，培养写作兴趣，提高写作水平也有很大的帮助。教《穷人》时，让学生就结尾"桑娜拉开了帐子"发挥想象，续编故事。当然，善良的桑娜打动了周围的邻居，在人们的帮助下，桑娜一家过上了好日子。也有学生想象：桑娜把邻居的孩子抚养长大后，孩子们把她接到城里生活的；还有学生想象：孩子们长大后自食其力了，又去接济其他的穷人……续写精彩纷呈。苏联教育家赞可夫说："教学一旦触及学生的情感和意志领域，触及学生的精神需要，便能发挥其高度有效的作用。"实践证明，随课微写作为一种"短、易、快"的训练方式，对于作文刚刚起步的学生来说是灵动而有效的。即使较差的学生也能写得有模有样，学生容易尝到成功的喜悦，可以激发他们浓厚的写作兴趣。随课微写成为学生习作起步的指明灯，拓宽了学生获得写作知识和写作技能的途径，习作水平明显提高。我们要充分利用文本特点和学生资源，深度挖掘内涵，增加教学容量，有效进行读写结合的实践活动。

本文在2019年德阳市小学语文教育教学论文评比活动中荣获二等奖，有改动

让游戏唤醒学生的习作体验

钟金左[①]

《小学语文新课程标准》明确指出："写作教学应注重培养学生观察、思考、表现、评价的能力。要求学生说真话、实话、心里话，不说假话、空话、套话。同时，写作教学要贴近学生实际，让学生易于动笔，乐于动笔，乐于表达。"但很多教师在教学中过度拔高习作的要求，无视孩子实际的生活体验，让孩子觉得无话可写。在写作教学中，我经常让游戏唤醒孩子们的习作体验。下面是我为孩子们上的一节作文兴趣课的案例。

我上作文课是孩子们最开心的时候，当他们走进教室时，看到每张桌子上都放着桔子，都好奇地瞪大了双眼，望着我。随着一声甜美的"上课"，孩子们齐刷刷地站立起来，从孩子们的眼中，我读到了好奇、兴奋、期待和喜悦。

我先和孩子们一起回忆了《我爱故乡的杨梅》一文作者对杨梅形状、颜色、味道的描写，特别是关于没有熟透了的杨梅味道的描写；紧接着请孩子们说说可以从哪几个方面来观察面前的橘子，孩子们提出可以从形状、颜色、大小等几方面来观察。于是我就让孩子们从这几个方面观察手中的橘子，然后神秘地说："待会儿我们按小组把橘子放在一起，看你能不能拿回自己的橘子？"孩子们顿时来了精神一双双眼睛紧盯住自己的那只橘子，仔细观察。几分钟后，我让孩子们按各个小组把橘子堆放好，等他们闭上眼睛后，我把各个小组中的橘子重新挪动了位置，孩子们开始挑选自己的橘子了。还不到两分钟，孩子们竟然大多找回了自己的橘子。我请孩子们来交流一下其中的奥妙，他们从橘子的大小、形状等方面细致地进行了介绍。因为刚才的仔细观察，现在介绍起来就得心应手了。

活动的第二个环节是品尝橘子。在剥开橘子皮时，一个孩子把小手高高地举了起来，原来她又有了新的发现，她说橘子的果肉就如同一片片月牙聚在小灯笼里。刚开始品尝橘子的时候，孩子们有的酸得龇牙咧嘴，有的甜得眉开眼笑。他们边吃边议论，小脸上洋溢着欢乐，他们充满童趣的语言，把我深深地吸引住了。

第三个环节该写橘子了。我告诉孩子们："说得好，还要写得好，大家比一比，看谁把今天的活动写得最生动。"孩子们兴趣盎然，很投入地写了起来。

第四个环节是展示自己的习作成果。有的孩子说橘子像小小的轮子；有的说桔子像一

---

① 钟金左，女，小学一级教师，从教31年，一直从事小学语文教学。四川省小语学会会员，市直属学校骨干教师，优质课竞赛多次荣获市上一、二等奖，主研的省级课题荣获一等奖。

个个小小的灯笼；有的说橘瓣像一个个婴儿躺在摇篮里；有的说拿在鼻子上闻一闻，有一股淡淡的清香味；有的说橘子的皮是光滑的，橘瓣上有白白的、细细的丝，橘瓣就像金黄色的小饺子，味道酸酸甜甜爽口极了；有的孩子甚至还写出了橘子的作用……孩子们都争先恐后地展示自己的习作。

我发现把游戏活动引入作文教学中，孩子们不害怕写作文了，他们是那样兴致盎然，全身心投入。我想，一是游戏活动能够给孩子们提供写作的素材，孩子们有了写作的内容，再也不用挖空心思去搜集资料了；二是游戏活动能够激发他们习作的兴趣，减轻了他们对写作文的害怕心理。这让我想到了英国教育家洛克的一句名言："小孩子是最喜欢游戏的，如果把学习设计成一种游戏的形式，孩子们就会自觉自愿地去学习，而且丝毫不觉得是一种负担。"

本文发表于《学习方法报》（2020第34期），有改动

重组对话描写
突出人物特点　掌握"预测"策略
——《总也倒不了的老屋》教学设计

张维芳

　　《总也倒不了的老屋》是人教版语文三年级上册第四单元的第一篇课文。本单元是部编教材首次以阅读策略为主线组织单元内容的，旨在引导学生学习并掌握基本的阅读策略，形成运用阅读策略的意识，成为积极的阅读者。本单元的策略是"预测"，要求在教学过程中引导学生将"预测"这种无意识的阅读心理转变为一种有意识的阅读策略，并能在阅读过程中不断主动地进行预测，从而达到激发学生阅读的初始期待，促进学生积极、主动地思考。

　　面对这样一篇目的明确、价值突出的文章，我应该怎样设计才能达到让学生在学习过程中不仅成为阅读的积极参与者，又能成为阅读的发现者和创造者呢？经过反复斟酌，我设计了五大步骤，顺利地完成了本课的教学任务。

一、分析教材，寻找切入口

　　《总也倒不了的老屋》是一篇童话，讲述了老屋与小猫、老母鸡、小蜘蛛之间的故事。课文用反复的手法推进情节的发展，每个片段都是老屋准备倒下时，就有一种小动物请求老屋不要倒下，然后陈述理由，最后老屋无一例外地答应请求，帮助他们实现心愿。

　　通过分析教材，我发现本课具有童话典型的特点——"反复"，还有最突出的写作方法——"语言描写"，这些都是训练"提示语"用法的好素材。于是，我决定以对话为切入口组织本课的教学活动。

二、抽取语言，分类重组合

　　我在引导学生借助题目、插图和文章线索一步步预测出课文的内容之后，让他们充分阅读课文，随后将文中的部分语言描写抽取出来进行组合。

　　第一组：老屋的语言

1．老屋低下头，把老花的眼睛使劲往前凑："哦，是小猫啊。好吧，我就再站一个晚上。"

2．老屋低头看看，眼睛眯成一条缝："哦，是小蜘蛛啊。好吧，我就再站一会儿。"

3．老屋低头看看，墙壁吱吱呀呀响："哦，是老母鸡啊。好吧，我就再站二十一天。"

第二组：小动物的语言

1．"等等，老屋！"一个小小的声音在它门前响起，"再过一个晚上，行吗？今天晚上有暴风雨，我找不到一个安心睡觉的地方。"

2．"等等，老屋！"一个小小的声音在它门前响起，"再过二十一天，行吗？主人想拿走我的蛋，可是我想孵小鸡，我找不到一个安心孵蛋的地方。"

3．"等等，老屋！"一个小极了的声音在它门前响起，不注意根本听不到，"请再站一会儿吧，我肚子好饿好饿，外面的树被砍光了，我找不到一个安心织网抓虫的地方。"

三、对比体会，找出相同点

我出示两组语言描写后，用不同的方式进行研读——指名读、一起读、分角色读，让学生充分熟悉语言后去发现每组语言的共同之处。

学生很快就说出了第一组的相同之处：三句都是老屋的话；老屋的动作都是低着头；老屋的话里都有"哦，好吧！"老屋答应了小动物们的请求；这一组语言描写的提示语都在前面……

有了第一组的经验，第二组的相同之处也很快找了出来：这一组语言描写的提示语都在中间；语言中都有"等等，老屋！"每句话都是先请老屋等，后面再说出等待的原因……学生们各抒己见，说出了自己的不同发现。

四、深入探究，悟人物心理

当学生沉浸在自己成功的喜悦中时，我又抛出了一个问题："为什么第一组的提示语要放在前面，而第二组的提示语要放在中间呢？"教室里一下子鸦雀无声，孩子们开始思考。很快有孩子发现：小动物们都很着急，迫不及待地在说话，害怕说慢了老屋倒下后自己无法得到帮助，所以要把他们的话放在前面，而且很急，要用感叹号；有孩子说老屋年龄太大了，实在是太累了，所以速度很慢；有人说小动物们的话很长，先急着叫老屋不要倒，然后再慢慢说明原因……这时候，我顺理成章地将提示语的知识传授给了孩子们：提示语就是对人物说话时的表现进行记叙描写，提示一下当前情况。提示语在语言对话中有不同的位置，位置的不同，所要表现和突出的重点也不一样。第一种提示语在前，一般强调提示语；第二种提示语在后，一般突出说的话；第三种提示语在中间，一般突出前后说的话，提示语既有语气上的停顿，也有意思上的停顿；第四种省略提示语，这种主要用在连续对话的时候，能使对话流畅、急切。

那么，今天的这两种形式，想要突出和表现什么呢？学生很快发现，第一组是提示语在前，突出了老屋的神态特点，目的是表现老屋的慈祥和乐于助人；第二组是提示语在中间，先强调动物们的着急，后强调老屋的帮助对他们很重要，非常希望得到老屋的帮助，从而衬托出老屋乐于助人的美好品质。

五、遵循规律，做恰当预测

通过探究感悟，学生知道了老屋是一位慈祥的老人，他乐于助人，遇到需要帮助的人都会热心帮忙，从不会拒绝，所以就预测出，如果后面有人需要帮助，老屋不仅会完全答应，而且都会低着头去看，都会说："哦，好吧，我就再站……"另外还有学生预测出，还将会有很多小动物向老屋请求帮助，为他们解决困难；他们还预测出小动物们说话的语气、神态和内容。比如，有学生说去外婆家遭遇暴雨的小白兔请求老屋再站一会，让她避避雨；从远方飞来的鸟儿还来不及搭窝天就黑了，请求老屋让他留宿一晚；从外地赶来的土蜂请求老屋让它在墙壁上打洞筑巢生活……孩子们思维的大门被打开，各个争先恐后地预测着，绘声绘色，合情合理，水到渠成地攻破了预测难点，达到了本课的教学目标。

教学有法，而无定法。根据教材的特点，寻找最佳的途径，相信不仅会达到教学目标，还会有意想不到的收获。

本文发表于《中国教工》（2020年第11期），在德阳市论文评选中获一等奖，有改动

走进绘本，轻松阅读

李春利①

有一位教育学家这样说："让学生变聪明的办法不是补课，不是增加作业，而是阅读、阅读、再阅读。"新课程理念也指出："逐步培养学生探究性阅读和创造性阅读的能力，提倡多角度的、有创意的阅读来拓展思维空间，提高阅读质量。"可见课外阅读的必要性和重要性。那低年级的阅读教学如何开展呢？其实带领孩子们走进绘本，就能轻松阅读。

绘本是一种适合低年级儿童阅读的图画书，以图画为主、文字为辅，甚至完全没有文字而全是图画的儿童书。低年级学生活泼好动，探究欲望强，图文并茂的绘本是他们最喜欢的课外读物。好的儿童书就是让人在读到第一句、看到第一幅画的时候，立刻就苏醒了童心。绘本就是这样让阅读者心灵纯净、充满好奇的儿童书。我们把绘本阅读作为开展低年级语文综合性学习的一种载体进行研究，提倡快乐阅读，培养低年级学生对阅读的兴趣。

一、深情导读，激发兴趣

在绘本阅读教学中，身为教师的我们就应该投入感情读故事，用动作、神态辅助语言来"演"故事，用生动、夸张的手法来呈现故事，用预告精彩片段来吸引学生课外阅读，激发孩子的阅读兴趣。

如《小猪变形记》是英国的本·科特创作的一本图画书。文中写了小猪变长颈鹿、变斑马、变鹦鹉、变袋鼠的故事。这只总是羡慕别人的小猪，他想当长颈鹿，摔了；想当斑马，被水洗了；想当大象，被喷嚏吹了；想当袋鼠，倒挂在树上了；想当鹦鹉，如今躺在泥潭里。最后，小猪明白了，原来当小猪是最快乐的事情！在非常幽默滑稽的《小猪变形记》的阅读中，我运用夸张的语言，演绎小猪的所作所为，孩子们开怀大笑、兴趣高涨，同时在轻松愉快中感悟主题。

又比如，我引导孩子们阅读《狼大叔的红焖鸡》时，从封面入手，引导学生读书名、看画面，猜猜可能会发生什么故事。孩子们兴致盎然，猜想了很多精彩的故事。这样提高了学生的阅读期待，激发了他们继续阅读的兴趣。

---

① 李春利，女，一级教师，德阳市骨干教师，德阳市先进工作者、优秀班主任、优秀德育工作者。

二、引导猜想，激发想象

好的绘本不仅仅是讲述一个故事，还要帮助孩子提高观察力，丰富想象力，升华精神境界。所以，在绘本阅读过程中，要重视学生读图能力与想象能力的培养。可以选择最富想象、最动人的图画引导学生细细地观赏图画中的形象、色彩、细节等，感受画面所流露出的情感、所表达的意蕴，遐想文字以外、图画以外的世界。

一些绘本靠重复的情节与句型来连接画面，构成旋复式的结构。导读这样的绘本时，我们要充分利用这种旋复式的结构，引导孩子们参与到推演故事情节的过程中来，引导孩子猜想情节，让故事在孩子充分想象中完成衔接。有一次我引导孩子读《逃家小兔》绘本时，里面都是用简单同一的句式"如果你变成……我就变成……"将故事串讲下来，整个故事充满了想象。在导读中，我便利用绘本中一次又一次的变化，让孩子参与其中："如果你是兔妈妈，你会怎么变，让小兔回家呢？"在孩子饶有兴趣的猜测中，推进故事的情节，体会妈妈对孩子那浓浓的爱，激发孩子阅读的兴趣，从而使孩子爱上阅读。

三、指导看图，教给方法

绘本是用图画与文字共同叙述一个完整的故事，是图文合奏的。一本好的图画书，能让一个不识字的孩子只看画面也能"读"出大意。此外，一般来说，图画书都有一个精心设计的版式，封面、扉页、环衬、正文以及封底构成一个完整的整体，文字与图画相互依存，依靠翻页推进情节……所以，在绘本阅读教学中，千万不要急着翻页，而要让孩子仔细地去看那些图画，引导孩子在看图中读懂故事、发现细节、感悟内涵。

在《逃家小兔》绘本的导读中，我指导孩子读懂彩图所传达的妈妈的爱：出示第一幅彩图，让小朋友仔细看看这幅图，想一想：妈妈为什么用红萝卜来钓小兔子呢？使孩子从中明白只有妈妈才最了解自己的孩子。在读第二彩图中，引导孩子想：妈妈为了找到小兔子，面对那么危险的山，已经做了哪些充分准备？从而体会母爱脚下无艰险，母爱可到天涯海角。

四、联系生活，感悟内涵

绘本的价值和魅力在于：它没有一句教条，却能满足孩子的成长需要；没有一句说理，却能启发孩子深入思考；没有一点喧闹，却能激起孩子会心大笑。在绘本阅读中"让孩子像个孩子"。通过阅读绘本，儿童不断进行情感体验，凭借阅读，情感得到了提高和升华。

如在《逃家小兔》的阅读中，孩子们充分感受到父母的爱，丰富了孩子的情感，激发了孩子的爱心。这样，阅读把快乐带给儿童时，也把无可估量的巨大精神财富带给了他们，就为他们建造起了自由的精神空间与心灵家园。儿童在与绘本进行心灵对话中，必定会开阔眼界，丰富内心，升华境界，健全人格。

绘本阅读的世界是有趣、快乐、充满魅力和感动的世界，我们将进一步寻找适合孩子阅读需求和特点的绘本，探索科学的阅读指导方法和策略，以便更好地培养孩子的阅读兴趣和能力，让孩子在小小的绘本阅读中看到一个五彩的世界。

有人这样评价绘本阅读："绘本的阅读是高雅的阅读。精彩的图画，精妙的故事，精巧的设计，精美的印刷……绘本的阅读是高尚的阅读。人与自然的和谐相处，悲悯胸怀，长情大爱……像春天的雨露无声地渗入孩子的心田。绘本的阅读是高贵的阅读。去除功利心，与大师对话，就能尽情感受童年的精妙，分享和陶醉穿越时空、跨越文化、直抵心灵的温暖与感动。"让孩子的阅读生涯从这高雅、高尚、高贵的绘本起步，让孩子在五彩缤纷的绘本中感受阅读的快乐，爱上阅读。

本文在2017年度德阳市小学语文教育教学论文评比活动中荣获二等奖，有改动

剖析《欧也妮·葛朗台》的内涵价值

——人物形象和时代特征

熊晓爽

法国作家巴尔扎克的《欧也妮·葛朗台》是19世纪法国杰出的批判现实主义代表作之一，作品中用精妙的语言、传神的行动、复杂的心理塑造出葛朗台和欧也妮这两个典型的艺术形象。故事发生在法国西部的索莫城，该城的首富葛朗台——一个吝啬精明的人，有一位善良美丽的女儿，叫欧也妮。为了巴结葛朗台，两个大家族开始明争暗斗，他们都想让自己的公子把欧也妮娶到手，以此来为自己牟利。然而事与愿违，欧也妮却爱上了自己的堂弟查理。为了资助查理去印度开创生路，欧也妮把自己所有的存款给了他，可最终换来的是查理的背信弃义。她被一批又一批的人包围着，这些人都渴望与她结婚，都窥探着她的财产。《欧也妮·葛朗台》是一幅描绘社会的画卷，把形形色色的人物和时代给描绘在这张画卷上。

《欧也妮·葛朗台》区区一部中篇小说，为何在巴尔扎克卷帙浩繁的作品中成为令人瞩目之作呢？原因不外乎有两个：一方面，《欧也妮·葛朗台》在作品中成功地塑造了几个有血有肉、真实可信的人物，特别是集中在葛朗台和欧也妮这两个突出的人物形象上，而且主要人物的塑造体现了独特的美学价值；另一方面，小说真实地反映了当时的时代特征，具有讽刺、批判的作用。

一、人物形象

在小说中，葛朗台、葛朗台太太、欧也妮、女仆娜侬以及堂弟查理等人物都写得各有特色，人物形象跃然纸上，每个人物都具有典型的意义。在这里，集中对葛朗台和欧也妮两个主要人物进行探讨。

（一）葛朗台

葛朗台是整个小说中的关键人物。巴尔扎克精心描绘，塑造了一个资产阶级吝啬鬼的典型形象。巴尔扎克用这样一段话描述葛朗台对于金钱的渴望：葛朗台先生像猛虎，像巨蟒，善于躺着，蹲着，久久地打量着猎物，然后猛扑上去，张开血盆大口般的钱袋子，往里面装金路易，接着就安安静静地躺着不动了，像吞食饱了的蛇，不动声色，沉着冷静，有条不紊地消化着食物。这种描述，入木三分，给人极深的印象。随后，巴尔扎克又对葛朗台的体格做了描写：身高五尺，臃肿，横宽，腿肚子的圆周有一尺，多节的膝盖骨，宽大的肩膀；脸是圆的，乌油油的，有痘斑；下巴笔直，嘴唇没有一点曲线，牙齿雪白；冷静的眼睛好像要吃人，是一般所谓的蛇眼；脑门上布满褶皱，一块块隆起的肉颇有些奥妙。细致真实的描写，描绘了一个吝啬鬼的形象和性格，增强了作品的真实性。形象化的艺术手法，使巴尔扎克笔下的葛朗台成为欧洲文学中四大吝啬鬼典型代表之一。

吝啬是葛朗台的标签，他的吝啬来自他对金钱的渴望和占有欲，而且这种吝啬几乎达到了病态的程度。葛朗台爱财如命，他把金钱视为生命的全部。占有、观赏和把玩黄金，便是葛朗台最大的爱好。因为把金钱视为一切，所以对别人都表现出漠不关心，甚至不顾亲情。在小说中，葛朗台的吝啬随处可见：每天吃的是面包，喝的是清水。每年冬季，只有十一月初一才可以坐到壁炉旁边过冬。只有这一天，葛朗台才允许在堂屋里生火，到三月三十一日就熄灭，春寒也好秋凉也好，根本不予考虑。葛朗台吝啬火，他觉得每年烧火将会用了他大半积蓄。住的是葛朗台"公馆"，一座凄凉的旧宅里，破旧的房屋，完全没有一点儿生机。吃的、用的、住的尚且不提，在巴尔扎克笔下，葛朗台吝啬得连人性的温情也都丧失了。面对妻子的重病，他首先想到的不是医治，而是"要不要吃药""要不要花很多钱"。

贪婪是葛朗台的本质，其生活的时代是资产阶级原始积累时期，此时的资产阶级为了获得利润财富已经变得十分野蛮凶恶。作为索莫城的首富，葛朗台的贪婪之心不是随着金钱的加多而变少。金钱增多，使他变得越来越贪婪。最终，成了金钱奴隶的他，也因为在临死前神甫让他吻那镀金十字架上的圣像时，他为了抓金十字架这个动作而断送了性命。

狡猾是葛朗台的手段，在对人处事上面，他常常口齿不清，语无伦次，废话连篇，思路凌乱，毫无逻辑，人们都以为葛朗台是因为缺乏教育才导致这样的，其实这是他装出来的。在生意场上，他都要盘算很久，在经过一番巧妙的对谈以后，把对方的底摸清楚后，常常以妻子当作借口，实际上他早已下定决心了。在生活上遇到要处理和解决难题时，他总是搬出像代数公式一样固定不变的四句口诀："不知道，没办法，不行，再说吧！"在妻子死后，为了取得女儿的财产继承权，葛朗台进行了一番精心设计，又采取了一套巧妙的措施。先是以"慈祥"面孔，给予女儿"温柔"的体贴，为的是博取她的好感。为了取得财产权，他表现得像狐狸一样狡猾。

透过葛朗台这个人物形象，巴尔扎克让人们反思的是在资本主义发展下资本家为了原始积累暴露出的贪婪本质。当阅读这部作品时，我们分析研究这个人物，不应该放弃批评的态度，但是我们也同时应该看到，在资本主义发展进程中，葛朗台成功了。总之，对待这个人物，我们应该站在合适、理智的角度去思考。

（二）欧也妮

小说以欧也妮的悲剧人生为中心线索贯穿始终。在《欧也妮·葛朗台》中，欧也妮和葛朗台太太一样是作者着力歌颂的人物。但是，在这些故事情节中，在欧也妮与葛朗台的矛盾冲突中，通过一系列的语言、动作和心理的细节描写，以及对比手法的运用，在表现葛朗台思想性格的同时，小说还是细腻而深刻地表现了欧也妮的思想性格，成功地塑造了欧也妮的典型形象。在周围的人都被金钱所诱惑时，只有欧也妮对金钱表示出淡漠的态度。在爱情面前，她为了堂弟受父亲监禁，但她仍然不屈服。为了爱情，她毫不犹豫地拿出了自己的全部积蓄。在亲情面前，她尽心尽力地侍奉父母，尽管有一个视财如命的父亲，但是她依然还是特别敬重她的父亲，尽心尽力地做好女儿的本分。她纯洁的品格在那个被金钱吞噬的时代没有受到污染，但她所处在的家庭和社会环境让她只能以悲剧结束自己的人生。

巴尔扎克通过塑造葛朗台和欧也妮两个人物形象，描绘出葛朗台丑恶的嘴脸，映衬出欧也妮善良的灵魂。通过对比，使真、善、美与假、丑、恶都集中表现出来了。

二、时代特征

巴尔扎克曾经说过："小说是时代的镜子。"巴尔扎克的声明中写道："他的全部作品描绘的是一幅社会的图画——按照社会全部善恶的原貌如实复制的一幅社会图画。"在这样一幅图画中，他要"编制恶习与美德的清单，搜集激情的主要表现，刻画性格，选取社会上的重要事件，就若干同质的性格特征博采约取，从中糅合出一些典型"。这幅图画给人的教训将是"思想或者说激情固然是构成社会的因素，却是摧毁社会的因素"。小说《欧也妮·葛朗台》反映了1789年大革命至19世纪20~30年代法国资本主义发展的时代。19世纪的欧洲发生了剧变，两次工业革命开辟了资本主义时代。在资本主义的形成和发展过程中，资产交接的人与人的关系除了赤裸裸的金钱利害关系，就再也没有任何联系了。在那个历史时代，金钱的威力势不可挡。随着资产阶级的崛起，这个新产生的阶级正在以他们"金钱至上"的生活方式和思想方式毒化、腐蚀着社会风气，使金钱气充斥着社会的每个角落。小说揭露了资产阶级的发家史和资产阶级赤裸裸的金钱关系。正如巴尔扎克塑造的典型人物葛朗台一样，他视财如命，贪婪、吝啬，正代表了当时以"金钱至上"作为价值观的资产阶级。也就是说，索莫城的葛朗台从箍桶匠跻身于大资本家行列的发展史，并非个别的、孤立的现象，而是具有广泛的代表性。在小说中，巴尔扎克也极力抨击两大家族银行家格拉珊和神甫、公证人世家克吕绍，他们为了谋取金钱甚至不惜牺牲自己各家孩子的爱情。堂弟查理为了金钱和利益违背了誓言，抛弃了欧也妮。在巴尔扎克的笔下，资本家的嘴脸被描写得淋漓尽致。巴尔扎克秉承现实主义创作手法的公正，极尽讽刺地刻画出人物依存的合理性，让我们一窥资本主义初期的发展缩影，回味之余尽显反思的价值。

《欧也妮·葛朗台》是一篇生动又深刻的小说，呈现给读者的是那个时代的特征和那段时期的历史，巴尔扎克所反映的时代风貌，并对其弊端进行披露和诊断，目的是警示世人以及匡正世风。怎么样去匡正世风，这是作者留给我们去思考的问题。

三、结语

综上所述，《欧也妮·葛朗台》通过典型的形象以及鲜明的时代特征，得以成为经典之作。金钱固然给人带来了权势，却不能给人带来幸福。在感情领域，金钱是无能为力的。《欧也妮·葛朗台》是一篇值得读者去阅读和反思的小说。

参考文献

[1][法]巴尔扎克. 欧也妮·葛朗台[M]. 傅雷，译. 北京：人民文学出版社，2006.

[2]巩坚. 《欧也妮葛朗台》人物性格特征浅析[J]. 科教文汇.2008（11）.

[3]管小六. 纯洁的天使——《守财奴》中的欧也妮形象[J]. 遵义师范学院学报，2009，11（2）.

[4]巴尔扎克全集：第一卷. 丁世中，译. 北京：人民文学出版社，2002.

浅析翻转课堂背景下初中数学的混合式教学模式

熊晋①

一、翻转课堂

翻转课堂也叫颠倒课堂、颠倒教师，最早起源于美国，是对传统课堂教学模式的颠倒，其特点是先学后教。翻转课堂使教育者赋予学生们更多的自由，运用自己的理解去接受新的知识，从而让学生们学会自主学习，自主接受新的知识，并开发自己的思维能力，使教师真正做到因材施教，加强学生与老师之间的沟通与交流。

二、混合式教学

混合式教学，具有不受时间控制、全天开放、规模大、自由等特点。学生可以根据自己的时间去合理调配时间并在适合自己的时间里去学习，使时间的分配达到最优化，从而实现最佳的学习效果。学生也可以在其中随时随地学习与交流。运用互联网技术，教师既能实行监控教学，又能充分发挥学生的学习积极性，培养其独立思考能力。

三、翻转课堂背景下初中数学的混合式教学应用

（一）课前预习

本文以初中数学中"化一元一次方程的分式方程"一课为例，探讨在翻转课堂背景下初中数学的混合式教学应用问题。在以往的学习中，学生已学习过该部分的相关知识，所以本课真正的教学目标有以下两点：一是深入理解分式方程的概念，并充分掌握可以转化为一元一次方程的分式方程的求解方法；二是知道分式方程中的教学重点和教学难点。在此结合翻转课堂与混合式教学方法，可以更加高效地提高学生的学习效率以及节省教学时长，从而提高教学质量。首先，根据新课的知识点，制作关于本课知识的短视频，并发布在网络上，让学生先在网上进行观看学习。不长不短的视频，学生观看起来并不枯燥，再加上在网上学习，可以节省学生与老师的时间，一举多得。其次，教师再分布任务，布置

① 熊晋，女，硕士研究生，中学二级教师，德阳市直属学校教坛新秀。

作业，让学生们完成预习作业。例如，分解分式方程的方法是什么、本文的重难点知识是什么，并求解一些方程等。在学生们已观看过视频并了解了本课的一些相关知识点后，完成预习作业已经不是一件很困难的事情了。这样的教学模式可以大大减轻学生在课堂上的负担。最后，老师对作业进行批改，根据批改的情况老师可以从中了解到学生对于知识的掌握程度以及接受能力，从而合理调配教学的内容与教学方法，提高教学质量。

（二）课堂环节

1. 课前检测

在课前预习中，学生们都已观看视频并写了相应的预习作业，所以对此部分的知识有了一定的了解。在课堂中，老师可以先进行一次课前检测，了解学生掌握知识的水平。可出一道分式方程的例题，让学生在线回答问题。若大部分学生给出了正确答案，那么说明大部分学生都已经理解与掌握了分式方程的概念。

2. 交流讨论

在上课的中间阶段，老师可以让同学们互相交流讨论。让一些掌握知识较好的同学分享自己的学习心得体会。老师可以针对作业中出现的问题，提出具有代表性的问题与解决方案。接下来的时间就可以交给同学，让同学们进行翻转课堂，在课堂上充分发挥自己的能力与所学到的知识，进行互相讲解，在此过程中可以让讲解的同学加深对概念的理解，同时可以让听课的人也能再次巩固所学的知识，从而更好地掌握一元一次方程的分式方程的概念以及求解的方式、重难点。

3. 课后巩固

针对学生在课堂上所出现的问题与所遇到的重难点，教师可以提出解决方案并列出相对应的题目，让同学在网络上进行自主练习与测试，从而加深学生们对其的理解。对于不会的题与不熟练的题也能够再次进行学习。同时，在教学过程中我们需要结合课程特点，采用多种混合式教学方式，让学生真的学会，而不是一知半解。在课堂上，也可以采用提问，或让学生分组讨论并自我探究的教学方式。面对一些重点问题，老师可以进行指导，并回放课前知识，以学习小组的方式进行深度探究。在此过程中，可以开发学生们的创新意识，发现其中学习数学的奥秘与规律，让枯燥的数学变得有趣生动，从而更好地激发学生们的学习兴趣与积极性。

综上所述，翻转课堂背景下初中数学的混合式教学模式能够有效地提高初中数学的教学效果。若想取得良好的教学效果，就不能只停留在空洞的理论说教上，而要切切实实融合多种教学方式，采用混合式教学方式与翻转课堂，让学生们融入其中，真正参与课堂，而不是只有老师一人演独角戏。要提供更大的空间，最大限度地发挥学生的能力，让学生与老师能够充分互动起来。教学不仅是传授知识，还要注重情感方面的交流以及创新能力的培养。把翻转课堂与混合式教学模式结合在一起，教会学生去多角度思考问题，多方面分析问题，全方位地探索答案，学生就能更好地掌握所学知识。

参考文献

[1]张金磊，王颖，张宝辉．翻转课堂教学模式研究[J]．远程教育杂志，2019（4）．

[2]李蓓蓓．基于慕课的翻转课堂实践化教学研究[J]．中国培训，2017，06（14）．

[3]孙祖刚．新课改下初中数学教学方法的改革与创新[J]．中国教育技术装备，2016（5）．

[4]乔小彦，闵立成．慕课教学中学习特点[J]．当代教育实践与教学研究，2017，12（13）．

本文发表于《中小学教育》（2020年12月1期），有改动

初中数学导学互动教学模式的实践与研究

曾雪莲[①]

一、导学互动教学模式在初中数学教学中的作用分析

（一）提高初中数学的教学质量

数学属于初中阶段的重要科目之一，对于学生的各项要求也比较高，数学学科由于其本身难度比较大，学生在学习中会存在一定的困难。为了提高初中数学学科的教学效果，老师应该进一步优化教学方法，创新原有的教学模式，改变传统的教学观念，创设出更加适合于学生的学习目标，让学生能够更加积极地参与教学活动中，提高数学课堂的有效性。而导学互动教学模式应用于初中数学教学中，不仅可以改变教师的课堂地位，让教师以课堂参与者的角色来开展教学活动，也能帮助老师对课堂教学内容实现进一步延伸，切实帮助教师找寻到教材内容与生活实际相联系的部分，突破传统的教学模式的桎梏。

（二）提高学生的自主学习与合作能力

导学互动教学模式就是一种把导学和师生、生生之间互动探究结合起来的一种新型教学模式。在导学互动的教学模式中，学生成为学习的主体，真正实现了将课堂还给学生。这也让学生能在课堂的参与中发挥自身的潜能，提高自身理论联系实践的能力。引导学生找寻到新的学习方法，在参与互动中培养自身的自主学习能力。此外，导学互动模式主要注重学生与老师或者同学之间的互动。互动学习不仅有利于构建融洽的师生以及学生之间的关系，而且会增强学生的合作意识。

二、导学互动教学模式，在初中数学教学中的应用策略分析

（一）考教师教学素质，编写合理的导学提案

导学互动教学模式与传统教学模式有很多的不同之处，老师在教学中为了更好地发挥这一教学方式的重要作用，应该制定创新型的导学提案和教学目标，使其作用在教学中能够得以真正发挥。导学提案是导学互动教学模式的出发点，也是导学互动模式展开的主

---

① 曾雪莲，女，中学二级教师，市直属学校先进工作者，获"全国初中数学竞赛辅导教师三等奖"。

线。数学教学导学题案设计的质量会直接影响教学的质量。首先老师应该提高自身的综合水平，充分了解学生的实际需求以及心理需要，掌握学生的知识水平，设计出的提案应符合学生的现实水平，让学生在学习中能够做到循序渐进、不断学习。其次，老师所设计的导学提案必须有逻辑性，真正以提高学生逻辑思维能力为目的，引导学生在学习中不断提高自身的数学逻辑能力。同时，老师应该设计出形式丰富多样的问题，激发学生的学习兴趣，制定出适合学生学习的导学提案，提高初中数学教学质量。

（二）创设教学情境，高校开展导学活动

数学是一门逻辑性比较强而且较为抽象的学科，老师在教学中应该帮助学生把抽象的知识直观化，让学生能够更加直观生动地理解数学知识，进一步促进教学活动的开展。而在数学教学中，创设教学情境，能够充分帮助教师把抽象复杂的数学问题融入学生比较熟悉的生活环境当中，帮助学生理解较为复杂的数学问题，引导学生将所学的知识与实际生活相结合，将知识运用到实际生活中，解决实际问题。老师应该根据导学提案创设出合理的教学情境，以激发学生学习兴趣为目的设计出与学生生活实际相关联的教学情境，提高学生的学习兴趣，引导学生主动参与教学活动。

（三）加强合作教学模式的运用

导学互动教学模式，其中有教师引导学生学习以及师生互动和生生互动等具体内容，为了促进学生之间的合理互动，老师应该在教学中加强合作教学模式的运用，开展初中数学导学互动教学。首先，老师在教学设计中应该重视小组合作教学的作用，加强学生之间的交流互动，有效提高学生对于数学知识的理解，提升学生的学习效果，让学生在彼此间互动交流的过程中，提高自身对于数学知识的理解能力。其次，通过小组合作学习的模式，同学之间互相交流，弥补自身知识上的不足。这时，老师在教学中应扮演好引导者的角色，引导学生正确开展小组合作以及小组讨论活动，维持课堂秩序。第一，老师根据学生的学习实际情况以及课堂表现等综合行为对其进行分组，保证小组成员之间能够互相学习，取长补短。第二，老师引导小组各成员在小组内部做好分工，如小组当中应该有学习活动的领导者以及记录者等多种角色，引导学生正视其自身的角色，发挥好各自的作用。在保证自身学习质量的前提之下，有效提高小组合作的效果，培养学生的合作能力，在教学中采用创新型的教学策略，凸显出导学互动教学模式的重要意义，提高学生的数学学习能力。

三、结语

导学互动教学模式即"以导促学"，教师指导是前提条件，学生的学习是根本目标，

而师生或者生生之间的互动是重要手段。这种教学方式旨在提高学生的学习自主能动性，开阔学生的思维空间，帮助学生养成良好的学习习惯，增强学生的自主学习能力，为后续的学习奠定基础。在初中数学教学中，应用导学互动教学模式，不仅可以提高教师的教学水平，也能帮助学生更好地理解知识，并对知识做完整的迁移运用。因此，老师在教学中应该重视这一方法的运用，提高初中数学课堂的教学效果。

参考文献

[1]王静萍．"导学互动"教学模式在初中数学教学中的应用与研究[J]．文理导航·教育研究与实践，2019（11）．

[2]刘小玉．"导学互动"教学模式在初中数学教学中的应用与研究[J]．中外交流，2019（43）．

[3]胡利玲．"导学互动"教学模式在初中数学教学中的应用研究[J]．中国校外教育：上旬，2019（8）．

本文发表于《教学与研究》（2021年第55卷第2期），有改动

论新课改下初中数学教学方法的改革与创新

饶洪春

进入新时代，国家和社会对人才的需求发生了很大的变化，因此，我国的教育事业也需要在发展中不断改革和创新，以适应社会的发展需要。数学是初中教育阶段的一门重要学科，对培养学生的逻辑思维能力和推理能力等发挥着重要的作用。依照新课程改革的要求，初中数学教学也进行了积极的改革和创新，特别是在教学方法上进行了积极的探索，切实提升了数学教学效率和教学效果，推动了初中数学的教学发展。

一、当前初中数学教学改革和创新中暴露出的问题分析

（一）传统的教育模式禁锢了学生的思维

在传统的数学教学中，人们的关注点在学生的学习成绩上，不注重学生数学思维和数学能力的培养。例如，对于教材上的公式、规律等知识，教师常常要求学生死记硬背。对于解题的方法，教师将常用到的传授给学生，在遇到相关的题型后进行套用即可。一旦学生遇到一些新的题型，往往就会无从下手，解答不出来。数学学科本身具有一定的抽象性、逻辑性及灵活性，数学题目的种类千千万，不可能每一种题型都遇到且背过，只有学会了理论知识，且能够活学活用，才能够游刃有余地应付各种类型的数学题目。传统的教育模式注重的是学生的成绩，一切以学生考取高分为目的，不仅不利于培养学生的创新意识和创新思维，而且扼杀了学生的创新能力。

（二）数学课堂教学缺少引导和探索

在传统的数学课堂教学上，很多教师是教学中的主体，他们在讲台上滔滔不绝地讲授，进行知识的灌输，而学生只能被动地接受传输过来的知识内容，进行记录和记忆。课堂的氛围往往比较沉闷，缺少活力和创新。学生在这样的教学环境中，只能跟着教师的教学节奏，没有思考的时间和消化的时间，更没有创新实践的时间，不能激发和调动学生数学学习的积极性和兴趣。

（三）教师不具备改革和创新的意识

教师是学生学习道路上的引领者，可以说，教师的素质和能力，在一定程度上影响着整个数学教学的效率和质量。从初中数学的教学实践来看，很多班级的数学教师年龄偏大，他们的教龄较长，具有丰富的教学经验，但是他们很多人在改革创新方面比较欠缺，习惯运用传统的教学模式和教学方法，不愿意去探索新的教学方法。初中数学教师在改革和创新意识上的欠缺，在一定程度上制约了数学课堂教学的创新，同时也影响了对学生创新意识和创新能力的培养。

二、新课改下初中数学教学方法的有效改革和创新

（一）注重激发学生数学学习的兴趣和积极性

数学学科具有一定的抽象性和逻辑性，学习的难度较大，很多学生对数学学习感到头疼，对知识不能很好地理解和消化，学习的效果往往不理想，严重挫伤了他们学习的积极性和主动性。针对这种情况，数学教师有意识地激发学生的兴趣和积极性显得很关键。在实践过程中，教师要有意识地去引导学生，给学生讲一些著名数学家的趣事或者拼搏的故事，从而吸引学生的注意力，激发他们好好学习。在进行教学方案设计的过程中，教师可以将一些数学知识和学生的实际生活相结合，让学生在数学学习中感受到乐趣。

（二）注重运用现代化的教学手段

随着社会的快速发展，信息技术和网络技术在我们的生产和生活中得到了广泛的应用，给人们的生活带来了便利。将现代的科学技术运用到教育教学当中，可以有效地提升教育教学的质量和实际效果。在初中数学教学中，教师也要尝试运用现代化的教学手段。例如，我们常见的多媒体技术。教师运用多媒体技术，将数学教学内容以图片、文字、动画、视频等形式呈现给学生，带给学生视觉和听觉上的强烈刺激，不仅能丰富课堂教学，而且可以开阔学生的视野，帮助学生理解和内化知识，数学学习的效率和质量也会明显提升。

（三）注重培养学生的实践能力

依照新课标的教学要求，教师在数学教学中，要培养学生的实践能力，课堂上要经常给学生提供动手实践的机会，引导他们在实践中发现问题、提出问题，并通过不断地思考和分析，寻找解决问题的有效办法，从而有效地培养学生的学习能力和创新能力。

（四）重视基础知识的教学和掌握，培养学生的创新意识和创新思维

在初中数学教学中，基础知识是根基，只有重视基础知识的学习，才能夯实数学学习的基础。众所周知，初中数学题目往往具有灵活性，一道题目常常不止一种解答方法。在实践教学中，教师要加强对学生的引导和点拨，鼓励学生拓展思维，大胆尝试运用其他解题思路，引导学生逐渐树立创新意识。这样，学生在今后的数学学习中就会很自然地从多个角度去考虑问题，尝试多角度寻找解答题目的路径，逐渐培养创新思维和创新能力，为未来学习和发展奠定良好的基础。

三、结语

综上所述，随着新课程教学改革的深入发展，初中数学教师要提高认识，顺应时代的发展，注重在实践中改革和创新教学方法，从而激发学生的学习兴趣和积极性，培养学生的创新思维和创新能力，有效提升初中数学教学的效率和质量。

参考文献

[1]孙祖刚. 新课改下初中数学教学方法的改革与创新[J]. 中国教育部素质教育，2020，6（6）.

[2]崔海军. 新课改下多媒体技术与初中数学教学的有机结合[J]. 西部素质教育，2020（6）.

本文发表在《中国教工》（2021年第2期），有改动

如何应对数学教学中合作学习存在的问题

杨文①

新课程改革的一个亮点就是学习方式的转变。《数学课程标准》指出：有效的学习不能单纯依靠记忆。动手实践、自主探究与合作交流是学习数学的重要方式。小组合作学习能有效弥补一个教师难以面向众多存在差异的学生教学的不足，有利于培养学生的竞争意识与合作精神。但是，合作学习在实践中也存在许多问题：① 有形式、缺实质的合作。许多合作学习，形式上是三五个学生坐在一起说说、议议、写写、画画，看起来热热闹闹，实际上是个别优等生当"主角""演员"，而其他学生当"配角""观众"，其结果是两极分化异常严重。② 对合作的内容缺乏选择，滥用合作学习。在教学中，滥用合作学习，不论什么内容都让学生进行合作学习，哪怕是学生能够自主解决的、不需要合作学习的问题也让学生合作学习，从而降低了学习的实效。③ 对合作学习缺乏有效的指导。组织学生进行合作学习时，完全放手让学生学习，教师不参与学习活动，不对学生的学习活动进行有效的指导，忽视了"教师是数学学习的组织者、引导者、合作者"，致使合作学习小组的成员分工不明确，小组的自评、反思、总结意识差，学生的互助意识淡薄，导致合作学习"流产"。④ 对合作的时机把握不当。在教学活动中，教师只从自己的主观愿望出发，没有考虑学生的心理需求与教学实际，学生很容易接受的学习内容也采用合作学习的方式；合作学习时没有给学生充足的时间，学生刚刚展开合作学习，还没有对内容有实质性的了解，更没有讨论、总结，教师就"草草收兵"。⑤ 没有摆脱旧的教学模式和课堂评价，会做的学生能够回答问题，老师只是简单地说"好""对"或"很正确"等一些简单的话语，也没有评价好在什么地方，还有什么需要改进的；而不会的学生，他们自身不积极配合课堂，老师也没有及时鼓励与指导，长久下去课堂就不是全体学生的课堂，会使学习差的学生厌倦这门学科。

对此，教师在合作学习中要注意以下几点。第一，应激发学生的合作意识。在竞争日趋激烈的今天，合作精神显得尤为重要。一个不会合作的人，是很难成功的。教师在教学中要注重培养学生的合作品质与合作精神，让学生明白合作是一种资源共享，合作伙伴不是竞争对手，而是可利用的学习资源，鼓励他们在合作学习中相互探讨、相互请教、相

---

① 杨文，女，中学高级教师，7年年度考核为优秀，6次被评为直属学校先进工作者，辅导学生参加数学竞赛多次获国家级、省级奖项。

互学习。这样才能消除优生瞧不起后进生、后进生不敢在优生面前表现的现象，才能培养学生的合作意识。第二，教师在建立合作小组时，不能一味地以学生的知识基础、学习能力差异为标准，要让不同层次的学生优化组合。应尊重学生的意愿，让他们自由组合，并推选组长。这样，小组成员兴趣相投、彼此信任，在合作时也就没有优劣之别的感觉了。第三，教师备课时要深入研究教材，明确所要体现的新理念。合作学习的内容要有一定难度，有一定探究和讨论价值，问题要有一定的开放性。对一堂课的每个环节大约用多少时间、什么内容需要合作学习、合作学习的时间是多少等，要设计好。第四，教师要对合作学习成果作出合理的评价，及时、合理、准确的评价可提高学生的学习能力。教师可以通过课堂观察、作业批改、找学生谈话等方式收集信息，总结取得成功的经验，反思不足之处，进而针对每个小组的表现再做具体的指导，促使每个小组都进行反思，这样就会慢慢形成小组合作学习的良性循环。第五，教师要为小组合作学习创造一个民主、和谐、宽松、自由的学习环境，尊重和保持学生的参与热情。为此，教师要采用多种方法鼓励学生，尤其要关注那些沉默的学生与冷场的小组，给他们鼓励与指导，让他们融入活动中去。在合作中，教师尤其还要培养优生学会聆听后进生发言的习惯。对于发言不太准确的，组内要相互补充，密切配合，发挥好团队精神，有效地完成学习任务。

　　总之，只有在教学中处理好合作学习的每个环节，在实践中思考，在探索中求知，课堂才会焕发出生命活力，学生才会从合作学习中真正受益。

本文发表于《考试指南报》（2013年第298期），有改动

运用电子白板技术在初中数学课堂进行素质教育

李青豪[①]

实际上，电子白板技术最早作为一种商业技术，较多地运用于公司和企业当中，近些年也开始被运用在教育界。目前，我们需要在初中的数学课堂当中积极推行这一技术，利用电子白板来激发学生的兴趣和爱好，使他们能够积极主动地投身于数学课堂当中。

一、用电子白板技术启发学生思维

电子白板技术作为目前常见的一种信息化技术，其最主要的优点就在于直观、便捷。众所周知，在初中数学的教学过程当中，教师想要讲明白一个知识点，或者让学生学会一个公式，相对来说是比较简单的。但是，如何通过这个知识点来进行深层次挖掘，才是每一名数学教师应当予以关注的重点问题。而这恰恰也是目前我们全面推行素质教育改革的必然要求。运用电子白板技术，则可以有效地实现这一目标。举例来说，在传统的数形结合教学过程当中，教师总是通过课本当中的知识来进行板书，让学生通过二维的线条勾画和组合在脑海中建立起一个三维的立体图形。对于大部分初中生来说，这是十分困难的，因为他们的逻辑思维尚不成熟，在小学阶段也没有接受过系统的数学思维训练。通过电子白板技术，教师可以将课本上的例题以Flash动画的形式展示出来。通过多线条的搭建，学生可以了解到线条的组合为图形，图形又可以组合为物体。这样一来，从二维到三维的变化模式就可以很直观地展现在学生们面前。对于学生来说，反复看到这种转化方式，有利于他们数学思维的形成，也可以培养他们的数形结合思维。

二、用电子白板技术渗透德育内容

素质教育对学生的综合学习能力包括思维能力提出了种种要求，同时对学生的品德人格方面也有相应的要求。我们数学教师在初中的学科教育课堂中，也应尽可能采取渗透的方式，提高学生的道德水平。

皮亚杰在他的认知发展理论当中提出了如下观点：只有建立起学生本位制的教育观，

---

① 李青豪，男，大学本科，校级优秀青年教师、班主任。

才能够真正实现教育的高效化。因此，在初中数学课堂当中，教师需要坚持以学生为中心的教育原则，充分利用电子白板技术来渗透德育。当我们在讲解初中数学的应用题时，如果题面的内容涉及环保知识，那么就可以通过电子白板技术将这个题干以Flash动画或其他图文结合的方式更加直观地展现出来。

另外，在主题班会活动中，同样可以利用电子白板技术来进行亲子活动和感恩教育，展示我们父母对孩子无微不至的关爱。学生们在观看的过程当中，既可以了解到沉重如山的父爱，又可以感受到慈祥和蔼的母爱，进一步拉近学生和父母之间的关系，使双方互相理解、互相关心。另外，针对一些热点知识和新闻，教师同样可以利用电子白板技术来进行情景的再现。例如，在汶川大地震发生以后，韩红所演唱的一首《天亮了》，就是根据汶川大地震中的伟大母亲创作的一首歌曲。用电子白板投射出这位伟大的母亲竭尽全力在生命的终点仍旧保护自己孩子的姿态，通过Flash动画的形式展示出来，同时播放《天亮了》这首歌曲。这种形式更加有利于实现德育渗透。

三、用电子白板技术锻炼学生的动手能力

在传统的初中数学课堂上，学生难以得到有效的锻炼，这是因为学生学得多、练得少，缺乏动手的机会，缺乏实践的机会，这完全可以通过电子白板技术予以解决。实际上，电子白板技术最主要也是最基础的一个功能，就是利用电容笔进行实时勾画。教师完全可以利用这一功能来激发学生对于数学知识的学习热情，从而锻炼学生的动手能力和思维能力。教师首先可以在电子白板上展示出一道例题，然后邀请一名学生上台，在电子白板上进行解题。在这名学生解题完毕以后，必然会有其他学生举手提出完全不同的解题思路。这时候，教师可以邀请这名学生再次上台，利用电容笔在电子白板上写出其他解题方法。这样一来，全班的学生都可以看到其他同学解题思维当中所存在的微妙变化，从而锻炼学生们的动手能力。

在开展素质教育的今天，教师需要通过多种多样的信息化手段，包括利用电子白板技术启发学生的思维、渗透德育内容、锻炼学生的动手能力，这是我们真正践行素质教育要求的必然之举。

参考文献

[1]李容. 初中数学教学中应用交互式电子白板的实践与思考[J]. 科教导刊（下旬），2018（12）.

[2]樊振宇. 试论现代化教育技术中的"电子白板"[J]. 信息系统工程，2017（8）.

[3]刘月. 探寻素质教育切入点　提升白板教学有效性[J]. 中国教育技术装备，2016（21）.

[4]史莲玲. 电子白板在数学课堂上的应用分析[J]. 中国教育技术装备，2016（15）.

本文发表于《西部素质教育》（2019年第22期），有改动

数学课堂如何巧用生活中的课程资源

唐仕雄[①]

在实施新课程中，作为一名数学教师，我更多地关注学生的需求，充分利用校内外各种教学资源丰富课堂教学，开阔学生的知识视野，激发学生学习数学的积极性和主动性。

一、巧用学生的生活体验

课堂是学生生活的重要组成部分，是展现生命活力的舞台，更是学生表达内心世界的平台，是学生生命成长的场所。每个学生所处的生活环境不同，他们对事物的认识不同，生活体验也不同，因而形成了各自不同的世界观、人生观和价值观。因此，学生的生活体验是一种重要的课程资源，可以丰富课堂教学，使之与教学内容、目标发生良性互动，借助这种课程资源达成教学目标，同时使生活体验得到检验、修正与丰富，实现二者的畅通、互补与融合。我在教学《平面直角坐标系》一节时，在课上有意地提出了三个问题：①如果向东走3米记作+3，则向东走5记作？②如果向东走3米接着左转向北走2米，如何标记终点与起点的关系？③谁能找出更多的只用数轴不能表示出位置关系的生活问题？学生通过观察思考，分别提出了各自不同的问题。不但有课本举例中的温度变化和找座位的问题，还有确定教室内电扇、电灯、窗格地板砖位置，课本中某个字的位置，生活中两栋房之间的位置等问题。由此可知，只要给学生提供机会，学生一定会发散思维，参照大量的问题，提出自己的观点，给我们惊喜。

二、巧用生活中的实际问题

贴近生活实际，让数学从生活中来、到生活中去，是数学改革的重要策略之一。现实生活中隐藏着丰富的数学现象，让学生体会数学就在身边，大大调动学习的兴趣。例如，深圳"世界之窗"（游乐园）规定：1.1～1.4米的学生可以买学生票，每张60元；成人票每张120元。你能设计一个简易的收费表挂在售票窗口上，让顾客一目了然吗？在解决这个问

---

① 唐仕雄，男，一级教师，曾获德阳市教育局先进工作者、中共德阳市教育局委员会优秀党务工作者、中国青少年书画协会书法一等奖，在国家级、省级教育刊物上发表了多篇论文并获奖。

题的过程中，学生知道了数学的实用性。因此，教学中教师应采用大量的生活背景（如生活用电、购物打折、转盘游戏等）来体现新课标"学习资源和实践机会无处不在、无时不有"的理念。教师所选取的资源要尽量来自学生日常生活、实际情景，从而使数学问题生活化、生活问题数学化，充分发挥数学课程资源的实用性。

三、巧用学生个性化的思维方式和多样化的探索成果

受多种因素影响，学生的思维方式各不相同。在课堂教学中，教师要真正尊重每个学生，发挥学生的主体性，使课堂成为学生生命成长的空间。其中一个重要方面就是对课堂中学生不同思维方式的尊重、发掘与引导。因此，在数学教学中，教师应创设情境，尊重学生的思维方式和探索性成果，让学生树立自信。教师为学生创设一个广阔的思维天地，使学生创造性地学习，学生的创造性成果也就会成为重要的课程资源，并在课堂上发挥重要的作用。

四、巧用趣味性的生活例子

作为一个数学教师，仅凭教材内容和设计是不够的，还需根据学生的年龄特征和认知规律，把握好课堂教学，设计好教学情景，尽量将抽象的数学问题熟悉化、生活化、直观化。让数学知识与实际生活相联系，将抽象数学知识具体生活化，更加便于学生的理解，激发学生的学习兴趣，使学生能更加容易领悟知识来源于生活并服务于生活，从而成功地构建数学概念、解决数学问题。根据学生的好奇心理，我设计了这样一个情景："女人为什么穿高跟鞋？"从而开发了一个数学问题："假设某女士下肢高是身高的0.618倍才符合标准，若某女士身高1.6米，下肢高0.8米，是否够标准？如要体现美，应穿多高的高跟鞋呢？"通过设问，师生共同讨论，学生兴趣浓厚，可以说全部学生都沉浸在解决问题的氛围中，效果极佳。将有趣的问题融入教材教学，是激发学生兴趣、开发学生学习资源行之有效的途径。此外，还可以让学生自编自制探求教学问题和教学教具，激发学生参与课堂活动的热情，让学生认识到学数学有趣、有用。

课程资源无处不在。作为一名数学教师，要注意从多方面、多渠道进行挖掘、积累和利用课程资源，让课程资源为我们的课堂服务。只要对学生的学习有帮助，可以提高我们的课堂质量，它就是我们的教学资源，就可以应用到我们的教学当中。作为新课程标准下的数学教师，我们应该创造性地利用数学资源，努力寻找数学与生活的结合点，尽可能地就地取材，为学生营造广阔的数学空间，使学生真正体会到数学的价值。总之，在教学工作中，教师要利用好各种课程资源，充分发挥课程资源在课堂上的作用，才能更好地搞好教学工作，从而用更简便的方法提高学生学习效率，获得更佳的教学效果。

参考文献

[1]卢杰. 数学结合生活，开发课程资源[J]. 中国科教创新导刊，2008（33）.

[2]何国光. 例谈初中数学课程资源的有效开发与利用[J]. 数学学习与研究，2010（10）.

[3]胡小平，刘海涛. 新课程标准下数学课程资源的开发和利用[J]. 教育与教学研究，2010（4）.

本文发表于《文渊（中学版）》（2019年第4期），有改动

浅谈小学数学开放式教学策略

王秀[①]

开放式教育是针对封闭式教育来讲的，是一种鼓励学生参与学习活动，以学生为中心的学习方式。开放性体现在开放的空间、开放的环境、开放的课程、开放的态度、开放的资源运用。该教学模式在数学课堂上的应用，不仅能够帮助学生更好地学习理论知识，而且对于学生实践能力的培养也有一定的促进作用。现将我关于开放式教学的几点感受浅述如下。

一、开放式教学对于小学数学学习的积极意义

（一）提升学生学习积极性，活跃课堂氛围

传统的数学课堂教学基本上都是封闭式课堂，教师是课堂的中心，而学生则是教师教学的附属，只是被动地接受知识。而开放教学课堂则使得教学朝着多元化的方向发展，学生的学习不再局限于课本之上、课堂上，生活中的任何资源都能够应用于数学教学中，使沉闷的教学氛围被打破，学生的学习积极性得到有效调动，其学习热情得到最大限度的激发。这有助于教学活动的开展，可以提高课堂教学效率，学生对知识的理解也会进一步加深，学生学习成绩也会显著提升。

（二）活跃学生思维，增强动脑能力

在传统的数学课堂教学上，教师通常会根据课本内容逐题讲解、布置习题、考试检查，学生在课堂下面只是被动地服从教师安排，其学习积极性始终难以得到有效调动。在教学过程中，无论教师讲解得好或坏，学生一律接受，教师看似顺利地完成了教育教学工作，但由于小学生的年纪比较小，记忆能力与理解能力都不够成熟，在学习过程中可能无法真正掌握教师所传授的全部知识，容易出现顾此失彼的现象，在学习知识期间缺乏针对性。开放式教学模式在课堂上的应用则能够有效解决该问题，能够引导学生自主地学习，积极地动脑思考。在学习过程中，学生的思维能力得到了有效锻炼，能够更加有目标、有

---

① 王秀，女，初级教师，2013年在德阳市衡山路学校青年教师赛课活动中荣获一等奖，2014年在德阳市直属学校小学数学青年教师优质课观摩活动中荣获二等奖。

选择性地学习知识。

（三）培养创新意识，开发智力潜能

开放式教学能够有效地激励学生养成独立思考、深入探究的学习习惯。许多知识都需要学生自行去理解和思考，在自主探究知识的时候，学生将会收获更多的快乐，在课堂上拥有更多表达自我的机会，这对于学生的成长及发展都有极为重要的促进作用。

（四）激发学生学习兴趣，培养自主学习意识

正所谓"授人以鱼，不如授人以渔"，教师在教学中讲解再多的知识，学生如果没有掌握学习的方法和技巧，那么他们就很难真正学好知识。因此，教师在教学中不仅应当给学生讲解基础知识，还应当讲解学习知识的方法和策略，培养学生的学习积极性。开放式教学模式相较于传统的教学模式来说，其突出性的优点就在于为学生自主探索和学习知识提供了更加广阔的空间，学生能够根据自己的兴趣爱好，探索自己喜欢的知识。

二、开放式教学在数学课堂上的应用措施

（一）转变教师的教学地位，实施教学多元化

在进行开放式教学时，要想更好地发挥该教学模式的积极作用，教师首先应当转变自身的教学思想，做好角色转换工作，在课堂上不能再以自己为尊，而应当将学生作为课堂教学的主体，给学生提供更多展现自我的机会，引导他们自主地去探究学习过程中存在的种种问题。数学是一门灵活多变的课程，可能许多教师在教学中会发现，即使是同一道题目，也可能有多个不同的解法，教师所讲解的方法也并不是唯一的。教师应当转变自身角色，注意多与学生进行沟通和交流，了解学生对于学习的种种看法和意见，针对不同学生采取不同的教学方式。比如，在面对思维能力比较差、学习进展慢的学生，教师要加强辅导，帮助学生树立学习的信心，提高其学习能力。

（二）开展多样化教学活动，营造良好的课堂氛围

在开放式教学背景之下，要想激发学生的学习兴趣，培养其自主学习能力，教师还应当注意转变传统的小学数学课堂教学模式，营造轻松、愉快、高效的课堂，开展多样化的教学活动。比如，在教学中可以将游戏与知识结合在一起，借助学生感兴趣的游戏将学生们带到相应的学习情境中去。同时，小学数学内容简单，知识的实用性比较强，教师在教学中还可以将其与实际生活联系在一起，在实践中培养学生的能力，使其获得学习的成就感，调动学生的学习积极性。如在教学"图形的认识"时，教师在安排学生预习新课时，

可以给他们布置这样的小任务，观察一下生活中有哪些图形，这些图形与课本上学习的图形有什么相似的地方，又有哪些不同。通过这种方式，引导学生思考，丰富学生认知。

总之，在小学数学教学中，开放式教学模式的应用，对于学生学习积极性的调动以及教学的有效进行，都有极为重要的作用。教师在教学中要学会转变自身传统落后的教学思路，提高自身的思想认识，创新教育教学方法，以便更好地满足学生的学习发展需要，提升小学数学教学质量。

参考文献

[1]刘云权. 关于如何提高小学数学教育效率的策略解析[J]. 亚太教育，2015（20）.

[2]杨建平. 浅谈提高小学数学教育效率的策略[J]. 课程教育研究：中，2013（5）.

[3]吕秀华. 多播一份关爱，多洒一缕阳光——小学数学学困生的转化策略探析[J]. 中国校外教育，2013（35）.

本文发表于《教育研究》（2021年第6期），有改动

浅谈核心素养视野下的小学数学活动

沈春桃[①]　尹华君[②]

2014年教育部印发的《全面深化课程改革　落实立德树人根本任务的意见》，对核心素养进行了明确要求，拉开了我国对核心素养研究的序幕。在"立德树人"教育根本任务的指引下，我国关于学科核心素养的架构也正逐步分层落实。而小学阶段的数学核心素养培养显得尤为重要，正如"终身学习核心素养"建议案提出的那样，核心素养的培育应在义务教育阶段完成，并成为终身教育的基础。小学数学核心素养的提出打破传统意义上人们对数学"纸上谈兵"的偏见，聚焦小学数学知识、技能和态度的整合，培养小学生在数学学习过程中逐步形成适应个人终身发展和社会发展所必备的品格、关键能力。

美国著名数学教育家伦伯格曾指出，数学是可错的、变化的，并和其他知识一样都是人类创造的产物。从这种角度分析，数学教学应是动态变化的，体现在教学过程中则是学生须置身于"经历""体验""探索""尝试""验证"的数学活动中。2001年教育部发布的《基础教育课程改革纲要（试行）》，将综合实践活动课程纳入中小学必修课，旨在培养学生的数学意识和数学实践能力，这与小学阶段的数学核心素养是契合的。

一、数学人文与数学活动

陈六一和刘晓萍通过发放问卷，把数学人文概括为对数学的持久兴趣与好奇，对数学美有追求，会用数学交流。其关注点在动机、审美与表达。[1]斯托利亚尔认为数学是活动的教学，其以尊重学生的特点和兴趣为基础，设计数学活动，让学生在数学活动中经历、体验、探索和验证，使学生在操作与交流中迸发思维的火花。例如，补墙问题历来是小学一年级下册的难点，可以结合第七单元的《找规律》来设计活动，从低段学生常见的、感兴趣的长方体积木着手，让学生分组砌墙。在活动中，一般会出现以下两种情况：砖缝对齐和不对齐。在实际操作中，学生发现了砖缝对齐时，墙面受到压力易被破坏；砖缝不对齐时，墙面相对完好。然后通过抽砖活动，引导学生主动探索砖缝规律，小组及全班交流后初步总结墙面最稳固时墙缝的排列规律，每位学生运用作图的方式，画出规律图；利

---

① 沈春桃，女，硕士研究生，二级教师，德阳市小学数学教育学会成员。
② 尹华君，女，大学本科，二级教师，德阳市市直属学校先进工作者，德阳市教育局优秀共产党员。

用学生所画墙面，进一步探讨其中隐藏的图形和数字规律，发现数学结构美与数字之美。在这个活动中，将现实情境中的砌墙现象与找规律相联系，初步还原砌墙问题，再通过画图，剥离情境，探索规律。整个过程要求学生能使用不够连续但较清晰的自然语言（通过口头或者书面等方式）展示自己的观点，并在教师的适当引导下会"从左往右""从上到下"，逐步掌握和理解基本的数学表达，初步感知数学的语言之美。

二、数学意识与数学活动

数学意识是人们对数量关系和空间形式自觉的、主动的认识活动，应该是一种内化和升华了的数学素养，与直观想象、数学抽象、逻辑推理、数学建模等核心素养密切关联。[2]有调查发现，人们在面对数学问题时往往凭数学思维直觉来进行判断。这要求我们在设计数学活动时，结合小学生具象思维向抽象思维发展的特点，将数学生活化与生活问题数学化相结合，为数学的迁移奠定坚实基础。我们可利用生活中常见的扑克牌来进行一个简单的计算游戏活动（适用一年级下册），寓教于乐。扑克牌中的"A"和人牌为1点，"2"至"10"为本身的点数，4~5人为一组，轮流当组长发牌，每人先发一张牌，自行决定是否继续拿牌，最先凑够10点的学生为赢家，积1分；超过10点扣除1分；均凑够10分时，10点以内点数最高者为赢家，积1分。这个活动要求学生在游戏过程中主动运用"凑十法"，快速计算20以内的加法，思考获胜的策略。

三、数学思想与数学活动

数学思想是数学教学的精髓。郑毓信认为可从两个范畴来理解数学思想：一是从属于数学知识的"数学思想"范畴，二是具有更普遍意义的思维模式或原则的"数学思想方法"。[3]从这一理解来看，数学思想几乎出现在教材中的每一章节和每一个知识点中。我们可以根据这个阶段学生认知结构的特点，依据数学思想，联系劳动教育课程，结合户外与课堂进行"设计主题—准备活动—活动实施—呈现成果—总结反思"活动设计，培养学生的思维、推理、建模能力。

（1）知识与技能：学生经历解决模型、验证模型的过程，掌握数学的基本知识以及自主查阅资料的基本技能。

（2）数学思考：学生在数学建模过程中，通过观察、猜想、实践、运算、证明，学会独立思考，体会数形结合等基本数学思想方法，发展学生的推理、抽象思维能力。

（3）解决问题：利用现实生活情境让学生主动发现并提出数学问题，利用数学知识解决现实生活中存在的数学问题，增强主动应用意识。

（4）情感与态度：在数学建模过程中，学生的好奇心与求知欲不断被激发和满足，使学生在成功的体验中树立自信。问题的提出、模型的建立、小论文的撰写过程，可以培养学生的数学交流素养。

活动一：关于采摘蔬菜方案的研究（二年级下册）

本班种植的葱、胡萝卜和莴笋成熟，需要尽快采摘。请你为班级设计一份采摘方案，并尝试解决以下问题：

a. 你将怎样对同学们分组？这样分组的优势是什么？

b. 采摘的蔬菜你将怎样收集和整理？

c. 如何处理采摘的蔬菜？

d. 你打算怎样公平支付同学们的报酬？以何种形式支付？

学生基于课题自主完成小论文的撰写，在研究过程中激发学生的数学直观意识，让他们在具体的生活情境中不由自主地过渡到数学活动中，发现数学问题，并用数学思维去解决问题。

活动二：全班分享方案，选举最优方案

小组交流后每组推荐一份方案，小组再向全班阐述方案和推荐理由及方案优势，全班投票选举最优方案。

活动三：执行选举方案，优化方案

执行方案的过程中，必定会遇到各种问题，请记录下来，并在原有方案的基础上进行优化修改。

核心素养是一系列可移植的、具有多种功能的知识、技能和态度的整合，是个体获得成就和发展、融入社会和胜任工作的必备素养。[4]核心素养需以"人的全面发展"和"终身学习"为目标，满足"个人发展"和"社会发展"的需要。在小学阶段，数学核心素养则是用数学意识与数学思想解释世界，为今后的学习生活夯实基础，满足个体和社会发展的双重需要。在具体的教学实践中，我们应联合数学活动将静态的知识转换为动态的思考与操作。这样不仅利于数学人文和数学思想的渗透，还能唤醒隐藏在学生脑海深处的数学意识，让学生更加主动地运用数学自主解决数学、生活问题。

参考文献

[1]陈六一，刘晓萍. 小学数学核心素养要素分析与界定反思[J]. 中小学教师培训，2006（5）.

[2]水菊芳. 基于数学核心素养的课堂数学意识的构建[J]. 数学通报，2016（11）.

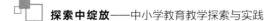

[3]郑毓信. 数学思想、数学思想方法与数学方法论[J]. 科学技术与辩证法，1993（5）.

[4]常珊珊，李家清. 课程改革深化背景下的核心素养体系构建[J]. 课程·教材·教法，2015（35）.

本文在德阳市小学数学专题论文评选活动中荣获三等奖，有改动

核心素养理念下如何开展小学数学教学

——以《图形运动（二）平移》一课为例

宋颖[①]　沈春桃

新课改明确指出，要注重培养学生核心素养。"素养"一词，《现代汉语词典》里解释为平日的修养。说文解字中，"素"为未染色之丝，"养"为长久的育化。什么是数学核心素养？数学核心素养可以理解为学生学习数学应达成的有特定意义的综合性能力，不是指具体的知识与技能，也不是一般意义上的数学能力，其余数学知识技能又高于具体的数学知识技能，反映数学本质与数学思想是在数学学习过程中形成的，具有综合性、整体性和持久性。数学素养是人们通过数学学习建立起来的认识、理解和处理周围事物时所具备的品质，通常是人们与周围环境产生相互作用时所表现出来的思考方式和解决问题的策略。现在就人教版小学数学四年级下册第七单元认识《图形的运动（二）平移》一课为例，谈一谈我对这节课教学的设计。

一、课前对本节课进行充分的学情分析

儿童时代是空间观念的重要发展阶段，在小学阶段学习一些图形与几何知识，并在其过程中形成空间观念，对于学生进一步学习几何知识及其他知识，形成空间想象力有极其重要的影响。本节课《图形的运动（二）平移》这一教学内容是在第一学段基础之上的进一步扩展和提高。

四年级的小学生已经具有一定的知识和生活经验，对自然与社会现象有了一定的好奇心。因此，需要教育者进行有目地启发与引导，把学生的好奇心转化为求知欲，逐步形成稳定的学习数学的兴趣，以及学好数学、会用数学的信心。由于四年级学生的思维形式正处在由形象思维过渡到抽象思维的阶段，因此本节课的教学尽量运用直观的教具、学具和操作手段为学生提供丰富的感性材料，调动学生的多种感官参与。

---

① 宋颖，女，小学数学高级教师，德阳市直属学校数学学科带头人，德阳市教育工委优秀共产党员。

二、认真分析教材的内容及特点

（一）教材内容和作用

小学阶段图形的运动共安排了三次，第一学段安排了一次，侧重整体感受现象，帮助学生直观认识平移旋转，在活动中积累图形运动的活动经验。第二学段安排了两次，侧重通过画图等方式，体会平移旋转和轴对称的图形特点。本册是第二次学习，主要是对平移和轴对称图形再认识。这一课时要求学生能在方格纸上画出一个简单图形，沿水平方向竖直平移图形，为下一课时会运用平移知识解决简单问题打好基础。在观察操作活动中，帮助学生积累图形运动经验，描述或画出图形的运动和变化轨迹，使学生在探索和理解运动的过程中认识图形之间的关系，发展学生的空间观念。

（二）教材编排特点

教材很好地利用了方格图，方格图是学生学习平移的重要工具。方格图上一条条水平和竖直的线，为学生建立方位感、感受距离提供有力的参照。同时，方格图有大小相同、整齐排列的方格，"距离"自然而然地被学生接受和认可。这样的设计，尊重了学生的认知基础，顺应了学生的认知需要，有效地帮助学生建立方位感、距离感，是发展学生空间观念的重要途径。同时，方格图为学生提供时间和空间，使学生有了做数学、体验数学、经历数学的机会，有助于学生更好地学习数学知识，掌握数学学习的方法。学生在这样的活动中，不仅收获了知识，也积累了测量的方法，发展了空间观念。

三、根据以上对教材的理解和学情的分析，制定教学目标和教学重难点

（一）教学目标

知识与技能方面：学生进一步认识图形平移现象，理解图形平移的方向与距离参数，能正确判断图形的平移变换，掌握把简单图形沿着水平和竖直方向平移的方法。

过程与方法：学生参与观察、操作实践，探索图形平移现象及其特征，增强学生观察、思考、操作的能力，发展空间观念。

情感、态度与价值观：学生在认识平移的过程中增强对图形变换的兴趣与学习信心，初步体验平移在生活中的应用。

（二）教学重难点

教学重点：认识平移的现象与特征，能在方格纸上数出图形平移的格数，并能根据规定格数在方格图上画出平移后的图形。

教学难点：将图形分两次沿不同方向进行平移，并能说出平移方法。

教具、学具准备：多媒体课件，方格作业纸。

四、核心素养理念下的几点教学建议

（一）动态呈现平移过程，使学生具体感知平移距离

在平移的过程中，学生很容易对移动几格产生错觉，会错误地把移动五格理解成两个图形中间的空格是五格。教学中可以通过课件动态展示平移过程，使学生通过观察了解平移的方向和移动的距离，分别表示什么意思；也可以利用实物模型，按平移的要求实际操作，让学生体会平移的过程是整个图形按要求进行平移，平移的距离是对应点之间的方格数，而不是平移前后两个图形之间的方格数。

（二）探索图形平移的画，发展学生在方格纸上画平移图形的能力

第一，选点。也就是在原图形上选择几个能决定图形形状和大小的点。第二，移点。也就是按要求把选择的点向规定的方向平移规定的格数。第三，连点成形。

上述三个步骤，既便于学生理解操作，又与平移运动的本质特征一致。在教学时应启发学生先主动尝试，积累一些操作经验；再逐步归纳出操作的步骤和要领。

五、课后反思

本节课采用了"导教结合"模式进行教学，充分发挥了教师主导作用，突出学生主体地位。整节课教学设计新颖、思路清晰、重难点突出、时间分配合理，达到了很好的教学目标和教学效果。

（一）教学设计：由浅入深，层层递进

从引入开始，让学生观察图形，引出平移的概念，讨论平移的特点。再让学生用实物移一移，初步感知平移的过程，接着画一画、数一数，最后巩固和提高。一环扣一环，教学设计很好地突出了重点，突破了难点。

（二）教学方法"导教结合"，把课堂还给学生

根据"导教结合"模式的特点，采取学生自主学习、合作交流和动手操作的学习方式，让学生有足够的时间和空间去探索平移的方法，真正把课堂还给学生。比如，教师并不自己说出"平移的方法"以及"平移图形时应注意什么"，而是相信学生，把思考的空

间和机会交给学生，鼓励学生发表自己的见解，展示自己的思维过程。老师在一旁倾听并及时给予鼓励性评价，在关键之处适当引导。师生积极互动，极大地激发了学生的学习兴趣和学习欲望，促进了师生的共同发展，充分体现了学生的主体地位和教师的主导作用。

（三）目标引领，收获成功和乐趣

那么，学生收获了什么？我们来看一看。

●在目标的引领下收获了有效学习的方法，如数方格的方法、找对应点的方法。

●在自主学习中收获了数学基本知识与技能。

在学习例3时，通过自主学习、小组交流和分享互动等活动，学生在方格纸上画平移图形的能力得到了发展，能掌握图形平移的步骤：先选点，再移点，最后连点成形。其中，学生很重视移点的方法，能明白移动几格的意思，平移的距离是对应点之间的方格数，而不是平移前后两个图形之间的方格数。不但知道移点时不能数错格子，而且很乐意到讲台上教大家如何正确数格子。

在动手操作与思考中掌握了数学方法。

●数学思想和方法是数学的精髓，注重领悟数学思想和方法，明显提高了学习能力。如在例3的学习中，学生通过思考怎样画平移后的图形，明白了平移前后图形的对应点要一一对应，即对应的思想和方法。

●在体验中收获了学习数学的自信和乐趣。

在导入环节，学生通过观察推拉门、汽车在公路上的运动等生活中常见事物和现象，感知平移的现象，形成平移的表象，体验到生活中处处蕴含数学知识，感受到数学的趣味和作用。而在达标检测环节，同学们表现得非常活跃，都争着上讲台展示自己的作业，很愿意跟大家分享自己的收获，在轻松、愉悦的氛围中谈一谈自己的感想。这说明学生不仅收获了知识，还收获了自信。

在整节课的教学中，始终把学生当作主体，培养学生根据物体特征抽象出几何图形，根据几何图形想象出所描述的实际物体，想象出物体的方位和相互之间的位置关系；描述图形的运动和变化；依据语言的描述画出图形等空间观念。真正关注学生的持续发展，把培养学生数学核心素养作为教学核心目标，使学生在数学学习中具备终身学习与发展的能力。

数学的价值不在模仿而在创新，数学的价值不在技能而在思想。学习数学，不能只是遵照指令进行程序操作，而是一个不断运用自己的知识经验进行自我构建的过程。学生需要的不是复制别人的数学，而是去构建自己的数学，真正有价值的数学一定是进入学生内心的。因此，培养小学生的数学核心素养任重而道远，我们一起为之努力。

参考文献

义务教育教科书教师教学用书[M]. 北京：人民教育出版社，2016.

小学数学课堂有效性缺失的成因及对策

周熔[①]

一、"丝丝入扣"的预设——忽视了学生的认知基础

[片段1]《分数的初步认识》一课的引入

师：同学们听说过分数吗？

生1：我知道分数是在平均分的情况下才有的。

生2：分数是由分子、分母和分数组成的。

生3：把一个苹果分成2份，一份就是二分之一。

生4：我知道2/5加1/5等于3/5。

……

师：看来同学们对分数并不陌生，这节课我们就一起来研究研究分数吧。（板书：分数）

接下来的环节是，教师按照先前的预设一步一步有序地进行。叫同学们拿出准备好的平面图形折一折，并把折痕用水彩笔描出，再把其中的一半画上阴影；教师选出部分作品进行展示，叫学生对这些作品进行分类（学生分类的方法很多，教师引导学生分成"平均分"与"不平均分"两类）。之后，教师引导学生说出平均分图形的阴影部分可以用分数"1/2"表示（到此已用时15分钟）。

反思：以上教学片段，教师的用意是显而易见的，即通过"同学们听说过分数吗"一问了解学生的知识起点，之后组织教学。但值得探讨的是：这15分钟的动手实践有效吗？有没有必要让学生统一折出1/2呢？组织学生对图形进行分类的意义何在？出现这种种问题，究其原因只有一个，那就是教师并没有真正关注到学生的知识起点。虽然新课程改革已经经历了好几个春秋，但时下的许多教研课、观摩课、展示课，教师几乎不敢拿出原汁原味的课，教师总期望学生按照自己的预设做出回答，努力诱导学生得出自己的预定答案，整个教学过程就像上了发条的钟表一样，任何环节都设计得"丝丝入扣"，忽视了学生的认知基础，看不到教师在课堂上的随机应变。

对策：（1）全面准确地把握学生学习的现实起点。为充分了解学生的认知基础和生活

---

① 周熔，女，小学高级教师，德阳市教育局先进工作者，在全国教育周刊上发表了多篇论文。

经验，找准学生学习起点，应当全面、深入地进行课前调查工作，对收集的信息进行细致分析，以此作为教学设计与实施的依据。当然，这个环节也可以在课的引入环节进行（这在一些竞赛课堂上经常用到）。上例中，教师也运用了此法，但可惜的是该教师并没有真正把握住学生的学习起点。（2）正确处理好预设与生成的关系。课堂是需要预设的，没有预设课堂就会没有目标，就不能完成好教学任务。同时，课堂也是生成的，没有生成的课堂就会淡而无味，缺乏灵动，观后不是让人拍案叫绝，而是让人觉得索然无味。因此，教师在课堂教学中一定要根据学生的实际与课堂实际，适时地调整自己的教学设计，真正做到"以学定教"。

二、"惟妙惟肖"的多媒体——分散了学生的注意力

[片段2]《分类》一课中的导入

师：今天，蓝猫和淘气想和我们一起去逛超市。

有学生窃窃私语：蓝猫淘气三千问、我是蓝猫……

课件出示：蓝猫和淘气走进超市，超市的货架上摆满了琳琅满目的物品，有的很整齐，有的比较乱（动画播放2分钟左右）

"老师，这是哪个超市？"

"我知道，是JLF超市。"

"不对，JLF超市没这么大。"

"我想建议蓝猫买巧克力，因为我最喜欢吃巧克力了。"

"巧克力不好吃，而且吃多了会很胖的。"

"有的吃了不会胖。"

"我觉得这儿的东西有点贵，三江那儿比这儿便宜，还是去那里买好。"

……

[片段3]《年、月、日》的练习片段

教师点击键盘，在大屏幕上依次出现了：1992年、1988年、2000年、1949年、1900年、2008年、2030年。

当判断1900年时，很多学生举起了"闰年"的卡片。这时，电脑里传出一个小女孩清脆的声音：你真棒！

师：想一想，1900年是整百数的年份，我们应该怎样判断它是闰年还是平年呢？

……

反思：多媒体进入中小学课堂辅助学科教学，以其独特的魅力为教师的教和学生的学增添了一道亮丽的风景线，为提高课堂教学效率创设了条件。在教学片段2中，教师利用学

生喜欢的动画角色导入，学生学习的积极性非常高，课堂气氛异常活跃；在教学片段3中，教师也一改平常的练习与评价手段，采用多媒体出示，也在一定程度上提高了学生学习的积极性。然而，上述两个教学片段中的问题也非常突出：在教学片段2中，学生在围绕"超市位置""商品的喜爱与否"等问题热热闹闹地讨论着，等老师把话题引到货架上物品的摆放情况时，课已过去许多时间了；在教学片段3中，学生被电脑里的"你真棒"与老师的"想一想"弄得左右为难。在实际操作中，教师在计算机辅助教学中表现出来的尴尬现象远不止这些。很多时候，学生的注意力会被我们课堂上那些"惟妙惟肖"的多媒体课件所吸引，而忽略了课堂教学那些应当着重掌握的知识。

对策：（1）充分发挥教师的主导作用，处理好计算机辅助教学与其他教学手段的关系。教学设备的改进可以缩短学生的认识过程，并为改进课内外作业的内容和方法创造良好的条件。但教学手段并不是越高级越好。在一节课中，往往需要多种方法和手段，要注意优化组合。再先进的教学手段也不能代替教师的主导作用，它始终只是辅助的工具和手段，只是教学成功的"外因"。而教师的主导作用和学生在学习中的主动积极性，才是教学成功的"内因"，才是起决定作用的因素。（2）注重实效，适时、适度地运用计算机辅助教学。转变"为电脑而电脑"的备课思路，要把"是否体现了计算机这一先进教学工具的优越性，是否有助于减轻教师和学生的负担，提高课堂教学的效率和效益"作为计算机辅助教学是否有效的衡量标准。事实上，并不是每节课都需要计算机辅助教学，也不是一节课从头到尾都要用计算机辅助教学，应该是在一堂课的某个环节才使用电教手段。因此，教师课前要周密考虑，哪些内容、哪几个环节运用电教手段最适宜、最有效。

数学教学最根本的任务就是让学生得到可持续的发展，而这离不开数学课堂的有效性。虽然新理念能提升数学课堂品位，但理念是在与实践不断融合的过程中提升与深化的，我们对其的认识不应该只停留在文字的表述上，不应该只满足于表现的形式上，而应落实在效果上，学生只有在有效特别是高效的课堂教学中，才能得到最好最快的发展。

参考文献

[1]林少华. 浅议小学数学课堂教学的有效性[J]. 福建论坛（社科教育版），2009（5）.

[2]殷红伟. 小学数学课堂教学有效性分析[J]. 教育教学论坛，2018（5）.

本文发表于《文渊（中学版）》（2019年第4期），有改动

当前中学生英语阅读现状调查分析

任春燕①　黄艳②

英语阅读在学生的整个英语学习过程中起着举足轻重的作用，《课程标准》对初中毕业生在"读"上提出了明确的要求："能根据上下文和构词法推断、理解生词的含义；能理解段落中各句子之间的逻辑关系；能找出文章中的主题，理解故事的情节，预测故事情节的发展和可能的结局；能读懂常见体裁的阅读材料；能根据不同的阅读目的运用简单的阅读策略获取信息；能利用字典等工具书进行学习；除教材外，课外阅读应累计达到15万字以上。"要达到这样的目标，没有足够的语言输入量是不行的。成功的英语教学要依赖大量的语言材料和语言实践，因此，英语阅读教学是英语教学的一个重要方面。英语阅读教学在复习巩固旧词、学习新词，扩大词汇量，激发学习兴趣，锻炼思维方式，提高阅读速度和阅读理解能力等方面，起着不可低估的作用。

一、研究方法

（一）调查对象

笔者于2012年11月对我校初二年级的170名学生进行了问卷调查。共计发放问卷170份，回收有效问卷167份，有效率达98.23%。

（二）调查方法

笔者根据本校初三学生的实际英语学习情况编制英语阅读态度与策略调查问卷。问卷答案采用五级记分制，要求学生根据自己平时英语阅读情况做出选择，1—5分别代表"完全不符合""通常不符合""有时符合""通常符合""完全符合"。调查表结构见表1。

---

① 任春燕，女，中学二级教师，校级优秀教师。
② 黄艳，女，中共党员，中学高级教师，德阳市知名教师、骨干教师、师德标兵。

表1　英语阅读态度与策略问卷调查卷结构分析

英语阅读态度与策略	题号		
选材阅读	4.5		
阅读态度	1.2.3.6.7.8.9.15.22.23.24.25		
阅读技巧	具体技巧		题号
	理解主旨大义		10.11.12.13
	略读		18
	寻找具体信息		20.21
	猜测生词词义		16.17
	逻辑衔接（包括前后文衔接和连接词衔接）		19
	简单的预测、判断、推理		14

（三）调查过程和研究方法

1. 问卷调查

本次调查问卷由参研教师于2012年11月11日下午于辅导课上统一发放，指导学生作答。

2. 研究方法

问卷调查法与访谈法相结合。

二、调查结果分析

（一）问卷回收与分组

笔者首先把167份有效试卷按半期测试的成绩分类：72分（及格分）及以上为A组，72分以下为B组。问卷回收及分组情况见表2。

表2　阅读策略问卷发放、回收和分组情况表

班级	发放问卷	有效问卷	A组人数	B组人数
8.1班	40	39	10	29
8.2班	39	38	19	19
8.3班	45	45	28	17
8.4班	46	45	35	10

三、问卷统计与分析

（一）选材阅读（调查结果见表3）

表3 选材阅读调查分析表

组别	均值
A组	3.62
B组	2.58

从调查结果可以看出，A组的学生基本有固定的英语阅读报刊，能够阅读各类题材包括科技、文学、商务等方面的文章。但B组的学生的学习较被动，没有固定的英语阅读材料，阅读的体裁也比较单一。这揭示了以下问题：英语水平高的学生，更多地靠自主学习和兴趣坚持学习；而水平低的学生对材料的选择似乎更多地受老师的影响。

阅读材料是泛读的核心，是有效激发学习兴趣、锻炼思维方式、提高阅读速度与能力的基础，是丰富语言和文化知识、培养阅读习惯和语言理解能力、培养观察力和判断力、扩大词汇量和提高学生写作水平的先决条件，是解决"费时低效"的基本环节。因此，能否提供"高兴趣"的阅读材料直接关系到读者的阅读兴趣、速度、进度、理解、能力，以及词汇量的积累等。适应不同层次多种需要的"等级读物"，是学生获得可理解性语言输入基本能力的体现。

（二）阅读态度（调查结果见表4）

表4 阅读态度的调查分析表

组别	均值
A组	3.92
B组	2.60

从调查结果可以看出，A组占55.09%的学生喜欢进行英语阅读，说明他们有进行英语阅读的愿望和习惯。值得注意的是，B组占44.91%的学生不喜欢进行英语阅读，这与多年的应试教育有关，强烈的功利观排斥英语阅读。

当前社会和经济发展对英语知识和能力的要求是，通过英语阅读了解英语国家的文化，体会获得知识的快乐进而激发和提高学习兴趣，以及读懂故事后体会到成就感等，所有这些都刺激学生产生英语阅读需求。需要、内驱力、诱因和情绪等激发动机，动机是激发个体朝着一定目标活动，并维持这种活动的一种内在的心理过程或内部的动力。阅读动机是阅读者为了某种阅读需求而努力的态度、欲望和意愿，是学习成败的关键。

（三）阅读策略（调查结果见表5）

表5　阅读策略的调查分析表

阅读策略	均值	
	A组	B组
略读	3.58	2.65
理解主旨大义	3.68	2.73
寻找具体信息	3.60	2.87
猜测生词词义	3.42	2.55
逻辑衔接	3.62	2.60
简单的预测、判断、推理	3.37	2.68

表5反映了学生在阅读过程中认知策略的使用情况。从整体上看，全体学生的均值在2.5～3.7，策略运用情况比较集中。这说明学生在阅读过程中的阅读策略使用频率普遍不高。因此，英语教师在阅读课上需大力强调策略的运用，把阅读策略的培养融入课堂教学和平时的阅读练习中。

四、结论与启示

调查结果表明，我校学生英语阅读整体发展态势不均衡，阅读量小，阅读习惯和方法有待改进。55.09%的学生喜欢英语阅读，说明他们有进行英语阅读的愿望和习惯，44.91%的学生不喜欢英语阅读，而且在阅读过程中的阅读策略使用频率普遍不高。

调查显示了学生英语阅读的现状和阅读能力，与当前社会发展对英语的需求及《新课程标准》的要求差距较大。由此，我们的社会、家庭、学校和教育工作者要转变观念，减轻学生过重的课业负担，配置一定数量的优秀等级英语课外读物，为学生创造好的阅读环境和氛围，教会学生正确的阅读方法，培养学生阅读兴趣和阅读习惯，促成学生自觉地阅读。在学生阅读英语读物出现好奇和不求甚解时，及时帮助，不贪多求快，要循序渐进，持之以恒。在方法指导上，充分重视作为语言能力重要标志的阅读速度和流利度，解决学生怎么读的问题，让他们真正实现快乐阅读。阅读是为了得到乐趣、获取信息。阅读能力的培养与提高不只局限在课堂的英语教学，英语阅读的重要性更不可低估。

参考文献

[1]义务教育英语课程标准（2011年版）[M]. 北京：北京师范大学出版社，2011.

[2]王笃勤. 英语阅读教学[M]. 北京：外语教学与研究出版社，2012.

[3]刘电芝. 学习策略教学[M]. 北京：人民教育出版社，2001.

本文在2014年度论文与课例评选活动中荣获二等奖，有改动

浅谈心理健康教育在英语教学中的渗透

杨慧[①]

现代社会竞争日益激烈，学生面临的升学和就业压力十分大，父母往往也给予较高的期望。来自社会、家庭、教师以及自身的压力，使得控制能力比较弱的学生很容易产生情绪困扰，不但影响学习成绩，而且影响身心健康。于是，许多学生产生了一定程度的焦虑。针对这一情况，作为英语教师的我，平时在教学中注重渗透心理健康教育。

一、创造课堂良好心理环境

英语科教学有其特殊性，它的学习难度和非实用性决定了学生学习这一学科更需要激发动机，培养兴趣，通过教学活动引发学生学习的愉悦感和成就感。英语课程标准明确指出，教师应在教学中不断激发并强化学生的学习兴趣，并引导他们逐渐将兴趣转化为稳定的学习动机，以使他们树立自信，锻炼克服困难的意志，认识自己学习的优势与不足，乐于与他人合作，养成和谐、健康、向上的品格。我在教学中主要从以下三点着手。

（一）课前准备

通过问卷调查、口头了解、谈心、座谈等，了解学生的态度和需求，根据学生的实际情况安排教学内容，运用教学手段，师生共同配合、密切合作，消除学生的抵触情绪和厌学心理。

（二）课初导入

好的课堂开头是一节课成功的保证。每一堂课，我都力争使自己处于受欢迎的状态。通常用讲故事、一分钟讲话、游戏复习等方法创设情境，导入新课。

（三）课中设置

作为一名英语教师，把每一堂课上得生动有趣，是十分重要的。我在教学中有时运用直观教学用具，有时运用电教手段，有时用讲故事的形式，有时让学生做游戏，有时在课

---

① 杨慧，女，一级英语教师，从教近30年，具有丰富的英语教育教学经验。

前让学生表演课本剧……虽然采取的方法不同，但目的是明确的——让学生产生浓厚的兴趣，以饱满的精神状态去学英语。

二、改变课堂消极心理状态

一节英语课40分钟，转眼间就结束了。但是，某些学生如坐针毡，尤其是学习较差的学生。由于他们的学习能力差、学习方法差、学习习惯差、学习兴趣低以及学习目的性不明确，他们在课堂上时常做出一些意想不到的事情，会将课堂秩序搞乱，分散其他学生的注意力，有时还可能把教师精心设计的一堂课搅得一塌糊涂。这类学生上课时表现为茫然、观望、应付或者"争宠"。我们教师要根据每个后进生的不同心理特点，因势利导，随机应变，变"坏事"为"好事"，从而收到意想不到的效果。为了改变这种消极状况，我从下面几点进行。

（一）激发

在课堂教学中，我常不失时机地对后进生进行激发，或安排专门时间做思想动员，或见缝插针点化，以热情、欢迎和接纳的态度鼓励学生，绝不歧视和冷嘲热讽。例如，对于一个改错题，我叫了一个非常胆小的同学来回答，她竟然回答得相当正确，我给予她掌声鼓励，并微笑着说："Very good. Louder next time. OK。"她点点头坐下了。在以后的课堂中，她表现积极，大胆发言。

（二）参与

提供参与机会，如课堂发言、课堂游戏、作业评讲，都能给后进生一定"优惠"政策，让后进生也能获得成功感和满足感，使其逐渐培养起学习的兴趣和迎头赶上的信心。

（三）化简与引趣

英语语法与汉语语法有较大的差别，如果要详加说明，课堂必然枯燥无味。我在教学中用儿歌和做"活动""连锁动作"进行教学。如教祈使句时，我就自己边说边做："Walk to the door, open it, go outside, close the door, open it again, go back to your place, stand in your seat, sit down again."然后让学生反复做这些动作，这样的方法既简单又有趣。

（四）开导

对于有畏难情绪、缺乏自信心的同学，我经常个别辅导，帮助他们克服困难，锻炼意志，打败"拦路虎"，恢复自信心。有些学生对自己的期望过高，怕出差错，产生焦虑心理，以致影响了正常的思维活动。对此，我常开导学生"失败是成功之母"，说明学习中出现差错是正常的。教学中学生答错问题或读错了音，我从不粗暴批评，而是指出错误，帮助其改进。

（五）互助

我在教学中经常让学习好的同学与差的同学组成互助小组，让他们互相帮助，既取得了学习效果，又增进了同学之间的友谊。

（六）爱心

有些学生家庭不幸福，父母离异或失父或失母；有些学生父母在外打工，无人照顾他们。这些学生缺乏关心，有心理障碍或者缺少管教，容易受外界影响，产生厌学情绪。我经常问候他们，像他们的父母一样疼爱他们。一次，我班有位男同学有了厌学情绪，经过深入了解后，我知道他的父亲是继父，其在家里得不到应有的关爱。我经常找他谈心，帮他分析父母的处境，让他渐渐地明白了生活的艰辛，并重新回到了我们的班集体中，并从此事中体会到有老师和同学们的关心是一件幸福的事，从而变得开朗了许多，增强了信心，学习也有了进步。

三、课堂偶发情况的处理

英语许多地方与汉语不同，再加上中外习俗的不同，课堂上往往会出现一些意想不到的情况和问题，我主要采用以下办法解决。

（一）转移矛盾

即把不利课堂的行为转化为有利课堂的积极因素。一次我在教"吉姆"（Jim）这个单词时，有个学生故意大声地读成"鸡母"这个音，引得其他同学哄堂大笑。我一听，这个音和Jim读音确有相似之处，就告诉学生可以用这个音来帮助记忆，但要注意读音并不完全相同，这样既转化了课堂矛盾，又使教学深入了一步。

（二）冷却处理

对课堂上出现对教学影响不大的问题，可暂不理睬，待时过境迁后再进行处理，避免在课堂上激化矛盾。

（三）微笑对待

在课堂上，学生对老师所讲的问题因理解不清而有所异议时，假如没有必要解释，可以给他一个微笑以示重视和理解，以免他再非议下去，影响教学。即便做解释，也要面带微笑，使他在感情上能接受。

总之，我们要把心理健康教育的思想贯穿于英语课堂教学活动之中，要创设符合心理健康教育要求的人际环境、心理环境，寻找心理健康教育的契机，也要发挥英语教师在英语教学中的人格魅力和为人师表的作用，这样才能激发课堂教学的活力和生气，有利于提高课堂教学质量和效率。

本文发表于《读写算》（2013年第4期），有改动

浅谈初中英语词汇教学

魏明慧①

著名的语言学家维尔金斯说，没有语法，我们几乎不能明确地表达我们的思想。如果没有词汇，我们完全不能表达任何东西。语法提供了总的句子模式，而词汇则是放于句子模式之中的语言材料。没有足够的词汇，我们就不能够有效地进行听、说、读、写、译，也就不能在考试中取得好成绩。在中学，许多学生花大量的时间和精力去学习词汇，但是他们仍然抱怨词汇量太大且容易忘记。有一点很重要，要让学生意识到并非所有的词汇都一样重要，而且有效的学习方法可以减少遗忘。词汇教学是英语教学的重要环节之一，然而英语教师有时忽略了词汇教学的重要性，在中学尤其明显。所以，教师很有必要认识中学英语中词汇教学的重要性。

一、中学英语词汇教学的重要性

词汇是构成语言的三大要素之一，没有词汇，就没有句子，更无所谓语言。语言学家Wilkins说："Without vocabulary, nothing can beconveyed"有力地道出了词汇在语言教学中的地位。词汇量过低一直影响着我国中学英语教学效率，也制约了学生语言能力的提高。新课程标准在参考权威词汇统计结果以及综合国内现行教材词汇表的基础上，适当补充了学生在日常生活中所需要的词汇。

现在有些中学生认为客观试题在考试中所占的比例越来越大，没有必要花太多的时间学习词汇。令人遗憾的是，不少教师也持这一观点。他们在教学中把时间更多地花在了培养学生阅读能力和应试技巧上，花费在词汇教学上的时间较少。笔者认为这种为应付考试而忽略词汇教学的做法，实际上是对词汇教学认知不足的表现，明智的做法是提高对词汇教学重要性的认识，加强词汇教学，以词汇作为突破口来提高教学实效。

二、课堂内词汇教学法应用

在传统的教学中，教师只教单词，缺乏学习词汇指导，缺少词汇复现机会。学了新词忘

---

① 魏明慧，女，中教二级，2012国培计划教学技能大比武说课大赛一等奖，德阳市直属学校先进工作者。

掉旧词，学得越多越乱。教师只有呈现多种教词汇的方法，才能让学生记得更多、更牢。

（一）利用图片

在英语词汇教学中，利用图片可以激发学生的学习动机和热情，还可以活跃课堂气氛。通过图片给学生创设情景，把单词所代表的事物直接作用于学生的视觉，可以使学生加强对单词的理解与记忆。图片式教学能有效地分散词汇，在教学中会有一些较难的单词，初学者可能一次不能记住太多的单词。教师可以把难记的、重要的单词写在图片上，每次上课给学生展示，多次重复，使学生牢固掌握所学单词。同时，图片式教学也可以使词汇集中，把单词以各种方式分类，如按照发音、形式、意义等，集中在一起。这样，学生可以举一反三，易学易记。

图片上可以是单个的事物，也可以展现一种情境，学生喜欢观察图片中有哪些人，这些人在哪些地方、正发生什么事，接下来又会揣测发生什么事。在讨论图片的时候，学生会感觉需要学习词汇来表达他们的思想。当学生有学习的兴趣和欲望时，学习效果是很好的。毕竟，兴趣是最好的老师。

图片的来源可以多种多样，杂志报纸上剪下来的图片很有用，利用多媒体呈现一些静态或者动态的图片，吸引他们的注意力，也是一种不错的选择。教师自己画图可以增加学生对老师的敬佩感。还可以利用学生资源，课前让学生自己画图，并配上单词，让学生在上课时展示出来，利用所画的图片，教其他同学单词，或者造句，或者讲一个故事。这样可以充分调动学生的积极性与参与性，还会让学生产生自豪感。还可以让学生合作画图，分工合作。合作学习的代表人物约翰逊兄弟认为，如果学生不能够把所学的知识和技能用于其他人的合作性互动之中的话，那么知识和技能都是无用的，这种教育就是失败的。

（二）利用实物

利用实物教学词汇，既生动又形象，节省时间，还能吸引学生的注意力。课堂上让学生眼、耳、口、脑等器官同时运作，无疑会使枯燥的词汇教学立即充满生机，记忆单词也就事半功倍了。例如，在授课水果类时，教师可以提一篮子水果到课堂，学生会立即感兴趣。Teacher：What is this? Students：It's a pear.It's a banana.It's an orange…为了避免操练过程的一成不变，教师可以把实物举高，让学生大声回答；如果教师把实物放低，学生则小声回答。教师还可以增加一些问题，如"What color is it? Do you like it？"等。当学生把最难的都回答对了时，可以给学生奖励水果。

（三）猜词意

猜词策略在阅读理解过程中被认为是有效应对生词策略之一。但是学习者很少猜对词的意思，特别是那些水平较低的学习者，他们的词汇量较少，对文本的理解水平较低，影响了学习者在阅读理解过程中正确猜测词义。教师在教学时，一要让学生尽可能多地掌握词汇。二要教给各种猜测方法，如根据定义猜词义，作者一般在新词之后会给出该词的定义，有时有标点符号，像连字符提示；根据复述猜词义，复述也是对生词作出解释，只是没有定义那样严谨，但也会提供信息让学习者猜测；根据举例猜词义，举例会提供一些线索；根据对比猜词义，在阅读理解过程中，对两个事物或者现象进行对比性描述，我们也可猜出其近义词或者反义词；根据单词结构猜词义，如：anti-（反对）、-ism（......主义）、semi-（半，部分，不完全的）等。

（四）做游戏

一节课40分钟，学生的认知积极性会呈现一个波形。最初1～5分钟，注意力不稳定，学生心理受上节课影响或处于课间活动兴奋状态。其后15～25分钟，学生进入注意力最佳状态。下课前7～10分钟，注意力又开始逐渐衰退。其中，游戏教学词汇法是在词汇教学中，教师尽可能地把枯燥的语言现象变成学生易于接受的、生动有趣的游戏形式。教师要为学生创设丰富的语言交际情景，让学生在玩中记住单词。游戏教学吸收了国内外外语教学的合理成分，也是适应素质教育的重要手段之一。心理学家之父皮亚杰说："所有智力方面的工作都要依赖于兴趣。"兴趣是学生学习的内在动力，现代教学强调学生在玩中学习。在词汇教学中，令人头痛的是，学生对所学知识遗忘很快，死记硬背的方法使学生只是暂时记住老师所教的知识，并没有自己的理解，所以记忆不牢固。心理学上认为，人在精神亢奋的时候，对外部信息的接受是最快的，学生在游戏中看一看、听一听、玩一玩、练一练，从游戏中探索且学会知识，对所学的知识会记得更加牢固。

对于未知事物，人们总有强烈的好奇心，尤其是中学生，他们急于知道答案，此时是进行教育的理想时机。所以，教师在教学中可以设置一些猜的活动。如教师把要学的单词写在黑板上，学生看老师的口型，猜测是哪一个单词，看老师表演的动作猜词。还可以利用玩具、水果、饮料等，摸一摸、闻一闻、猜一猜。同时，单词的学习也离不开写，单纯的口头拼读效果不佳，而反反复复地抄写又显得枯燥，教师让学生口、手、脑并用，联系生活中的实物来写，效果更好。例如，学习橘子、苹果等水果时，教师可以让学生把单词写在水果上；学习教室内的桌椅等时，学生可以把单词卡片贴在室内物品上；学习身体部位的时候，学生可以在眼睛上贴上"eye"单词卡片，在耳朵上贴上"ear"单词卡片，脸上贴上"face"单词卡片，甚至还可以将卡片贴在学生的背上，让该学生猜一猜。总之，挖掘尽可能多的资源，使学生在欢乐的情景中学习并记忆单词。学生的集体荣誉感强，在这样的活动中设置一些小组比赛，学生会更积极主动地参与游戏，他们的学习自信心也会大大增强。

三、课堂外词汇教学法的运用

我们教学生学单词不仅要在课堂内，课堂外也可以进行。课外学习是课堂内教学的补充和升华，符合语言学习的规律，我们应当加以重视。调查发现，词汇学习策略、学习资源的利用以及评价机制方面均存在一些问题。教师应当通过学习策略的训练、学习资源的利用以及课外评价等方面来提高学习者的能力。为了培养学生在课外运用好的方法来记忆词汇，教师在课堂内应事先对其指导、训练，帮助学生养成课外学习的好习惯。笔者认为这些方法可以借鉴：一是翻译法，鼓励学生运用所学词汇进行简单的翻译。二是词典法，学生遇到猜测不出的单词，可以查字典，了解词的读音、用法等。三是检测法，教师要了解学生是否自觉进行了课外学习，检测是一种有效的方式。通过检测，教师可以了解学生的学习情况，从而采取一些有针对性的措施，帮助学生学习。当然，检测的方式应该多种多样，力求充分调动学生的主动性与积极性。

四、结论

词汇教学是英语教学中的重要内容。无论哪种语言目标，词汇在所有语言教学中都是重要因素。教师应在遵循认知规律的前提下，结合学生实际和教学内容，不断探索教学方法，创造性地使用教学方法，使学生在掌握英语知识的同时，不断提高运用知识的能力。

参考文献

[1]官步芳. 在小组合作学习中扩大学生的词汇量[J]. 中小学英语教育与研究，2004（4）.

[2]吴雯岚. 英语课堂教学中学习注意力的培养[J]. 中小学英语教育与研究，2005（10）.

[3]平克虹. 外语学习词汇为本[J]. 中小学外语教学，1999（11）.

本文发表于《基础教育论坛》（2013年第2期），有改动

小学英语教学探究

王琪凤[①]

随着小学英语课的逐步推广，关于小学英语教学方面的讨论和研究也在不断地深入。本文依据教育部新制订的英语课程标准，结合对当地小学英语教学现状的调查分析，就小学英语教学策略方面的有关问题作一些探讨。

一、小学英语教学类型

一个时期以来，关于"小学英语课怎么开"的讨论很激烈，主要存在英语教学在我国是外语教学（TEFL）还是二语教学（TESL）的分歧。不弄清这两种教学类型的区别，就会给英语课程标准的制定、教学模式的选择、教师的培养等一系列工作带来混乱，使我们的英语教学走弯路。英语作为二语教学是指在有语言环境的条件下学习英语。例如，中国人在英语国家留学、工作、生活，为了融入当地社会而学习英语。然而，我们的学生在国内学习英语，他们的语言环境是汉语而不是英语，所以，英语是作为外语来学习的。根据心理语言学的原理，儿童学母语可以自然习得，借鉴儿童学习母语的经验，二语也能习得。而我国学生把英语作为外语学习，缺少语言环境，这是事实。由于外语教学和二语教学类型的不同，教学模式和教学方法也不同。但是，由于教学的内容都是英语，所以，教学理念和教学方法又是相通的，这就要求我们既要搞清楚英语教学类型的区别，又要借鉴和吸收各种教法的长处，采取符合我国国情、适合不同教学对象的教学法。有人提出二语教学采用直接法，外语教学采用认知法，这种提法就存在片面性。直接法的特点是把学习外语和儿童学习母语的过程等同起来，认为外语要在自然情境中习得，教学中要求在外语和客观事物之间建立直接联系，广泛利用实物、图画、动作、游戏等直观手段，用外语讲解，基本不用母语，少讲语法。直接法从口语入手，听说领先，注重模仿、朗读和熟记等实践练习，有助于培养学生的语言习惯和听说能力。听说法、视听法、交际法都源于直接法，这些教法对我国中小学英语教学都有一定的影响。但是，以直接法为主的教学，要求有语言环境、高水平的师资和班额小等条件。由于目前我国多数小学还不具备这些条件，因此英语教学的成效不理想。认知法从学生已知的知识出发，重视人的思维作用，强调在

---

① 王琪凤，女，二级教师，德阳市教坛新秀，德阳市优秀共产党员。

理解语言知识和语言规则的基础上操练外语，注重语法学习和利用母语，反对单纯依靠机械操练来培养语言习惯。

二、对实施英语课程标准的认识

（一）培养学习兴趣是小学英语教学的关键

英语课程标准特别强调培养和激发学生学习英语的兴趣，使他们对英语学习有持续的兴趣和爱好。兴趣是最好的老师，对初学英语的小学生来说，对英语学习的好奇和兴趣是他们学习的动力。因此，小学英语教学要以激发学生学习兴趣为出发点，根据少年儿童的兴趣爱好选择教学内容和教学方法，安排教学活动，努力营造轻松愉快的教学氛围和学习环境，吸引学生积极主动地参与学习活动。英语课程标准倡导"任务型"的教学途径，以学生"能做某事"的方式设定教学目标要求，教师应避免采用单纯传授语言知识的教学方法，要结合教学内容，创造性地设计贴近学生实际的教学活动。课堂教学要情景化、交际化，教师要尽可能利用各种直观手段，如实物、模型、图画、录音、录像、动作、手势、表情等进行教学，形象直观，生动活泼，有助于吸引学生的注意力，激发他们的兴趣，有助于帮助学生直接理解所学内容。要尽量多给学生提供参加语言交际的机会，只有交际化的教学才能使学生感到所学内容有趣。

（二）科学的评价体系是实现课程目标的重要保障

教学评价是英语课程的重要组成部分，科学的评价体系是实现课程目标的重要保障。但目前的评价体系往往把考试成绩作为衡量学生学习优劣的唯一依据，忽视对学生学习过程的评价。英语课程标准中注意小学英语教学评价的特殊性，提出小学英语教学评估的主要目的是激励学生学习的兴趣和积极性，评价形式应具有多样性和可选择性，评价应以形成性评价为主，以学生平时参与各种教学活动的表现和合作能力为主要依据。所谓形成性评价，就是采用与平时教学活动相近的方式，通过对学生学习行为的观察以及与学生交流等方式，考查学生用英语解决问题的能力。这样的评价是对学生的学习进行持续评价，伴随学习过程进行，目的是向师生提供学习状态和过程的反馈信息，从而调节教与学的活动。形成性评价既关注结果，又关注过程，使对学习过程和对学习结果的评价达到和谐统一。它除了评价知识、技能等可以量化的方面外，还可以评价兴趣、态度、策略、合作精神等不可量化的品质，评价结果以等级加评语的形式来表达。这样的评价可以在一种开放的、宽松的、友好的、非正式的环境中进行，是一种低焦虑的评价方式，有益于学生认识自我、树立信心，有助于学生反思和调控自己的学习过程。

那么，上述评价形式如何操作实施呢？

1．建立学习档案

学习档案是展示每一个学生在学习过程中所做的努力、取得的进步，以及反映学习成果的一个集合体。学习档案收藏了每个学生具有代表性的学习成果（作业、作品）和反思报告。让学生自主选出比较满意的作品，可以督促学生经常检查他们所完成的作业，反思他们的学习方法和学习成果，培养他们学习的自主性和自信心。学习档案里记录了学生平时学习行为的表现，如课堂参与朗读、答问、会话表演、游戏、比赛等情况，以及平时测验的评分和评语。学习档案为教师、家长提供了学生进步的记录，是观察学生学习情况的窗口。

2．问卷调查

形成性评价的目的是向师生提供反馈信息，以便调节教与学的活动。因此，在期末，可以设计一些问卷调查表来了解学生的学习情况，如学习兴趣、学习态度、学习策略等。通过调查，教师可以改进自己的教学，提高教学效率，也可以促使学生认识到自己学习中存在的问题，从而端正学习态度，掌握学习策略。

3．自评、互评与教师评价

每个单元结束后，对学习成绩进行自评、互评和师评，并记入档案。对每个单元教学内容分项列表，如单词、会话、歌谣、做游戏等项目，采用等级制评价，先由学生自己逐项评价，然后在小组中进行评价，最后由教师评价。

三、灵活把握自主、合作、探究的学习方式

现代教学中提倡培养创新意识、开拓性思维，让学生学会发现、探索与解决问题，根据课本上的图文，可以多增加一些简单易懂的单词游戏或字词接龙，拓展学生的视野，多种角度探讨同一个问题，同时推进自主、合作与探究的学习方法。布置课前作业时，可以让学生找些关于课文上单词与词组的相关资料，可借助父母协助或同学之间合作完成。教师找出与之类似的题材让大家进行探讨，比较两者之间的不同，让学生从多角度看问题，评价其优缺点。这不但有利于学生思维的拓展，而且还能加深其对单词的印象。同时，教师也需进行多方面的资料准备，丰富教案内容。

在英语教学实际中，英语教师要重视教学方法的应用，依据小学生的年龄特点和心理特征，合理、科学地实施教学方法，运用恰当的教学方法和有效互动策略激发学生对英语学习的兴趣，让他们主动、积极地参与学习，提高英语学习能力，并进一步提升小学英语课堂教学的效率和质量。

本文发表于《中小学教育》（2019年第113期），有改动

英文歌曲在初中英语教学中的应用

李亚兰[①]

在现代初中英语教学中的应用英文歌曲，可以有效地激发初中学生对于英语的学习热情和兴趣，帮助初中英语教师在课堂教学当中，有效地集中学生的课堂学习注意力。同时，还能够锻炼初中学生的英语听力和口语能力，从而有效地深化初中学生的英语学习效果。因此，初中英语教师应当深刻地认识到英文歌曲的教学作用，并且用英文歌曲辅助初中英语课程教学，从而有效地提高初中英语教学质量。

一、英文歌曲在初中英语教学中的作用

英文歌曲是学生喜爱的一种英语学习材料，除了可以带给学生愉悦的聆听感受之外，还能够在英语教学当中发挥积极作用。主要体现在：一是激发英语学习热情。不少初中生在英语学习当中的整体表现不理想，并非学生的智力存在问题，主要是学生在英语学习当中毫无兴趣和热情，不管是完成课堂任务还是教师布置的作业，都有明显的敷衍情况存在。音乐可以给初中生带来快乐的享受，满足学生追求快乐的愿望。把英文歌曲应用到英语教学当中，不仅可以快速吸引学生的注意力，还能够让学生对接下来的英语学习充满兴趣，在身心愉悦的状态下提高学习效果。二是提高学生鉴赏能力。新课改的实施进一步强化了素质教育的地位，对培养学生综合素质也有了更高要求，而初中英语学科也必须担当培养学生综合素质的责任。给学生提供大量经典的英文歌曲，并借此介绍西方文化背景与历史知识，可以大幅增长学生对英语国家文化及其与我国文化差异的认识，顺利提高学生的欣赏能力。三是促进学生认知发展。神经心理学认为，大脑右半球主管音乐与情感，涉及形象思维的发展。引导学生鉴赏以及演唱英文歌曲，能够对大脑进行有效刺激，提高神经活跃度，增加大脑的兴奋度，更让学生在英语学习当中感到快乐。欣赏歌曲的过程还可以激活学生的左脑，实现大脑左右半球的交替兴奋，顺利促进思维和语言共振，在不断挖掘学生认知潜能的同时，提高学生的英语学习能力。

[①] 李亚兰，女，中共党员，中学一级教师，德阳市优秀共产党员、德阳市优秀教育管理工作者、德阳市覃晓怒名师工作室成员。

二、英文歌曲在初中英语教学中的应用策略

（一）做好课前的准备及设计

在英语课程开始之前，教师可以鼓励学生自发学习演唱英文歌曲，然后利用班级活动时间来教唱，给学生展示自我才艺的机会。教唱的曲目需经过教师慎重筛选，这些歌曲需简单易学、耳熟能详、旋律优美，并与所学课程的主题相呼应，确保每一位学生都能将其完整地唱出来。在具体的教学活动中，教师可以要求学生集体演唱，营造轻松的学习氛围。然后教师围绕该歌曲进行提问，让学生分享自己对于这个歌曲的理解及歌手的信息，轻松地引出本节课的主题。这样可以为本节英语课程教学活动的开展奠定良好的基础，学生的积极性也可得到极大的调动。当然，课后的巩固也可以适当地进行，帮助学生从英语歌曲中找到学习的乐趣。

（二）应用英文歌曲，训练学生的口语表达能力

在初中英语的教学中，英语口语的训练应该是教学的重点。但是很多教师在英语教学中重笔试而轻口语，导致许多学生虽然英语成绩很好，但是口语表达能力极差，这不是我们教授学生学习英语的真正目的。教师要及时纠正自身的错误观点，重点培养学生的口语能力，加强语音训练，而英语歌曲是对学生进行语音训练强有力的工具，学生从英语歌曲当中能够学会英语的正确发音方式。并且，英语歌曲不同于单一的对话内容，很容易让学生投入语音训练中，学生利用英语歌曲能够自发地进行语音训练。而且，英语歌曲很适合学生在日常生活中训练口语表达能力。

（三）应用英语歌曲，训练学生的听力

英文歌曲其实包含很多的英文语法和英文单词，也符合教材上的实际内容，这样可以让学生通过英语歌曲来提高英语听力水平，这是一举两得的好方式。在这个过程中，教师可以根据相关的英文知识寻找一些符合学生现在知识水平的歌曲，然后根据歌曲的重要部分设计一些题目，如设计出填词的题目，让学生根据所听到的歌词填写出来。还有就是让学生在听完歌曲之后对某一个段落进行翻译。在学生听完2~3遍以后，可以让学生对教师出的题目进行作答，这样学生就能在非常轻松的环境中进行学习，提高英语听力以及欣赏音乐的能力。因为要进行答题，所以学生在听歌的时候就会特别关注歌词中的每一个细节，对每一段落都能够细致地进行分析。除此之外，在初中英语教学中融入歌曲，还可以采取多样化应用途径。歌曲主要由歌词和旋律两部分组成，旋律能够有效活跃课堂氛围，缓解学生紧张的情绪，提高学生对英语课程教学的兴趣；而歌词部分，本身就是培养阅读理解、信息获取能力的良好素材，将歌词与旋律结合起来就是听说教学的素材。因此，一

定要充分利用歌曲的柔和性和渗透性，活跃初中英语教学氛围，结合教学内容对歌曲进行科学拆分，多样化运用。

三、结语

教师要充分认识到英文歌曲对于教学的促进作用，并在日常的教学过程中加以应用，不断总结经验，对教学过程进行改善和优化，最大化地体现出英文歌曲的优势。

参考文献

[1]王芳. 浅谈初一英语教学中的中小学英语衔接问题[J]. 新课程，2021（17）.

[2]夏子. 指向深度阅读的初中英语阅读多元文本解读路径[J]. 海外英语，2021（8）.

本文发表于《比较教育研究》（2021年第6期），有改动

浅议如何提高初中道德与法治课堂教学的有效性

何锦　郑杰[①]

一、处理课堂教学内容是提高课堂效率的主要途径

（一）根据学生与教学目标的差距来确定教学内容

一是选取与达到道德与法治课堂教学目标关系密切的内容。这一点特别要注意教学融合的选择是否与教学观点相吻合。二是选取有效的道德与法治课堂教学内容。与达到学习目标相关而学生未能认识的内容才是有效的教学内容。三是选择道德与法治课堂教学的重点与难点内容。四是选择和确定教学内容时要注意量的控制，合理安排课时。

（二）按一定的规则对教学内容要素进行排列和组合

教学内容是依靠知识内在的联系建立起来的有机整体。各个概念和各个观点之间具有内在的逻辑性、系统性和连贯性，使前后内容互相蕴涵、自然推演，让学生能够领会其精神实质、各种推理的思维形式以及科学知识的结构。道德与法治课堂教学内容的排列既要遵循教材的序，也要遵循学生认知的序。在一般情况下，二者是一致的，如果不一致，就要大胆地调整，使它符合学生认知的序。学生认知的序大致为：一是旧知识到新知识、温故而知新的序；二是由生动直观到抽象思维的序；三是由特殊到一般，再由一般到特殊的序；四是由易到难、由简到繁、由近及远的序；五是由理解到巩固、运用的序；六是由疑问到尝试求解，再到巩固运用的序；七是常规思维到创造性思维的序。

已经排列组织好的道德与法治课堂教学内容按什么方式呈现出来，这是一个非常重要的问题。道德与法治教学内容呈现方式应该注意以下三点：一是按照道德与法治课堂教学内容的排列组合来安排呈现顺序、步骤；二是合理分配好教学内容的呈现时间；三是选择恰当的方式来呈现和衔接教学内容。

---

① 郑杰，女，中共党员，曾获旌阳区优秀德育工作者、德阳市直属学校优秀党员、校级优秀班主任等荣誉称号。

二、提高课堂管理能力是提高课堂教学效率的基础和前提

（一）建立良好的课堂秩序，促进教学活动顺利开展

拥有良好的课堂秩序是初中道德与法治课堂教学活动顺利、高效开展的重要保证。道德与法治教学过程中单纯依靠大量知识性讲解、强理论性论证，容易使学生感觉枯燥乏味，出现开小差、注意力不集中等现象。此时，要积极调动学生自身学习积极性，通过学生自主查阅资料，教师布置探究性学习任务等方法，转移学生学习注意力，从思想上实现由外在控制向内在控制的转化，从而减少问题行为的产生，促进教学活动的顺利开展。

（二）营造良好课堂氛围，促进学生的学习与成长

在初中道德与法治课堂教学过程中，教师要营造一个积极、有序的课堂环境，调动学生学习的积极性，在潜移默化中陶冶学生的性情，促进学生的学习与成长。具体体现在：一是帮助学生形成一定的规则意识。在道德与法治课堂组织过程中，教师要通过一定的管理技巧集中学生的注意力，使他们严守课堂规则，久而久之形成规则意识。二是增进学生间、师生间的人际交流。在良好的课堂气氛中，加强学生与教师的配合，增强他们的集体意识和凝聚力。三是促进学生个性发展。可以在教师指导下，学生以全班或小组为单位，围绕教材的中心问题开展讨论或辩论活动，培养合作精神，激发学习兴趣，提高学习的独立性，展示特长和才能。

（三）加强课堂互动，促进师生之间交流

道德与法治课堂交流是课堂教学互动的前提。无论是学生知识经验的获得、心智的开启、能力的发展，还是教师课堂教学质量的提高，都有赖于课堂活动中信息的有效传递和交流。道德与法治课堂互动具有双向性和同质性。也就是说，在课堂情境中，既有教师对学生行为和发展的影响，也存在学生对教师行为和发展的影响。"而这种双向性影响又具有同质性，如果一方具有正性的情感和行为，那么就会使另一方也产生正性的情感体验与行为后果，反之亦然。正性情感和行为导向的师生互动，有利于师生关系的发展，有利于促进课堂中积极正向的互动，从而对课堂的发展产生促进作用。"

（四）培养学生自我管理能力，提高课堂教学效率

随着年龄的增长，初中学生逐渐具备自律的心理条件。但作为学生自律基础的心理发展，也需要道德与法治教师在教学活动中有意识地培养。教师在课堂上要保持一种接纳支持的态度，营造一种积极向上的课堂气氛，并与学生实现和谐沟通，把对学生的期望逐渐转化为学生的内在驱动力，使学生专注于课堂，培养自制行为，从而提高道德与法治课堂

教学效率。在此基础上，学生就能积极通过自己的努力解决学习中的各种问题，养成自我管理的良好习惯，并逐渐形成自律。一旦形成自律，学生就能面对课堂不断变化的条件，及时进行调整，从而使课堂既保持良好的秩序，充满活力。除此之外，道德与法治课教师应引导学生学会自我控制，包括让学生主动地认识自我、调节自我和评价自我，进而达到监督自我、提高自我管理水平的目的。

三、课后反思课堂管理，提升课堂管理水平

课堂管理是一个循环的过程，对每一次已经实施的课堂管理进行分析和反思是教师提高课堂管理水平，进而提升课堂教学效率的重要途径。因此，"道德与法治"教师应专门抽出时间进行反思，有意识地培养对课堂管理的反思意识和能力。"道德与法治"教师在对课堂管理进行反思时，反思的内容主要指向自身的行为、行为的原因和效果，学生对管理方式的认同和接纳程度。如果在课堂上使用的管理方式未能从根本上解决问题，那么就要思考下一步的打算以及分析这样做的原因等。教师只有通过不断地反思与调整，才能实现对课堂的有效管理，提高课堂效率。

参考文献

[1]陈时见. 课堂管理论[M]. 桂林：广西师范大学出版社，2002.
[2]任效峰. 课堂管理范式的转变：从"规训"到"以人为本"[J]. 教学与管理，2006（27）.

本文发表于《教育与研究》（2018年第10期），有改动

刍议中学地理课程在立德树人中的作用

范家英[①]

立德树人是我国当前教育的根本任务，解决的是培养什么人、怎样培养人的根本问题。要培育德智体美劳全面发展的社会主义建设者和接班人，就必须把德育放在首位，使我们培养的人才既有较高的道德素养，又有建设社会主义的真实本领。在现实中，一些学校仍然把成绩作为评价教师、学生的主要依据，提高教学质量被片面地理解为提高教学成绩。在此背景下，以分数论英雄成为部分地理教师教学的唯一"标尺"，而地理学科博大精深的德育、美育等方面的教学价值则被冷落和遗忘。因此，每位地理教师必须重新审视地理学科的教育价值，反思自己的教学思想和行为，明确"立德树人"的根本任务，切实发挥地理学科在培根铸魂方面的价值。

一、把地理课堂变为增强学生爱国意识、树立正确人生观的主阵地

当今国际形势复杂多变，我国周边局势严峻，因此对广大中学生进行爱国主义（国家版图意识）宣传教育具有十分重要的现实意义。国家版图是国家主权和领土完整的象征，国家版图意识是指公民对国家疆域的认识、认同和自觉维护的意识。地图是国家版图最主要的表现形式，能直接地反映国家领土的范围，体现国家对管辖领域的主张，具有严肃的政治性、严密的科学性和严格的法定性。地理教材是教师进行版图意识教育的最佳载体，教师一定要寓版图知识于地理教学之中。例如，在世界地理部分，要夯实地图的有关知识，使学生学会认识大洲、地区和国家，为认识国家的版图打好基础。在中国地理部分，涉及版图知识的内容相对集中，如在中国疆域部分，要教会学生利用地图说出我国的地理位置及特点，记住我国的领土面积，在地图上指出我国的邻国和濒临的海洋等。中国区域地理部分对我国的版图进行了详细的介绍，教师要善于应用这些素材，如利用香港、澳门回归等，激发学生的自豪感，增强学生的版图意识；在"台湾省"一节中，除了强调台湾是祖国的神圣领土外，更要强调钓鱼岛、赤尾屿等岛屿是祖国神圣领土不可分割的一部分。目前现行地理教学教科书中对陆地国土的介绍较多，对海洋国土的介绍却比较少，致

[①] 范家英，女，硕士研究生，中学二级教师，德阳市"优秀共青团员"、教学先进个人，多篇德育论文、教育随笔获全国、省、市级一等奖，两篇入选国家级刊物。

使我国国民的海洋国土意识淡薄。近年来，世界上关于海洋主权的争端越来越多，越来越激烈。在这种形势下，地理学界应该考虑用更为广泛的概念来说明我国的疆域，介绍我国的领陆、领水和领空以及毗连区、专属经济区、大陆架等的具体含义和内容，从而激发学生更加热爱祖国、奋发向上。

二、在地理课堂中开展国际合作教育，使学生担负起地球公民的责任和义务

地理学科从不同角度展现了全球不同地域的自然地理环境构成和特征，系统阐述了地理环境的整体性与差异性，突出了人地关系这一主线，正确表达了人类在环境中的地位和作用。国际合作教育不仅要体现在"仁者爱人"和"以人为本"的人文精神层面，而且还要拓展到人与动物、植物及周围环境和谐共处、共同繁荣、共同发展层面。中学地理教材从正反两方面向学生介绍了人地关系的内容，如气候资源和大气资源、水资源和水污染、人口的分布与人口问题、土地利用和土地荒漠化状况，以及世界各国在处理这些问题时的成功经验和教训。通过教学，使学生认识到人类活动中存在的不合理性，不合理地开发利用自然（如过度砍伐森林、开垦植被等活动）反过来会影响人类的可持续发展与生存（如沙尘天气），以激发他们关注自然的热情；同时，在教学中要把学生置于地球大世界面前，使他们了解世界任何一个地方对自然和环境的不合理利用都会影响到整个人类的生存环境（如酸雨、基于二氧化碳增长的全球变暖趋势、热带雨林的破坏导致世界气候的变化、植被的破坏与水土流失和荒漠化），从而培养他们与大自然和谐相处的意识和国际合作精神。地理教材中体现国际合作的重要性的素材还有很多。例如，通过世界地理的学习，识别世界各地区在自然、资源、文化等方面的差异，认识到世界各地还存在经济发展的不平衡性。一个国家或地区经济发展的速度无论是快还是慢，都必然会影响到周边国家或地区甚至全世界。因此，必须要加强国际合作。这样的地理教学才能增强学生的责任感和人类共同体意识，才能达到育人的目的。

三、强化有用地理，寓立德树人教育于地理知识教育之中

在地理教学中，如能加强地理课程与生产、生活的联系，即把STS（科学、技术、社会）的教育理念引入地理课堂教学中，让学生不断感受地理学科的价值和魅力所在，就能不断强化学生积极的情感体验，从而形成正确的态度和观念。所以，笔者认为地理课堂教学应强化有用地理的教学理念。在STS教育观念指导下，从有用地理出发，全盘考虑如何将立德树人有机融合在地理课堂教学中，并以此来规划和设计课堂教学活动，落实立德

树人目标。例如，关于"我国等温线分布和温度带"教学，可以这样重新规划和设计。首先，通过引导学生回顾初一学过的关于等温线分布图的判读方法，引导学生通过读图获得关于我国1月、7月气温分布的特点和知识，再引导学生进行简要的成因分析，突出学习方法和能力的培养。

关于温度带划分的知识，要让学生理解它对于引导各地农业生产、充分利用热量资源、科学合理安排农业生产和为国家经济建设服务的价值所在。为了使温度带的划分能够更加科学合理，我们必须了解我国气温分布的特点，这样就赋予了知识学习的情感因素，激发学生学习地理知识的热情。

综上所述，如何在地理教育教学中践行立德树人的使命，将是每个地理教师面临的机遇和挑战。每一位地理教师应不辱使命，身体力行，潜心钻研，努力让地理课程发挥出立德树人的作用。

本文发表于《教育研究》（2019年第9期），有改动

影视教学在提高地理课堂教学效率中的作用

陈悦[①]　伍玲燕[②]

在课程内容选择、教学方式方法改革和教学评价中，要充分考虑现代信息技术的影响，为发展学生自主学习意识和能力创造适宜的环境。使用多媒体校园影视教学，有利于提高地理课堂教学效率。

一、校园影视教学有利于激发学生的学习兴趣

影视教学能激发学生学习的兴趣，让学生了解更多的知识，了解广阔的世界。比如，我们在学习东南亚相关知识时，用儿歌《咖喱咖喱》引入，让学生了解这些国家都在东南亚，而且歌里还有热带水果，让学生感到心情愉快，对这个地区充满好奇，更想去了解这个地区。学习热带草原气候时，可以播放热带草原上动物迁徙场面，让学生们感受到大自然的神奇。在学习长江时，可以将长江沿岸的风景图片和《长江之歌》结合起来，让学生感受长江的宏伟、壮丽，让学生跟着一起哼唱，不仅可以调动学生的积极性，还能激发学生对祖国大好河山的热爱。这样不仅能够进行直观教学，而且还可以调动学生学习地理的主动性，让学生想学地理、乐学地理、会学地理、学会地理，从而提高地理课堂教学的效率。

二、校园影视教学有利于突破教学的重难点

地理教学重难点的解决，关系到课堂教学效果的效率。如何突破教学重难点，教师尝试了很多种方法。例如，学习"大陆漂移学说"时，先录一个微课，将一张拼合的世界地图放到水中，再向水里吹气，感受到各个大洲的移动；上新课时，只需要播放微课，让学生就能感受到大陆的漂移。诸如此类的实验很多，这样不仅能让学生突破学习的重难点，还可以激发学生的求知欲，同时也提高了课堂教学的效率。

---

① 陈悦，女，中共党员，一级教师，德阳市直属学校骨干教师、先进工作者，德阳市直属学校和经开区学校初中地理第一届中心教研组成员。
② 伍玲燕，女，一级教师，多次指导学生参加电脑制作活动获小学组评审类项目，多次在德阳市直属学校年度考核中获"优秀"。

三、校园影视教学有利于学生更直观地学习

在地理课堂教学中广泛运用影视教学，有利于将抽象的地理知识更直观地呈现。比如，在学习"地球的自转"这一节时，要让学生了解地球上的昼夜现象，我们可以录一个小视频，在实验室里做一个实验，即证明地球是个不透明的球体，才能产生昼夜现象。如果把这个实验搬到课堂上，一是要耗费大量的时间，二是要准备更多的器具。教师可以提前制作视频，并配上讲解，让学生直接通过微课进行学习，不仅达到了学习目的，而且提高了课堂教学效率。比如，在学习"台湾海峡的形成"时，我们可以做一个动画，让地壳断裂下陷、海水入侵，这样让学生更直观地感受其形成的过程。再比如讲等高线时，可以用马铃薯制作等高线示意图，可以见证等高线示意图形成的全过程。短短五分钟的微视频，可以让学生更好地理解什么是等高线，以及等高线坡度的陡缓。这些都可以在课前做好准备，大大提高课堂教学效率。

四、校园影视教学有利于培养学生的空间思维

在传统的地理教学中，教师一般要用板画画地图。在板画地图时，耗时特别长，而且易抹掉，要让原图重现，还需耗费时间。虽说可以进行直观教学，但一节课40分钟，如果板画需要的时间过多，就难以为学生自主学习提供充足的时间。而且，在板画上展示的内容有限，不利于让学生动手来绘图。校园影视就改变了这一局面，我们可以在课前制作一些微课或者微视频，如地球的自转和公转，用动画的方式呈现它的运动，让学生感受到空间变化。常规的地图多以平面图的形式呈现，而影视教学就可以做成立体的图像，让学生看到地理事物的空间分布情况，从而培养空间思维。

五、校园影视教学有利于"先学后教"

或许有人会认为校园影视不适合，认为这不适应学生的学习方式。其实恰恰相反，校园影视使用的效果会更好。如何高效地将校园影视教学与地理学科结合起来，这一点非常重要。使用校园影视，可以让学生敢于到讲台上指图，敢于到讲台上绘图，而且可以让学生知道地图的重要性，让学生活学活用。可以让学生学会在讲课的过程中充分地利用校园影视，在老师的指引下在书上圈出重要的地理事物，并读图、画图。教师也可以将主要的地形区等标注到地图上，让学生加深印象。在上课之前，教师可以推荐学生观看影视资料，如学习四大地理区域前，让学生观看《航拍中国》；在学习珠江三角洲知识前，让学生看港珠澳大桥的影视资料。这样不仅可以提高课堂教学效率，而且可以拓宽视野。

六、校园影视教学有利于学生自主学习

影视教学有利于自主学习。我们通过钉钉软件将录制的微课资源放在群里，让学生自主下载学习。由于有的家庭所在地方网络不好，但放在群里的资源可以一直留存，学生想用就能下载。其实，为了让学生自主学习，我们要花大量的时间去钻研教材，录制一些高质量的微课，也可以通过网络去选一些优秀的视频，还要制作相应的学法指导等，让学生会学，让学生在以后的学习和生活中更轻松、更愉快。

前面几点我着重说的是校园影视在地理教学中的重要性。其实，校园影视的好处不仅仅如此。只有在不断探究中学习，将理论学习运用到实际的教学中，才能优化、改变教学模式，才能让学生学得轻松愉快，才能让学生真正做到乐学、会学、学会。

本文获四川省第十五届校园影视教育成果展示交流活动"论文类"一等奖，有改动

浅谈初中物理实验教学的创新思路

黄文

随着新课程改革和素质教育的深入发展，在初中物理教学的过程中，必须促进教学观念和教学方式的转变，促进课堂教学质量和水平的提高。实验教学是物理教学的重要环节，也是课堂教学的重要内容。本文侧重从"设置趣味性实验情境、信息技术助力实验教学、潜移默化进行科学方法的渗透、拓展实验范围构建课外实验小组"等角度阐述初中物理实验教学方法的创新思路。

一、设置趣味性实验教学情境，调动学生积极性

在初中物理实验教学中，教师应当设置有趣味性的实验教学情境，激发学生学习的兴趣，引导学生进行自主学习和探究，促进物理实验教学的创新。例如，在教科版初中物理八年级下册"大气压强"的教学中，教师可以根据课堂教学内容设置相应的趣味性实验，创新实验教学，提高教学质量。教师取一个饮料瓶，向里面倒入一些热水，之后把热水倒掉，然后快速度地拧上瓶盖，让学生对瓶子进行观察：会发生怎样的变化？引导学生思考：是什么原因造成瓶子出现这样的变化？在学生进行思考之后，教师设置自主探究的实验，如鸡蛋入瓶实验：将鸡蛋浸泡在10%的醋酸中，观察鸡蛋的变化，当鸡蛋壳变软后，小心取出鸡蛋，准备一个瓶子，使瓶口略小于鸡蛋，并在底部放入一层沙子；点燃一个酒精棉球，投入瓶内，当火焰熄灭后，将鸡蛋小头对准瓶口，鸡蛋就会逐渐被吸入瓶内。根据上述趣味实验，引导学生探究其中的原理。教师提出另外的问题，并且对学生进行引导：如何才能够把鸡蛋取出来呢？这时很多学生都会进行思考，尝试使用各种方式。教师对学生进行引导，让学生利用大气压强，让塑料瓶子倒立，对底部进行加热，鸡蛋就能够顺利被取出。这样的趣味性实验，能够吸引学生的注意力，引导学生进行自主学习和探究。学生在实验的过程中，能够更加深入地理解大气压强的知识内容。因此，在实验教学中，教师应当尽量提高实验方法的趣味性与新颖性，由浅入深，逐步递进，让学生在获得成功后有继续探索的兴趣。

二、借助信息技术开展实验教学，引导学生自主探究

在初中物理教学的过程中，多媒体技术是一种有效的课堂教学方式，能够对传统课堂教学中的不足进行弥补，提高课堂教学的质量。在物理实验教学的过程中，借助多媒体技术开展教学，更加直观、形象地展现难以呈现的实验内容，让学生能够更加深刻地理解知识内容，提高物理实验课堂教学的效率。同时，多媒体可以进行快放、慢放和回放，有利于学生学习重点和难点知识，提高学生物理实验知识的掌握能力，提高实验教学的效率和质量。例如，在教科版初中物理九年级"磁现象、磁场"的教学中，通过实际实验能够对磁现象进行表面观察，但不能够对磁场方向等本质内容进行深入观察。在教学的过程中，通过奥斯特实验说明电和磁有着密切的关系，并且在电荷的周围存在磁场，相互之间产生作用。仅仅通过文字难以让学生了解电磁和电流之间的作用力关系，而且通过电流和电流之间是否存在力的作用验证的过程非常复杂。教师可以通过多媒体向学生展示相应的现象，并且对实验进行模拟，让学生能够直接观察，加深对磁场知识内容的学习。在初中物理实验教学的过程中，借助多媒体对实验进行三维效果模拟，并且进行相应的讲解，可以激发学生的想象力，促进学生综合能力的提高。

三、结合实验具体内容，潜移默化进行科学方法的渗透

科学方法是科学能力的外化，提高能力比掌握知识要难。现代认知理论认为，学习的过程是学习者自己建构的过程，学习者的能力培养、科学素质提高，有赖于其自主性和学习所处的情境，有赖于学习内容的社会需求情况。因此，在对学生进行方法教育时，要充分调动学生学习的积极因素，开展探究性学习、合作学习等，进行师生互动、生生互动，让学生在掌握科学方法的过程中，知识体系、情感、态度、价值观得到同步发展。例如，在教学"平面镜成像"时，为了使学生理解平面镜成像的特点，老师在课堂上采用实验法，将点燃的蜡烛A放在竖立的玻璃前，让学生通过玻璃观察点燃的蜡烛的像，比较物与像的大小；然后再将另一只等大的蜡烛B放于玻璃后，移动蜡烛B使它与点燃蜡烛A的像的位置重合，比较物与像的大小；通过标出玻璃以及玻璃前后蜡烛的位置，测出蜡烛和它的像到玻璃的距离，找出物像连线与玻璃面夹角的关系。改变蜡烛到玻璃间的距离，多做几次实验，总结出平面镜成像的特点。

这种通过实验方法来探索物理规律的做法，既可以使学生理解平面镜成像特点的知识，也可以让学生学到用实验研究问题的科学方法，培养学生抽象和概括、分析和归纳、综合和推理等思维能力。正如著名物理学家玻恩所说："我荣获1934年的诺贝尔奖，与其说是因为我所发表的工作里包括一个自然现象的发现，还不如说是因为那里面包括一个关

于自然现象的科学思想方法基础的发现。"

四、构建课外实验小组，促进实验教学的创新

物理是一门和生活有着密切关系的学科，其知识并不是都在物理课本之中。在实验教学的过程中，不少实验是课本内容中没有的，因此，教师应当结合教材内容适当增加一些教材外的实验，促进教学的开展，实现实验教学的延伸，培养学生的思考能力和创新能力，提高实验教学的效率和质量。因此，在物理实验教学创新的过程中，教师可以利用生活中常见的物理现象和物品，开展实验探究活动，促进物理实验教学的创新。例如，在教科版初中物理八年级下册"浮力"的教学中，在对浮力产生原因的探究中，教师可以利用生活中的物品开展相应的实验，丰富课堂教学内容。准备相应的实验器材，如准备1.25L的塑料饮料瓶、乒乓球2个、水和烧杯。通过对实验进行分析，得出浮力出现的原因，即浸在液体中的物体上下表面的压力差。因此，在初中物理实验教学的过程中，教师不仅需要对教材中的内容进行合理利用，还需要结合教材和生活，对教材外的实验进行引导，充分将自媒体与小实验相结合，激发学生学习物理的兴趣，丰富实验内容，促进学生实验创新，提高物理实验教学的质量。

为了让学生体验物理教学的魅力，在新课程背景下的初中物理教学中，应摒弃填鸭式教学，增强学生的主动性和参与性，充分发挥学生的主体作用。教师应结合初中物理实验，让学生动手、动脑，进行探究和学习，创设实验课堂，激发学生的兴趣，优化实验设计和创新教学方式，实施初中物理的有效性实验教学。通过自己动手实践操作，学生可以体会发现问题、解决问题的乐趣，培养独立思考能力，培养自主探究的创新能力，感受物理知识的博大精深，体验物理的无穷魅力。

参考文献

[1]谢飞. 优化初中物理实验教学方式[J]. 中学生数理化，2015（8）.

[2]刘志军. 初中物理实验教学中科学方法教育初探[J]. 中学物理，2016（4）.

本文发表于《教育研究》（2019年第12期），有改动

关于改进初中物理分组实验教学的思考

钱梅[①]

教学改革之后，物理新课程标准更加注重实验的引入。实验的引入有多种形式，如课堂演示实验、分组实验等。以下我们重点探讨分组实验的具体操作方法及其重要意义。分组实验主要通过老师发挥课堂主导作用，引导学生独立完成实验，这样会培养学生的独立操作能力。这是实验教学的主旨，是提高学生实验能力的主要途径。同时，对于提升学生运用科学思想和方法解决问题的能力也有一定的积极作用。

一、分组实验教学渗透初中物理课堂的必要性

（一）分组实验教学方法有助于培养学生学习的热情

演示实验，老师在讲台上操作，学生在下面观看，不能充分激发学生的积极性。主要原因有以下几点：①受课堂条件的限制，尤其是坐在教室后面的学生不能清楚地观看实验过程。②对于可以看清楚的同学而言，演示结果与教材书雷同，看不看都不重要。长此下去，认真观看的学生越来越少，以致学习兴趣完全丧失。因此，做得再完美的演示实验，也会失去教学意义。实际上，实验的乐趣在于能够体现个人经验亲自操作，注重心、脑、眼、手共同体验。而分组实验恰恰能够满足这一要求，能有效弥补演示实验中的缺点，分组之后让学生通过自身实际操作，加深了对知识的记忆，同时大大提升了学生的学习热情，充分做到了让学生在快乐中学习知识的目的。

（二）在培养学生创新意识方面分组实验教学方法效果更佳

Suchomlinsky曾经说过，人的内心深处，希望自己能够集发现者、研究者、探险家于一身。在物理教学中，探索和创新是其比较显著的特征，也是物理科学前进的力量，是技术革命中的核心，是推动人类社会文明发展的动力。在物理学的探索和创新上，学生不能做到像科学家那样完美，但是从小建立探索和创新思想很重要。初中物理教科书实验一般是为验证理论知识而存在的，对于实验具体的操作方法、所发生的现象已经都明确写好

---

① 钱梅，女，中共党员，中学一级教师，市级教育系统模范工作者，校级优秀共产党员、教学能手、先进班主任。

了，学生主动参与分组实验，依据综合实验原理，探索实验现象，揭示实验结果，这一过程大大提升了学生的创新意识。

二、初中物理教学中有效渗透分组实验教学的合理化方案

（一）增进教师和学生、学生与学生之间的合作关系

实验教学的效果，由学生是否与教学协同、是否能完成物理实验来决定的。这就要求老师与学生要一起努力，在发展学生综合能力的同时，完成教学任务。在分组实验教学中，我们应该从以下两点进行把握：一是课前老师要做好充分的实验准备，掌握好实验中学生可能存在的疑虑。同时，也要引导学生做好课前准备工作，充分掌握实验目标、实验原理以及实验内容，为课堂上开展实验做好充足准备。二是实验前老师对课堂纪律提出要求，简单介绍实验仪器操作方法。在操作实验中，老师为学生提供适当的指导，正确引导学生观察实验现象，总结实验结果，培养学生形成良好的仔细观察和科学探究的习惯。

（二）注重物理实验形式多样

以往的实验模式太单调，学生对重复实验慢慢就失去了兴趣。所以，在老师备课中应思考什么形式的实验才会激发学生的积极性，这是实验教学起到效果的基础。例如，老师可以进行"看谁可以准确地掌握实验现象"的活动，培养学生动手操作实验的兴趣。这样的活动可以大大提高学生主动探究实验的兴趣。因此，老师在分组实验中，要注重物理实验形式多样，提高教学效果。

（三）强化教师教学能力，提升课堂管理水平

提高物理课堂教学质量，物理老师必须要有过硬的教学技能，同时对老师自身的综合素质也有一定的硬性要求。这就要求老师在备课的时候，要多去实验室做实验，对于实验中潜在的问题能够充分了解，以便在课堂上能更好地做出解释。如操作凸透镜成像的实验时，蜡烛放在两倍焦距上，在屏幕上看清倒像和实物大小是不是一样，很不好判断。这时，老师就要思考有效的方法，解决这个问题，从而使学生清楚地观察实验现象。

参考文献

[1]宋京学．初中物理分组实验教学的思考[J]．新课程研究（基础教育），2010（2）．

[2]周尉．对学生分组实验教学的几点建议[J]．新课程（教育学术），2012（4）．

本文发表于《新课程》（2014年第8期），有改动

运用信息技术优化初中物理课堂教学初探

刘建成[①]

现代教育信息技术以生动直观的形象，帮助学生建立起概念与表象之间的联系，建立起各种眼、耳、口等各个感觉器官之间的联系，使抽象的理论具体化、趣味化，使静止的问题动态化，使复杂的问题简单化等。特别是在初中物理教学中运用现代化教育信息技术，有利于揭示物理现象内部的发展变化，使一些抽象的和不易看到甚至根本看不到的事物形象地显示出来，可有效弥补传统教学手段的不足。

运用信息技术与学科融合，即利用信息技术选取可用信息，进行恰当的教学设计，进行教学过程的预判、管理、策略等，可以提高课堂教学的效果。

一、运用信息技术，可营造轻松愉快的学习气氛

兴趣是最好的老师，没有兴趣的学习，无异于一种苦役。现在，一些学生的求知欲不强，自控能力和注意力比较差，学习兴趣不高。那么，如何才能提高学生的学习兴趣呢？

信息技术正是解决这个问题的最好手段，可以以形象生动的画面、悦耳动听的音乐吸引学生的注意力，营造轻松愉快的学习氛围。而且，多媒体教学中的过程再现等操作，还可以轻松解决问题，达到突出重点、突破难点的目的，起到事半功倍的教学效果。

二、运用信息技术，可丰富物理教学的表现手法

由于学生课堂学习时间有限，在初中物理教学中，要让学生在有限的时间内获得尽可能多的信息，给予学生的信息要有选择，使学生观察到的现象对所要学习的知识有帮助。可采用摄像、剪辑等技术，对实验的全过程进行加工，即既为学生提供实验的全过程，又突出重要的实验现象，同时还不失实验的真实性。

例如，在讲解"磁场"和"电流的磁场"这两节课时，磁场的概念比较抽象，条形磁铁、U形磁铁、同磁极之间和异名磁极之间的磁感线分布以及直线电流磁场的磁感线和通电螺线管的磁感线分布形状各不相同。传统的演示方法是：将玻璃板放在磁铁上面，将铁

---

① 刘建成，男，中学实验师，多次在德阳市优秀实验员技能竞赛中获奖，发表教育教学论文10多篇。

屑均匀地撒在玻璃板上，轻轻敲动玻璃板，使铁屑在磁场的作用下形成磁感线分布图形。因平面放置，学生看不清楚，教师只好端着玻璃板走到台下，巡回让学生看。如果要让每个学生都看清，需要大量的时间，就会影响教学的进度。若利用投影技术，则能完全改变这一局面。上述几种演示结果，我们可以投影到大屏幕上，全班学生在同一时间都能清清楚楚地看到各种磁感线的分布情况。这样，就加深了学生对"磁场"的认识，使抽象问题得到具体、形象的解决。

三、运用信息技术，可提高物理课堂的教学效果

现在，网络已相当普及。网上资源具有信息量大、更新速度快的特点。厦门集美中学的虚拟物理实验室是一个重要的物理教学资源库，为我们提供了同步教学、优秀习题和新颖的教育教学方法等多种资源，且处于动态更新之中。我们在借鉴的同时，只需要根据自己的具体情况稍微改变一下就能为课堂教学服务。

例如，讲解浮力产生的原因时，将立方体浸没在水中，它的六个表面都受到水的压力。它的左右两侧面、前后两侧面，受到的压力都是大小相等、方向相反、互相平衡的，而上下两面由于深度不同，受到的压强大小不同，压力因而不相等，其压力差就产生了浮力。我们可以通过中国中小学教学网物理库下载相关内容，利用直观的图形、生动活泼的动画效果，快速有效地激发学生的学习兴趣，而且有利于学生理解，可以收到很好的教学效果。该动画用慢镜头形象地表示前、后、左、右的压强、压力相等；小木块保持不动，但加载上、下表面压强、压力时，小木块慢慢向上移动。这样，就能让学生在生动、形象的环境中进行学习，可起到优化课堂教学的作用，同时为下一节讲授阿基米德原理打好基础。

四、运用信息技术，可突破常规实验条件的局限

实验是初中物理教学的基础，也是物理教学的薄弱环节。由于受到常规实验仪器、实验材料、环境等条件的限制，实验效果常常不如人意。而采用模拟型实验教学模式，通过多媒体技术辅助模拟实验，可以弥补常规实验的不足，提高实验的演示效果。

例如，做物理"凸透镜成像规律"实验时，若用常规仪器按传统实验方法进行演示，由于实验仪器和环境的限制，蜡烛在光屏上所形成的影像随着物距的变化而变化的这一现象不是很明显，误差较大，学生对凸透镜成像的特点不甚理解，甚至产生迷惑。此时，如果改用多媒体技术进行凸透镜成像规律模拟实验，演示物距从无穷远至小于焦距的整个实验过程中物距、像距和像的变化情况，整个模拟实验过程就非常流畅、直观、明了，使学生对该实验有一个清晰完整的认识，有利于学生掌握凸透镜成像概念和规律。

五、运用信息技术，要以教学内容和目标为前提

在教学中，利用信息技术，确实可优化课堂教学，起到事半功倍的作用。但运用信息技术教学，要以教学内容和目标为前提，应正确、适时、适度，不能一堂课都在演示电脑。教师就像导演一样，不能忽略教学中的主人，这样才能发挥信息技术的最大教学功效。

（一）要注意运用信息技术的节奏，注意加强对学生抽象逻辑思维的培养

初中生的抽象思维开始形成，判断和推理相对比较周密，理解能力明显提高，但他们思维的独立性和批判性还很不成熟，容易产生表面化和片面化。所以，我们不能一味地用现代教育技术手段去代替学生思考和判断问题。教师应根据学生的实际情况，在学生通过思考和分析以后，再给予必要的讲解和纠正。

（二）利用信息技术教学也要适当板书

板书能较完整、科学地展示知识的发生、形成过程，具有概括性、完整性、操作简便等特点，不仅有利于学生对所学知识的理解、记忆，有助于学生知识的建构，还能给学生以美的享受。如CAI也具备"板书"的功能，能帮助学生理解、掌握知识。但由于它的画面经常变动，"板书"具有短暂性与局部性，因而无法完全取代传统板书。

因此，我们在教学中要尽可能地适时适度地用好信息技术，同时也要与传统的教学方法有机结合，丰富课堂教学内容，采用灵活多样的教学方式，优化课堂教学，以达到提高教学效率的目的。

本文在2013年11月全国教育教研成果评选活动中，荣获"全国性教科成果"一等奖，有改动

在疑惑中寻找真理

——比较灯泡亮度实验失误后的反思

邱兰[①]

一、实验过程发现的问题

在执教教科版九年级上册第六章第四节"灯泡的电功率"时，讨论灯泡亮度与灯泡额定功率的关系，为了让学生能亲自体验物理知识生成过程，我特地准备实验让学生自己探究并获得结论。实验中，我给每个小组准备了两个灯泡：L_1 "2.5V 0.3A"，阻值为8.33Ω，额定功率为0.75W；L_2 "1.5V 0.2A"，阻值为7.5Ω，额定功率为0.3W。

实验时发现，当L_1、L_2串联时，阻值较大的L_1灯更亮，但到两灯泡并联时，还是阻值较大的L1灯感觉更亮些。同学们总结出额定功率大的灯一定更亮些，灯泡的亮度由额定功率决定。

实验理论分析应该是这样的：串联时，由$P=I^2R$得，电流一定时阻值大的，消耗的功率大，阻值大的L1灯更亮些；并联时，由$P=\dfrac{u^2}{R}$得，电压一定时阻值越小，小灯泡的电功率越大，阻值较小的灯L1应该更亮些。但是在实验中，学生观察串联时与理论知识相符合，但并联时却观察到阻值大的灯泡亮度大些，我也反复确认所有组的实验结果都如此。实验现象与我要讲的知识点相悖，实验就这样失败了。当时我想，为了按时完成教学任务，是以实验误差或器材质量问题等糊弄过去，还是自己私下找到原因再给同学们演示呢？每个失败的实验都有它存在的价值，我为何不和同学们一起探究实验失败的原因呢？

二、实验疑惑的解决

为了找出失败的原因，消除同学们心中的疑惑，我首先肯定全班同学尊重事实、观察仔细的实验态度，然后分小组交流讨论为什么会出现这样的问题，通过讨论找出实验失败的原因可能是：一是可能电源电压太小，二是可能灯泡自己本身的问题。于是我们先找来电池改变电压，结果得到还是一样的实验结果，仍然是电阻大的灯泡更亮，因此否定第一

---

① 邱兰，女，初中物理一级教师，市直属骨干教师。

个原因。我和学生又在实验室重新找到两个灯泡：L_1 "2.5V 0.3A"，阻值为8.33Ω，额定功率为0.75W；L_3 "1.5V 0.3A"，阻值为5Ω，额定功率为0.45W。实验后发现，并联时明显观察到阻值较小的L_3较亮，阻值较大的L_1灯较暗，与课本上的结论一致。为什么用这两个灯泡做实验就成功了，而前面的实验就失败了？我引导学生通过定量计算进行分析：

如果把L_1 "2.5V 0.3A"（阻值为8.33Ω）、L_2 "1.5V 0.2A"（阻值为7.5Ω）、L_3 "1.5V 0.3A"（阻值为5Ω）三个灯泡并联在1.5V的电源两端，算出三个灯泡实际消耗的电功率分别为：

灯L_1的实际消耗功率为：$P_1 = \dfrac{U^2}{R_1} = \dfrac{(1.5V)^2}{8.3\Omega} \approx 0.27W$

灯L_2的实际消耗功率为：$P_2 = \dfrac{U^2}{R_2} = \dfrac{(1.5V)^2}{7.5\Omega} = 0.3W$

灯L_3的实际消耗功率为：$P_3 = \dfrac{U^2}{R_3} = \dfrac{(1.5V)^2}{5\Omega} = 0.45W$

第一次实验应L_1、L_2，灯L_1的实际消耗电功率比灯L_2的实际消耗电功率差别不大，由于人眼能区分的亮度差变化在0.5%～2%，此时两灯的亮度差约为0.1%，故人眼无法区分；第二次用L_1、L_3进行实验，灯L_3的实际消耗电功率比灯L_1的实际消耗电功率大得多，亮度的差约为50%，人眼能区分这两灯的亮度，现象非常明显。最后我和学生一起总结出要想并联时实验成功，应选择两个灯泡的阻值差大，并联时实际消耗电功率差大（亮度差大）的灯泡进行实验，才能观察到符合理论的实验现象。

为了进一步验证这个发现，同学们还用"PZ220-15W"（阻值为3226.7Ω）和"PZ220-60W"（阻值为806.7Ω）两灯、"2.5V 0.3A"（阻值为8.3Ω）和"3.8V 0.3A"（阻值为12.6Ω）两灯分别进行实验，并联都能得到阻值较大的灯亮度暗些而阻值小的灯的亮度大的实验结论。到此为止，学生不仅找到实验失败的原因和解决方法，更确信物理知识的正确，消除了学生心中的疑惑，更加肯定实验是检验真理的基本方法，还体验到实验探究的乐趣。

三、实验后反思

在课堂教学中，不论是演示实验还是分组实验，如果实验失败就代表着学生知识的构建失败，教学效果就会大打折扣。失败的实验到底有什么作用？面对失败实验我们该怎么做？

在平时的教学中，为了完成教学进度，我一般会事先提醒学生实验的注意事项，学生只要按部就班地完成实验或按我的要求一步一步操作即可。这样只是重复实验操作，缺少自主探究和创新实验过程，这样的实验经历只是模仿或对知识点的验证，不能培养学生的实验操作综合能力。

演示或学生分组实验总会出现失误，一般我有三种处理方法。方法一：为了完成教学任务，简单以实验器材有问题等理由告诉学生，然后继续后续教学内容。这种方法简单粗暴、省时省事，虽可以完成教学任务，但是学生心中始终存在疑惑。方法二：告诉学生实验失败了，然后老师课后独自找出原因，成功完成实验后再回到课堂给他们演示。这个办法可以解决学生心中的疑惑，但学生失去一次实验探究和创新的实验机会。方法三：实验失败后，老师首先肯定学生的观察能力和实事求是的态度，然后和同学们一起探究实验失败的原因，寻找解决实验失败的方法。这种处理方式不仅可以解决学生心中的疑惑，还可以激发学生科学探究的热情，培养学生发现问题、敢于质疑的严谨科学精神和实事求是的态度，最终对课堂知识能更深入地理解和掌握。

爱因斯坦说过："发现一个问题比解决一个问题更重要。"实验是物理学科研究物理问题的重要手段，也是获得物理科学结论的主要途径。实验失败就代表着学生知识构建的失败，完成预定的教学任务就无从谈起。对实验失败的原因进行分析，并对实验误差和不足进行优化改进，是解决学生的疑惑和培养学生发现问题、解决问题的最佳契机，同时也可以培养学生科学探究的精神和品质，增加学生学习物理的兴趣。

物理实验在物理学科的学习中占据了相当大的比例，在中高考中实验能力也是考查的重点。所以，在同步学习物理知识的过程中，要尽量把实验的机会给学生，培养学生的独立观察、思考能力，重视学生对实验的思考和创新。实验失败不可怕，可怕的是对失败实验的忽视和掩饰。直面失误，在疑惑中寻找真理，是解决问题的最佳方法，也是学习物理的严谨科学态度。

本文发表于《中国教育学刊》（2020年第12期），有改动

在课堂教学中培养学生化学科学素养

于永辉[①]

对于中学生来说，科学素养是指学生在接受一定的科学知识的过程中所形成的适应社会发展和人类自身完善所需要的基本品质和能力。化学家戴安邦教授指出："化学教学既传授化学知识和技术，更训练科学方法和思维，还培养科学精神和品德。"因此，学生的化学科学素养包括学生化学科学的知识水平、能力、思想水平和品质四个方面。在化学教学过程中，要根据化学学科的特点和学生的实际情况，优化课堂教学，丰富学生的科学知识，发展学生的科学能力，培养学生的科学方法，从而培养和发展学生的科学素养。

一、贴近学生生活，联系社会实际，学习化学科学知识

化学是一门实用性很强的自然学科。人们生活所需的衣、食、住、行、用等都离不开化学。在学生的社会生活中，化学物质、化学现象、化学变化无时不有、无处不在。在教学中，设法把学生的课堂学习融入社会生活中，把学生的学习引入广阔的生活实践中去，培养学生用化学的眼光来观察世界，用化学科学来实践生活，在生活中学化学。新教材在编排上遵循课标规定的"初级中学的化学教学是化学教育的启蒙阶段"的原则，适当降低了理论要求，精简了一些次要概念。为了配合素质教育，培养学生面向未来的适应力，增加了一些金属、有机物（包括高分子化合物）以及保护生态环境、"温室效应"、硬水、氢能源、水和人类的关系、金属和人体的关系、化肥、农药等内容，体现了化学与生活、化学与社会、化学与生产科技的紧密联系。在构成化学科学素质的诸多要素中，化学科学知识始终处于基础和核心地位。

二、改变学习方式，培养化学科学能力

化学是一门以实验为基础的学科，观察和实验是化学最基本的研究方法。要通过能动的、客观的、定性定量的综合观察，从实验的宏观现象入手，揭示和认识微观变化的本

---

① 于永辉，男，中共党员，中学高级教师，德阳市化学专委会成员，德阳市骨干教师、师德标兵、优秀共产党员。

质。观察能力不是单一的知觉感知，而是诸多因素综合的智力过程。新教材增加了多幅彩图、插图、章头图和多项演示实验，并在学生实验前增设了思考题，启发学生养成自觉观察的良好习惯。

初中化学新课程标准突出强调了学生学习化学方式的转变，帮助学生了解科学探究的基本过程与方法，培养科学探究的能力，掌握提出猜想与假设、制订计划、进行实验、收集证据、解释与结论、反思与评价、表达与交流等要点，并通过亲身体验科学探究活动，培养学习化学的激情，增进理解化学科学本质，培养化学科学素养，从生活走进化学，从化学走向社会。例如，探究"碳酸型"饮料，岩石中碳酸钙的含量，某些食品干燥剂的成分，常用生活用品的酸碱性，石灰石、生石灰、氢氧化钙的转化，认识"小苏打"的性质，影响金属铜锈蚀的因素等。初中化学探究是学生获取化学知识的方法，对培养学生化学科学素养具有不可替代的作用。

在化学教学中开展探究活动的形式通常有两种：一是进行适合学生的探究性实验。例如"探究氯化钠、硝酸铵、氢氧化钠三种物质在水中溶解时的温度变化"，鼓励学生自主设计探究方案，通过讨论筛选出合理的方案并进行实验，最后归纳出"物质溶解时伴随吸热或放热现象"的结论。二是调查、辩论等活动。如"调查当地水资源的利用和污染情况，提出有关的建议""辩论：空气中的二氧化碳会越来越多吗？氧气会耗尽吗"等。

三、结合教材内容，培养化学科学思想水平

在化学教学中应结合教学内容，通过有机渗透，使学生逐步树立起辩证唯物主义的世界观和方法论，用对立统一、事物发展的矛盾性和统一性、从量变到质变等观点学习和认识化学问题，提高学生应用辩证唯物主义观点观察问题和解决问题的能力。

结合教学内容培养实事求是的科学态度。初中化学启蒙教育阶段，应结合教学内容，对学生进行坚忍不拔的精神、实事求是的态度、严肃认真的作风等方面的教育。要通过多种方法与途径培养学生的科学思维、研究方法和严谨求实的治学精神，使学生认识到一切科学知识都来源于实践又反过来指导实践的道理。

结合教学内容，培养学生爱国主义思想。新教材结合教学内容，注意对学生进行爱国主义教育。如教材中介绍了祖国在化学科技方面取得的卓越成就，可以增强学生的民族自豪感和自信心。要密切结合能源、材料、资源等教学内容，进行国情教育和爱国主义教育，使学生树立起为建设社会主义祖国努力学习的使命感和责任感。

结合教学内容培养环境保护意识。新教材的有关章节注意结合教学内容，对学生进行防止污染、保护环境的教育。教师应通过"我们只有一个地球"的教育，让学生认识到环境保护的紧迫性和重要性，使学生从小养成爱护环境、保护环境的强烈意识和良好习惯。

四、依据化学学科特点，培养化学科学品质

在教学中应始终贯穿理想教育这一主线，通过具体的实例、生动有趣的教学，使学生明确学习目的，强化学习动机。

学习兴趣能使学生始终对学习保持良好的心理状态，并在其中得到乐趣和满足。化学教学中丰富多彩的实验为培养学生的学习兴趣创造了得天独厚的教学条件。

在教学中对学生（尤其对差生）的热爱、信任和尊重，教师高尚的人格，以及生动有趣、形式多样的教学方法，都是培养学生良好情感的重要因素。

在化学教学中，教师应通过多种方法和途径培养和锻炼学生的意志。如设计一项对环境污染进行监测的任务，让学生长期坚持去做。还可结合化学史教学，介绍有关科学研究工作者为人类进步不畏艰险、奋勇登攀的优秀品质。

初高中化学教学衔接的探讨

田彬[①]

新课程在知识结构安排、思维方式，以及相应的教学方法、教学手段等方面都与旧教材有很大的区别。

一方面，初中是义务教育阶段，高中是非义务教育阶段，初、高中教学分离现象普遍化。初、高中教学之间存在着一定的距离，初、高中的教学不能有效沟通，导致初、高中的分离日渐突出。另一方面，中考和高考试题综合化，目的是考查学生的综合素质，但是化学卷面分数的比重减少，对化学学科的教学和学生学习带来了不良的影响。改革的目标是实施素质教育，全面提高学生的综合素质，而实际上，语数外成了主科，政、史、地、理、化、生成了副科，语、数、外大量增加课时，而理、化、生则减少课时，给学生在认识上、学习兴趣、主动性等方面带来一系列问题。实施素质教育，必须面向全体学生和全体学生的各个方面。为学生的发展着想，为学生的将来着想，必须做好初、高中教学的衔接。

初、高中化学教学要在学习目标、学习心理、教材教法，以及化学语言和实验技能等方面做好衔接。

一、要认真研究初高中课程标准，端正思想，树立大化学概念

所谓大化学，是指无论初中还是高中化学都是化学教学的一部分。化学教育是提高公民素质、民族素质必备的教育。化学教师担负着化学教育的重任。初中和高中都属于基础教育，化学是必修课，因此，应通盘考虑，全面把握。初中教学要为高中教学打好基础，培养学生的兴趣，重视化学学习习惯的养成。

在知识上，初中教师要了解哪些知识是高中学习必备的基础知识，而不应仅仅关心升学考试的内容。如初中原子、离子的有关知识，教材讲得较少，要求很低，但原子核外电子排布初步知识以及原子结构示意图等是后面离子形成、化合价等知识的重要铺垫，也将为高中元素化合物知识、氧化还原反应、元素周期律等打下坚实基础。再如初中讲到碳酸盐时，教材提供了有关碳酸氢钙的知识，但属于阅读内容，讲到盐的分类时，酸式盐也

---

① 田彬，男，中共党员，中学高级教师，获得原二重集团公司先进工作者，德阳市初中化学素质竞赛优秀辅导老师，德阳市优秀党员。

是阅读内容，按要求是不作为考核内容的，初中教学中不少老师不讲，也不指导学生进行阅读。这样虽然不会影响升学考试成绩，但对高中化学的学习是有影响的。高中学到碱金属时，有些同学不知道碳酸氢钠是酸式盐，对酸式盐的形成和性质更不了解，因而对侯氏制碱法的原理无法理解，成为学习的难点。笔者在初中化学教学中，由自然界钟乳石形成的化学原理讲解碳酸钙和碳酸氢钙的转化，为高中学习碳酸氢钠打下了良好的基础，使学生在知识方面不再感到陌生，这样有利于高中化学教学。高中化学教师要了解初中化学知识，了解学生的学习基础，以便及时补救。

再如溶解问题，新的初中教材进行了简化，降低了难度，尤其是对有关溶解度的计算不做要求。但教材把溶解的过程简化了。高中在讲到化学平衡时，先以溶解平衡为例讲解平衡的特征是动态平衡，紧接着就讲化学平衡，学生感到很突然，对动态平衡不理解，使该知识点成为学习的难点。在初中化学教学中，讲到饱和溶液时，提示学生溶液中有溶解和结晶两个过程在进行，降低高中时学习相关内容的难度。

二、初中教师要认真研究教材，寻找方法，发展学生的认知能力

了解高中化学知识，如氧化还原反应，复分解反应、原子的组成、离子化合物、共价化合物、化合价、氧化物、电离方程式、化学方程式的计算、铁的性质等与高中化学密切相关的知识。

初中教师要熟悉课程标准，依靠教科书，依据教学目标，完善学生的认知结构，注意做好查缺补漏工作，适当调整课时分配，分化学生学习的难点，突破重点。

学校应高度重视高中学生的分化，实事求是，循规施教，摆脱应试教育的影响，以发展学生的能力为目标，面向全体学生，使学生全面发展。化学教师要从实际出发，以低起点、小台阶、勤反馈为原则，以集体教学和个别辅导相结合为方法，反思教学行为，及时调整方法，解决学生学习中的问题。

三、研究教法，了解学生，加快学生对高中化学学习的适应

放慢起始教学进度，逐步加快教学节奏，先使教学适应学生的学习，然后让学生的学习适应教学。如高中第一章不可讲得太快，该部分介绍的氧化还原反应和离子反应等知识，都是中学化学的重要理论，既是初中化学的延伸，又是高中化学学习的基础，还是学习的难点之一，教学宜慢不宜快，学好这一章，能使学生站在更高的角度学习化学。在教学中使学生首先感知信息，激活已有知识，创设矛盾，使学生进入化学思维状态。

四、加强学法指导，培养学生的自学能力

指导学生看教材，教材中的各个栏目都要阅读，课文要精读，阅读内容要泛读，讨论内容时要思考，提出自己的看法。多联系生活实际，提高学习兴趣，多对比，培养抽象思维能力。指导学生进行小结，在开始章节进行示范，和学生一起讨论，引导学生归纳总结，形成知识网络，然后让学生总结或小组合作总结，在班上进行交流，培养学生的合作精神和独立思考能力。

五、研究学生，使教学方法符合学生的心理特点

建构主义学习理论认为，知识是认知主体在与客观环境的相互作用中获得的，学习过程不是学习者被动地接受知识，而是学习者借助他人的帮助和利用必要的学习资料，通过意义建构的方式获得知识，教学应以学生为中心。学生是学习的主体，教师是教学的主导，学生处于教学过程的核心。只有学生积极主动地学才可能取得良好的教学效果，而教师的教学的"对象适应性"对学生的学习有重要的影响，教学要从学生的实际出发，促进学生的发展，做到教学相长。

化学教学是一个系统工程，是以育人为目的、以化学课程为载体展开的，学生和老师在学校教学条件下，相互依赖，相互影响。在教学活动中合理协调教师、教材和学生三者的关系，调动教师和学生的积极性，才能达到良好的教学效果。

在初高中化学教学实践中，要分析学习目标、教学心理、教材教法、学生思维方式、化学语言、化学实验技能等方面存在的问题，重视初高中化学教学的衔接。

本文获德阳市教育学会化学专委会论文征文二等奖，有改动

浅论元素化合物知识的复习

田世云[①]

在教学中，总有这样的群体存在：课堂练习、课后作业、单元检测能比较好地完成，但是到了阶段性综合测试的时候，他们就感到吃力。久而久之，这部分学生就对化学的学习失去了兴趣和信心。中学化学知识总体上感觉显得有些零散，知识点之间似乎没有太清晰的关联，学生不容易做到举一反三。

在和学生的谈话中，我了解到他们认为化学不像数学、物理那样有公式可套，或可以根据公式展开推导和思考；化学不容易找到一个合适的中心作为辐射点，联系其他知识，尤其是元素化合物知识更是如此。其实，我们运用元素周期律和氧化还原反应规律，注意物质性质的相似性、递变性和特殊性，通过分类、比较、综合、归纳等方法去整理化学知识，就会理出其中有效、清晰的线索，进一步总结出学习化学的方法。

一、同一元素

教材是以元素族为单元，将族内的典型元素作为代表讲述元素化合物知识的。而同一元素又按一定的顺序展开，金属和非金属的顺序又有所不同。下面我们分别说明这个存在但又并未明确指出的重要线索。

在高一年级结束的时候，我们回头看看一年的高中化学学习内容，特别是在元素化合物知识方面，就可以发现非金属元素的学习一般来说是按以下顺序进行的：单质、氢化物、氧化物、含氧酸。比如氧族元素，其中名气最大的是氧气，但化学性质最有代表性的应该是硫。它的学习顺序就是按硫、硫化氢（选学内容）、硫的氧化物、硫酸来进行的。

教材首先讲述了硫的存在和物理性质，然后采用回忆和实验引导的办法学习硫的化学性质。

以前我们学习过硫和钠、氧气的反应，也知道硫的主要化合价有-2、0、+4、+6，容易想到硫的化合价可以升高，表现还原性；也可以降低，表现氧化性。硫只有遇到氧气等强氧化剂时才被氧化，表现还原性。虽然硫有氧化性，能和氢气、大多数金属反应，但是当它和铁、铜等变价金属反应时，只能把金属氧化到较低的价态。硫和水、酸、碱一般不反应。分析H_2S的性质时，我们注意到H_2S能溶于水，部分电离出H^+，因而具有酸的通

① 田世云，男，中学高级教师，县级优秀班主任，德阳市优秀教师、先进工作者，四川省优秀指导教师。

性。氢的化合价为＋1，是氢的最高价态，从氢元素的角度看应有氧化性；而硫的化合价是－2，是硫的最低价，应有还原性，比如：

$$H_2S+Mg=MgS+H_2\uparrow$$

$$H_2S+Cl_2=S+2HCl$$

硫化物也有还原性。

SO_2是酸性氧化物，具有酸性氧化物的通性，即能和水反应生成对应的酸–H_2SO_3和碱反应生成亚硫酸盐，能和Na_2CO_3反应生成Na_2SO_3和CO_2。其中，硫的化合价是＋4，既可以升高，也可以降低，有氧化性和还原性。比如：

$$SO_2+2H_2S=3S+2H_2O$$

$$SO_2+Cl_2+2H_2O=2HCl+H_2SO_4$$

亚硫酸盐溶液在酸性条件下相当于SO_2溶液，具有和SO_2溶液相同的性质。

SO_3中S处于最高价，只能降低，从硫元素看就只有氧化性，硫酸中的硫也只有氧化性，如浓硫酸就有强氧化性。值得注意的是，并非高价态的元素一定有强氧化性，H_3PO_4中的P氧化性就很弱，而稀硫酸和硫酸盐中的硫元素的氧化性也很弱。

另外，我们还应注意讨论每一种物质时一般要涉及的范围，大的方面我们可以分为非氧化还原反应和氧化还原反应，在非氧化还原反应方面一般涉及物质和指示剂、水、酸（碱）性氧化物、酸、碱、盐反应。这些讨论并不一定只能限定在非氧化还原反应，而应这样考虑，可能得出氧化还原反应的结论。在氧化还原反应方面，一般要涉及物质和常见的强氧化剂、强还原剂的反应，有时为了说明某些具有特征的反应，也会通过特征物质来说明，如教材讲到硫和铁的反应。在这里我就不详细讨论这一点了。

通过分类、比较，我们可以归纳出每一种物质要涉及的知识有存在（保存）、结构、性质、用途和制法等，其中结构是根本，性质是核心，而中学阶段对结构的要求又比较低，主要内容是化学性质，根据化学性质又能推知物质的保存和用途。

金属元素的学习一般是按单质、氧化物、碱、盐的顺序进行的。如碱选择钠作代表元素，依次讨论了钠、钠的氧化物（Na_2O　Na_2O_2）、NaOH、碳酸钠（碳酸氢钠）的性质。

二、同主族元素

依照同主族元素性质的递变规律，我们可以掌握同族其他元素的主要化学性质。例如，卤素依F、Cl、Br、I的顺序非金属性减弱，那么单质的氧化性也依次减弱。结合氧化还原反应规律，它们间的置换就不难理解，也容易推知它们和氢气等还原剂反应会越来越困难，生成的气态氢化物也越来越不稳定，对应阴离子还原性依次增强，I^-的还原性较强，甚至比Fe^{2+}的还原性还强。所以，I_2和Fe反应生成FeI_2，而Fe^{3+}和I^-也不能共存，会发生氧化还原反应并生成Fe^{2+}和I_2，最高价氧化物对应的水化物的酸性依次减弱，气态氢化物水溶液酸性依次增强。类似地，其他非金属族也有这样的规律。

金属元素的金属性强弱比较结果，可以用来指导学生对金属元素主要化学性质的学习。一般来说，金属元素的金属性越强，单质的还原性就越强，越容易和水或酸反应置换出氢气，对应阳离子的氧化性减弱，最高价氧化物对应水化物的碱性增强。例如，K的金属性比Na强，所以K的还原性比Na强，比Na更容易和水反应置换出氢气，K^+的氧化性比Na^+弱，KOH的碱性比NaOH强。

三、同周期元素

前面我们讨论了同族元素的学习，看到通过同族元素知识点的比较，总结出了一般元素性质涉及的方面和学习的顺序，虽然我们没有总结出什么公式，但是得到了解决学习元素化合物普遍性知识的一般规律，这个规律并没有解决所有的问题，但毕竟找到了识记看起来零散的知识的办法。

我们在学习不同族元素的知识的时候，要充分利用元素周期律和元素周期表的强大指导作用。其实在前面的讨论中，已经用到了周期律和周期表的一些知识。下面我就以Na和Mg及S和Cl分别予以说明。

Na和Mg在周期表的第三周期ⅠA族和ⅡA族，最外层电子数分别是1和2，金属性都很强。但是Na的原子半径比Mg大，而核电荷数比Mg小，金属性比Mg强，因此Na的还原性比Mg强，更容易和水或酸反应置换出氢气；氢氧化钠的碱性比氢氧化镁强，而Na^+的氧化性比Mg^{2+}强，Na和H_2O反应比Mg和H_2O反应剧烈。在空气中，都容易被氧化。但Mg的表面会生成一种氧化物膜，阻止反应进一步进行，可以在空气中较长时间保存。

S和Cl在周期表的第三周期ⅥA族ⅦA族，最外层电子数分别是6和7，非金属性都较强。但是原子半径Cl比S小，而核电荷数比S大，故Cl的非金属性比S强些。因此Cl_2的氧化性比S强，更容易和H_2O反应，生成的气态氢化物也要稳定些。Cl^-的还原性比S^{2-}弱，$HClO_4$的酸性比H_2SO_4的强。

利用元素周期表，运用元素周期律，我们就得到一个经纬交织的整体的元素化合物知识体系。当然，这并不是元素化合物知识的全部。

在这里，我还要再强调一次，利用物质的类别线索是帮助我们记忆和掌握元素化合物知识的重要方法。这样我们就建立了以元素周期表为平面基础、以物质类别为纵深的三维交叉元素化合物知识网络。同时，我们还应注意到知识的相识性、递变性、特殊性。

运用前面我们总结的知识和方法，可以使原本零散杂乱的中学元素化合物知识变成立体交叉、色彩斑斓的美丽图画。

浅谈初中生物教学中合作学习的构建

李良

新一轮教育课程改革主要围绕素质教育这一核心进行。随着素质教育的逐渐推进，合作学习越来越被推崇，而实践也证明合作学习以其自主、探索、分享、交流等优越性更加符合新课改的要求。如何在初中生物教学中构建合作学习？笔者在实践过程中，逐渐探索出一套行之有效的基本教学模式。

一、合作学习的准备阶段

（一）合理构建合作小组

根据实际情况，将班级学生分为几个合作小组，每组4～6人为宜。分组时首先考虑学生的基础知识，保证每个小组内都有好、中、差等各个层次的学生，使他们能相互补充。其次，考虑学生的性格因素，将外向活泼的和内向胆小的学生有机组合，促进小组成员的相互交流。最后，考虑男女生搭配，优势互补，相互促进。

（二）建立一套合作规则

小组合作学习的课堂气氛活跃，为了避免课堂教学产生看似热闹实则混乱的局面，建立一套行之有效的合作规则是非常有必要的。小组内要明确责任，合理分工。小组内应设小组长、记录员、汇报员、联络员、监督员等。成功的合作学习应当让小组内每位学生都有事可做、有责可负，从而避免有的学生"大权独揽"、部分学生"滥竽充数"，让每个学生都感到自己和整个小组休戚相关、荣辱与共。此外，组内成员分工应该是不固定的，应让学生承担不同职责，体验各种角色。

（三）培养良好的合作技能

在合作学习中，学习不是单独的个人行为，而是集体行为，因此，要求每位学生有良好的合作技能，才能融入集体学习之中。学生要会思考，独立思考，不人云亦云；会交流，积极参与，踊跃表达；会倾听，善于倾听他人的观点和意见；会欣赏，既要会欣赏自己，又要会欣赏他人，及时给予自己和他人鼓励；会相处，组内成员和平共处、团结互助，形成一个具有强大凝聚力的集体。

（四）营造宽松的学习环境

心理学研究表明，学生只有在宽松、和谐的环境中学习，才能思路开阔，才能主动参与学习活动。因此，教师要在教学过程中力求创设民主、和谐、宽松、自由的学习环境，使学生迅速进入学习状态。教师要尊重和保护学生的参与热情和其应有的权利，采用多种方式鼓励学生尤其是学困生积极参与活动。同时，教师也应平等地参与到小组合作学习中去，并对各小组的学习情况及时地进行鼓励、引导和帮助，让学生充分体会到合作学习的乐趣。

二、合作学习的实施阶段

（一）小组讨论

预习时教师要指导学生阅读课文，要求每位同学通读课文，掌握课本内容，并把重点知识在文中勾画出来。课文中的"想一想、议一议"和"观察与思考"中提到的问题，先在小组内讨论、交流，查找相关资料后得出答案，并记在练习本上，以备进行展示交流。对于无法得到答案的问题，也可以留到课上讨论解决。

（二）展示交流

在展示交流过程中，展示小组成员要全员参与，由汇报员进行简要汇报，其他成员做补充。在展示小组完成展示后，其他小组成员可对展示内容质疑，由展示小组回答，进行组间讨论。教师作为组织者、引导者和激励者参与展示交流，适时进行引导、纠错，适时穿插分析评价，对于学生展示交流较好的给予表扬、肯定，对于不够到位的则要用恰当的语言给予激励。要尽可能地激发每个同学的参与热情，激励学生主动参与学习，鼓励全体学生大胆发言。

（三）课堂练习

在课堂讨论的基础上，教师展示精心编制的练习题，进行反馈检测。练习题难度不宜过大，要让大多数学生都能完成，以增强学生的信心。

（四）课后巩固

下课前有针对性地布置一些课后作业，以巩固所学的内容。课后作业应少而精，避免给学生增加课业负担。

经过实践，从效果来看，学生的学业成绩较往届有较大的提升；从课堂表现来看，学生参与的积极性明显提高；从学生能力的发展来看，学生的自学能力以及合作交流能力等得到了较大的提高。我们有理由相信，合作学习作为一种新的学习模式，在生物教学中的应用将越来越成熟，发挥出越来越重要的作用。

本文发表于《教师教育研究》（2014年11期），有改动

开展小学科技活动，促进学生自主发展

程彬[①]

　　自主发展是学生发展核心素养之一，科技实践活动是课堂教学的延伸和补充，能培养学生对科学技术的兴趣和爱好，培养学生的探索精神，提高学生的实践创新能力，培养学生克服困难的顽强意志，从而提高学生的综合素质。下面，我针对小学生科技活动的情况谈一些自己的看法。

一、科技活动中存在的一些影响学生自主发展的因素

（一）教师认识不足，为完成任务，流于形式

　　学校很多教师不是专业科技教师，对于科技活动辅导也是从自己的主观认识出发，有的只是抱着完成任务的心态来完成学生科技活动；开展科技活动的内容随意性很大，认为它与常规的教学活动是两码事。心态决定一切，教师一旦有了这样的心态，就会在自己的教学中反映出来。比如，教师对活动没有做好充分的准备，随便找点视频给学生学习，其实这违背了活动开展的本意。活动本是学生发现特长、展示自我的舞台，多数时间一定要学生多动手动脑，最后发展到"动心"的境界。兴趣爱好的培养对学生成长起着至关重要的作用。

（二）教师在科技活动中指导不到位

　　小学科技教师一般是兼职的，本身有教学任务，课时节数非常多，上完课都很辛苦，再开展科技活动显得力不从心。某些科技活动，老师布置给学生后，很多时间忙于工作，很少有时间去指导学生，或者科技教师有时间而学生又在忙其他课后作业，真正指导学生的时间严重不足。在没有教师及时指导的情况下，学生学到的知识没有及时得到巩固，再加上对部分知识弄不明白，学生会失去学习的动力，对科技活动就会逐渐失去兴趣。

---

① 程彬，男，二级教师，物理学科多次获得旌阳区教学质量一等奖，论文多次获奖并在全国刊物、省、市教育系统发表；多次辅导学生参加物理竞赛、电脑制作活动并获奖。

（三）学生对教师的依赖性太强，缺乏主动性

教师在科技活动教学时比较注重传授操作的步骤，让学生跟着自己一步一步地操作，不太注重学习技术的过程、方法与能力，不清楚这些技术到底能够用在什么场景、为什么要使用这种技术。时间长了，学生就养成了只看老师演示，然后模仿操作，缺少自己去主动学习来开展学习的意识和能力。比如编程学习，很多教师是自己边讲边操作，学生也是跟着老师操作，很少仔细研究老师讲的东西。教师刚编完，学生也很快地紧跟着完成，然后提交作业，结果让他们重新编写就记不住了，因为很多知识没有吸收。

（四）创新不足，缺乏创造积极性

科技不断发展，要求教师不断创新。很多知识，学生开始接触时新鲜感十足，具有专注力，但是经过一段时间，当学生学会了这项技能后，觉得所教的内容都会了，就认为没有必要继续学下去了。学习活动也只是完成任务一样，如此下去，会打击师生双方的积极性，活动也将变为"一潭死水"，学生的兴趣也在这个过程中逐渐消失。我们要多寻找创新点，多培养学生寻找新鲜知识的能力，注重培养他们的观察力。

（五）学生阅读能力欠缺，无法有效开展自主学习

教师利用有限的科技活动时间，比较注重实际操作，但缺乏引导学生阅读的意识和习惯。很少有教师在活动中拿出大量时间让学生去阅读科技资料，小学生很多时间在动手做，很少静下心去思考。而科技资料中有许多科技名词，学生不一定弄得清楚。小学生自己去查找资料学习的能力和自觉性本来就欠缺，拿到科技书籍，如果发现阅读太困难，多数学生就会失去自主学习的动力。

二、利用科技活动促进学生的自主发展

自主发展，重在认识和发现自我价值，发掘自身潜力，有效应对复杂多变的环境。我们在科技活动要重视学生的自主发展，培养他们的各种能力。

（一）在科技活动中提升学生的阅读能力

阅读是学生最基本的学习手段，也是现代人的基本素养。阅读能力在教学考试中的作用越来越重要，对于科技活动，培养阅读素养也是不可缺少的重要组成部分。

1. 培养学生通过阅读资料去进行自主学习的意识和习惯

科学技术发展非常迅猛，知识更新非常快速，而我们的学习内容滞后于科学技术的发展，老师不可能在短时间内做到面面俱到，把所有的知识都灌输给学生。教师到底应该教

给学生什么呢？教师应该培养学生自主学习的意识和习惯，让学生由"要我学"变成"我要学"。在科技活动中，老师要注意放手引导学生进行探究，要经常给学生留一些问题。学生有了问题之后，就有了主动探究的欲望和乐趣。这样既能培养学生的阅读能力，又能促进学生自主学习的意识和习惯。

2. 培养学生具有数字化学习和数字化阅读的能力

阅读资料，既可以是纸质的书本，也可以是老师针对学生的实际情况和所要完成的任务，如自己做的或通过各种渠道收集到的一些图文并茂的演示文稿，或者操作的短视频、微课、慕课等。

数字化学习与创新，是指个体通过评估并选用常见的数字化资源与工具，有效地管理学习过程与学习资源，创造性地解决问题，从而完成学习任务，形成创新作品的能力。数字化学习首先是数字化阅读，学生必须发展数字化阅读能力，来解读大量的数据与文字信息，这样才能够在纷繁复杂的信息社会实现个体发展以及参与社会活动。我们可以提供一些音频、视频的数字媒体辅助性资源给学生阅读，教材中一些比较枯燥、比较抽象的概念和原理，可以使用微视频的途径，帮助学生理解。同时，我们还要思考怎样来引导学生对音频、视频进行阅读。播放一段音频、视频资源，不仅可以调动学生的积极性，还可以帮助学生获取信息。

（二）培养学生学会学习，促进自主发展

在科技活动、创作、探究实践中，要放手让学生学习，让学生大胆质疑，充分激发思维，让学生养成主动学习的意识和习惯。增进学生自主意识的关键在于教会学生学习的方法和策略，让学生由"要学"到"会学"，使学生真正成为学习的主人。

1. 多引导学生进行科学探究活动，指导探究过程

能力发展一定要采用探究方式，自主学习更有利于创造力的发展。科学探究活动强调学生的自主性，但也离不开教师的分析指导作用。在学生探究阶段，教师要融入学生的探究活动中，掌握学生探究学习的情况，及时给予指导，分析学生存在的问题、缺陷，使学生选择最合理或设计更合理的方案，避免实验的盲目性或误入歧途等，推动探究活动顺利进行。探究活动的成功，可使小学生心理上得到满足，体验到成功的快乐，强化学习动机，增强学习信心，滋生学习主动性，这对学生的健康成长和全面发展具有重要意义。

2. 积极引导学生进行科技创作，提高自觉学习的能力

我们可以尝试让学生自己写说明书制作微视频。在参加各种科技比赛时，不仅需要提交作品，而且需要学生写说明书，需要录制创作过程的视频。让学生在自主学习基础上，尝试写说明书，是培养学生高水平学习能力的一种手段，也是重现学习过程的体现，能够帮助学生夯实知识，并且实现个性化。学生如果对自己所学的知识没有透彻的理解，是不

可能正确地写出操作步骤的。我们可以让学生自己阅读比赛资料，然后实践操作，用自己的语言来写说明书。通过学生之间交换阅读，学生还会发现自己在写说明书时的问题，并且在修改说明书的过程中加深对知识的理解。

3. 时刻关注学生兴趣，积极寻找引导学生自主学习的动力

"教学的艺术不在于传授本领，而在于激励、唤醒和鼓舞。"这正是教学的本质所在。我们教师要多找教学的资料，找一些紧跟社会发展、信息发展的题材，在教学中适当地给学生营造一些情境，布置一些小问题，让学生按照由浅入深的学习进程完成学习目标。同时，引导学生观察身边的科学现象，提出问题并去验证，可以吸引学生的注意力，使学生在不知不觉中获得知识，激发学生的探究欲望，提升学习的可持续发展能力，使学生享受到学习科学知识的快乐，从而真正提高教学的有效性，实现学习的长效性。

4. 加强学生的互动活动，营造良好的自主学习的环境

开展互动活动，一是锻炼了能力，二是活跃了气氛，产生竞争意识。互动活动，能激发学生积极参与学习的欲望，发挥他们的主观能动性。那种学生被动听讲答问、冷清沉闷的气氛会被生机勃勃的师生之间、生生之间的交流，被充满活力的氛围所代替。让学生看到他人的优点，发现自己知识体系的不足，从而进一步激发学生求知的欲望。坚持下去，学生的能力就会大大提高，教学的效率也会随之提高。

总之，有目的、有计划、有方法、循序渐进地进行教学指导，做到"做中学""学中做"，学生会变被动学习为主动学习。让学生主动探究、自由创作，学生的自主发展素养也会渐渐得到提高。

本文在2020年德阳市科技创新教育论文和课例评选活动中荣获论文组一等奖，在第一届德阳市青少年科技辅导员论文征集活动中荣获一等奖。有改动

积极开展科学探究 发展学生科学思维

程彬 马军[①]

随着信息技术发展，科学发现与技术创新不断涌现。科学技术的快速发展对每一位公民的科学素养提出了新的要求。科学素养包含科学技术知识、科学方法、科学思想、科学精神、处理问题的能力等。

小学科学课程的总目标是培养学生的科学素养，并为他们继续学习、成为合格公民和终身发展奠定良好的基础。开展小学科学教学活动，培养学生科学素养，既要传授科学知识，又要培养科学思维。新课标提出：小学科学是实践性课程，学习科学的重要方式是探究活动。教科版新教材中，每课都包含"聚焦、探索、研讨"三部分，随着年龄的增加、思维的发展，逐渐引入"拓展"部分。总之，教材充分体现科学探究在教学中的重要地位。下面对在小学科学的探究活动中发展科学思维谈一些自己的看法。

一、积极开展探究活动，有利于促进思维的发展

（一）积极开展探究活动，有助于教师教学思维的转变

教师教学时大多以讲授为主，现在新教材每节课都有明确的探索实验、研讨活动，突出要积极发展学生的主体性。很多教师在探究活动教学时，围绕"做中学""做中思"，过多地考虑活动设计和活动安排，没有去充分考虑学生思维的培养，很少做到"思而学"。事实上，科学探究的本质应该是思维的训练和发展，我们在对探究活动进行设计时，不要求面面俱到，而要"追求学生在科学探究活动中思维的发展"。要求教师从传授知识、发展能力深化到引导发展学生的科学思维，这是教学思路、教学思维的巨大转变。教师要在教学过程中逐渐建立一种科学思维，那就是"科学，不仅是一种知识体系，更是一种思维方式"。只有积极转变教师思维，才能促进学生思维的发展。

（二）积极开展探究活动，有利于学生养成科学的思维习惯

开展探究活动，教材上基本都是以聚焦（提出问题）、探索（探究、操作、合作）、研讨（讨论、交流）、拓展（延伸应用）为代表的，从问题兴趣开始，由兴趣产生学习动机，

[①] 马军，初级教师，擅长柔道，多次获全国、省级柔道赛事冠军。

由动机到积极思考、进行实验探索，在实验成功的基础上产生愉快感，产生新的兴趣动机。这种以问激趣、以问促解、以解促新、开拓思维的过程，应使学生长期得到训练，经常按照新教材的教学过程去完成教学探索，逐渐形成定式，最终养成良好的科学思维习惯。

（三）积极开展探究活动，有利于学生掌握正确的思维方法

科学思维方法有很多，如控制法、模型法、数学方法、信息方法、系统方法等。在小学科学的探究活动中，很多都是实验，我们在科学实验教学时要认识到：任何科学实验都有一个明确的目的，实验之前提出假设，实验的数据要足够多，实验的分组要用随机原理，实验一定要设置对照组，实验尽可能设计成单盲或者双盲（避免主观性）。科学探究的方法有控制变量法、类比法、等效替代法、放大缩小法等。比如，在三年级上册《加快溶解》一课中，探索温度与溶解快慢的关系、探索搅拌与溶解快慢的关系，就要使用控制变量法，让学生认识这种方法后在研讨和拓展环节继续深化：影响食盐溶解快慢的因素还有哪些？你是怎么知道的？再如《地球的形状》中，"对比观察船模在球面和平面的移动"，采用模型可以很直观地展现出观察结论，便于学生以小看大、以点概面，从直观思维逐步到抽象思维进行迁移。在科学探究中，掌握科学思维方法对于学生今后的学习探究有很大的帮助。

（四）开展探究活动，有利于学生提高科学的思维能力

在进行探究活动时，我们可以用自然现象、生活现象、实验现象或一些器材来引起学生的兴趣，引导学生自主发问。然后，师生一起对提出的问题进行分析、讨论、判断、筛选，确定哪些问题适合探究。实验之前进行设计，让学生多动脑，阅读教材，思考实验的每一个步骤，提高思维的系统性、深刻性和严密性。

实验过程中要锻炼学生的灵活性、敏捷性，注意器材的搭配、合理使用。这里可以多选用一些实验材料，让学生调动多种感觉器官去了解事物。改变学生的机械思维，使学生更灵活选用材料，提高学生比较、分析、概括等科学思维能力。

二、利用科学探究活动，发展学生科学思维

科学探究的核心和灵魂是科学思维，科学思维让探究活动具有逻辑性和科学性。同时，科学探究活动过程会不断促进科学思维的发展。科学思维的总纲是逻辑和实证，探究活动可以充分体现思维发展的逻辑性和实践性。

（一）利用科学探究，积极引导学生提出"科学问题"

我们在教学中经常会提出一些问题来引导学生进入学习。其实，我们在讲解知识时，学生在知识学习过程中经常会有很多自己的看法和想法。我们上课时经常会遇到小学生举手提问，提一些与所讲知识有点关系甚至根本不挨边的问题。这可能是由于学生思维具有跳跃性，其所接触的大量知识与他们的理解力对接不上。他们提出的问题千奇百怪，表达也不清楚，我们有时也摸不清方向。因此，提出一个好的"科学问题"是顺利开展探究活动的前提。

发现问题、提出问题是科学探究活动的第一步，学生要认识什么是科学问题。首先，科学问题是真实存在的现象；其次，科学问题都有一个明确的答案，与你是否喜欢没有关系。我们教学时可以先列举一些问题，让学生学会判断哪些是科学问题。

引导学生提出科学问题，有利于发展学生的科学思维。通过不断训练，让学生通过观察学会思考。

（二）利用科学探究，积极引导学生提出"科学假说"

提出问题后，学生希望知道答案，就会提出猜想和假设，这些猜想假设是需要验证的，是提出问题和解决问题的桥梁。"观点需要论据"，这是科学思维的要求，猜想假设对于培养学生的直觉思维很有帮助，学生对于一个问题从不同的角度出发，可以提出很多假设。这时，教师加强引导，让学生对猜想进行思考，"大胆假设，小心求证"，猜想假设要有一定依据，合理地进行取与舍，最后选择合适的猜想假设开展研究。

（三）利用科学探究，积极引导学生进行"科学设计"

新教材在聚焦提出问题后就是探索实验，缺乏具体科学设计的环节，可能是考虑到学生年龄特征和思维发展特点，活动设计很少或者直接给出活动方案。很多学生由于知识能力的限制，考虑问题缺乏周密性。如果按照教材直接做，经常丢三落四，不完善，缺乏逻辑性。因此，教师在教学时，可以把探索环节分成两部分，先引导学生进行活动设计，然后开展活动探索。对活动进行"科学设计"，有利于学生围绕探究的问题，明确活动目标、设计活动过程，弄清楚先做什么再做什么，实验活动时需要注意什么，然后对整个活动的步骤进行分析、补充完善。这样能让学生的思路逐渐变得清晰，而且能很快地完成实验探究活动。

（四）利用科学探究，充分发挥活动的舞台魅力

1. 通过探究活动平台，激发和活跃学生的思维能力

"没有测量就没有科学"，科学理论的建立、科学思维的发展离不开实践探究。我

们通常认为学生在探究的同时，思维也是积极发展的，这种看法存在主观性。其实，"活动有余，思维不足"已经成为小学科学教学中普遍存在的问题，学生在探究活动时很多时候考虑的是如何完成任务，并没有对活动进行深入思考。在教学中，首先，我们可以训练学生积极关注自己的活动探究进程，如可以通过自问自答方式理清活动的思路想法，将自己所做所想的内容说出来，如"我将要做……""我第一步要……""我做的时候要注意……"等，使学生能及时了解自己的思路。其次，学生进行探究活动时，教师要适时地指导，发现偏离主题时，要及时引导学生，将其拉回学习的主题，保证探究活动沿着正确的方向进行，如"我发现你的操作好像有点……""为什么这样做？你的想法是……"等，巧妙的语言可促进学生及时思考，发现问题，并及时进行调整。

2. 加强探究活动过程的合作交流，进行思想碰撞和融合

在探究活动中，很多低年级学生的活动操作是存在缺陷的，学生听老师讲是一回事，之后做起来又是另外一回事。比如学习《做一个测量纸带》时，虽然老师讲了怎么做，但是小学生在剪、粘纸条时剪得不齐，有的方向弄反了，有的粘得不紧密；测量小桶周长时，有的没拉直，有的绕圈时明显有偏移。在活动过程中，我们可以加强分组，要求学生必须合作交流，一人动手操作，一人观看指导，纠正错误。这样，两个人都可以得到启发，还能锻炼自己的实践能力。

（五）积极开展研讨交流活动拓展思维，完成思维的自我完善和自我纠错

实验结束后，师生一起交流、分析、观察，同时指出活动中存在的问题，让做错的学生进行自我纠正，通过研讨扩大知识的应用范围，增加学生思维的系统灵活性，举一反三，使学生自我完善。

在拓展环节，可以引导学生认识到"科学理论有自己的适用范围"等。同时，要让学生明白，对待科学知识，不要绝对服从，任何人都可能存在错误的时候。比如在探究岩石分类时，学生收集了很多岩石，我都感觉眼花缭乱，大多数还能基本区分，有时只是应付学生随意说说。课后一想，好像我弄错了。科学不能随意，以后遇到不能明确的知识，我都会对学生说："老师见少了，这个我不太清楚，你们自己想办法吧，可以利用查资料、上网等查找正确答案哈。"总之，科学一定不能妄想，要有依据。

发展学生科学思维，离不开学生自己的努力，但我们可以根据教学内容，围绕"发展学生科学思维"积极开展探究活动，帮助学生及时学习科学的思维方法，在实践中渐渐提升科学思维能力，从而逐步提升学生的科学素养。

参考文献

[1]中华人民共和国教育部．义务教育小学科学课程标准[M]．北京：北京师范大学出版社，2017．

本文在2021年德阳市小学科学优秀论文和案例评选活动中荣获二等奖，有改动

浅谈科技活动与编程教学的融合

程彬　蔺炳①　马军

科技实践活动是课堂教学的延伸和补充，能培养学生对科学技术的兴趣和爱好，培养学生的探索精神，促使学生的知识综合化，提高学生的实践创新能力，培养学生克服困难的顽强意志，从而提高学生的综合素质。

Scratch图形化编程环境的出现，降低了小学生编程学习的入门要求。有计划、有目的地开展编程学习，不但不会占用其他学科的学习时间，而且有助于将理论知识和实践活动相结合，通过对知识的消化理解、灵活地运用，提高学生解决实际问题的能力，树立严谨的科学态度，激励学生的创新精神。

科技活动和编程学习在很多时候都是独立开展的，编程教学注重教学内容，理论性强；科技活动注重实践，随意性大。如果对二者进行整合，适当扩展广度和深度，有利于平衡二者的难度，有利于提高教学效率。把科技活动与编程教学有机融合起来，开展科技编程活动，将给小学科技活动带来新的活力。下面就小学的科技活动和编程教学融合谈一些看法。

一、将科技活动和编程教学的时间进行整合，增加学习时间

在实践中，由于信息技术课的编程教学和开展学生科技活动的时间在小学阶段都比较少，隔段时间学生对所学会遗忘很多。如果要把科技活动和编程学习的时间综合起来考量，增加每周的学习活动时间，缩短每次学习间隔时间，根据时间遗忘曲线，学生遗忘的知识就越少。

二、将科技活动和编程教学的内容进行融合，扩大科技创作范围

为了提高学生信息科学素养，可以经常举办一些比赛，如机器人比赛项目、创意设计、智能设计等，这些项目将编程与科技活动充分有效地进行融合，有利于学生的全面发展。在科技活动中，利用电子器材可以取得更多更好的发明创造，而传感器、执行器、主

---

① 蔺炳，硕士，二级教师，德阳市优秀支教教师。

板等电子器材的灵活应用，却离不开编程学习。编程与科技设计融合，可以扩大作品的创作范围，充分体现技术与工程的有机结合。

三、将科技活动和编程教学进行融合开展科技编程教学活动，有利于更新教师教学观念，提高教学素养

（一）科技编程有利于教师更新教学观念

合作学习、融合教学，很多新的教学方式和教学模式层出不穷，教师如果不从思想上改变认识，那么很多新的观点观念就会被忽略。教师只有主动接触新事物，在思想观念上发生转变，加强教育理念的更新，才能适应时代的发展。

（二）科技编程需要注重教材的编写和使用，有益于提高教师教研教学水平

科技编程教材的编写和使用对于教师也是一种锻炼。信息技术课程内容多，编程学习刚逐步展开，内容在课本的布局上必然有一些不合理之处，还需要通过教学实践来逐步完善，以便更加适应教学需求。拿到一本教材，要让教师看得清楚，明白教材内容，教师才能合理组织教学进度安排。同时，科技活动方案虽然很多，但是也需要教师去合理编排，以便适应不同年龄阶段学生的学情。科技编程的教材编写一定要合理、简易、详细，便于学生阅读，更要便于学生课后能继续使用。编写教材能在很大程度上提高教师的教研水平。

（三）科技编程活动可以推进教师教学模式的变革

要把科技活动与编程教学融合，需要教师对科技编程活动进行整体设计，打乱一些编程和科技活动的内容布局，开展新的教学内容、方法和策略，这样可以积极有力地促进教师去思考、去学习、去实践，解决出现的各种问题，逐步建立一种新的教学模式，有利于提高教师的教学素养。

总之，积极开展科技编程活动，不仅可以锻炼学生，还可以锻炼教师自身。整个科技编程活动的探究、实践、创作、创新主要依靠师生互动，师生都要养成主动学习的意识和习惯。

本文在2021年德阳市科技创新教育论文和课例评选活动中荣获论文组一等奖，有改动

在编程教学中培养学生阅读素养

程彬

计算机编程教学走进中小学课堂，是培养学生使用信息技术解决各类问题的意识和能力的重要途径。图形化、积木式、程序化的编程环境的出现，逐步降低了编程学习的入门要求。有计划、有目的、合理地开展编程学习，不但不会占用学生其他学科的学习时间，而且有助于将理论和实践相结合，通过对知识的消化理解、灵活地运用，从而提高学生解决实际问题的能力，树立严谨的科学态度，培养学生的探索精神和创新精神。

阅读是学生最基本的学习手段，也是现代人的基本素养。阅读素养是指学生为达到个人目标，形成个人知识、参与社会活动，理解、运用和反思书面材料的能力。"阅读素养是学生从小学开始就应该掌握的最重要的能力。"不仅语文、英语等学科需要阅读能力，对于计算机编程教学，培养阅读素养也是不可缺少的。下面，我就在编程教学中培养学生阅读素养谈一些想法。

一、编程教学中存在的阅读问题

（一）教学中存在教师不用教材、学生不看教材的现象

首先，教师在编程教学时不习惯使用书本，原因可能是已经备好所讲的知识，对知识理解比较透彻，脱离书本教学显得更有水平……上课时比较注重传授操作的步骤，让学生跟着自己一步一步走，不太注重学习技术过程中方法与能力的培养，以及这些技术到底能够用在什么场景、为什么要使用这种技术。时间长了，学生就养成了只要看老师演示，然后模仿操作，自己不去阅读教材的习惯。

其次，学生不适应教材。计算机教材都有很强的专业性，需要学生具备一定的基础知识和学习能力，如数学逻辑思维等。以前编程学习还需要一定的英语基础，现在出了很多汉化版的软件，解决了部分学生的英语难题，但在编程教材中还是有不少专业术语，这些术语没有教师的指导，学生阅读可能有一定的困难。由于弄不明白，学生无法理解，学生就会逐渐失去兴趣。

（二）编程应用中，阅读能力不足，存在看不懂题目的问题

很多学生在完成编程任务时，如果给的题目是编过的或非常类似的，可能还能编写出来。如果多改几个条件，头绪可能就乱了，就会编得乱七八糟。如果遇到只给文字叙述而且是没有见过的题目，相当一部分学生就会摸不着头脑，根本无从下手。这充分显示出学生的理解、应用能力不足。其实，这和我们灌输式教育很有关系，学生的迁移能力明显存在问题。学生无法从文字中提取关键的内容信息，从而建立正确的思路。我们现在很多比赛，如机器人比赛、编程比赛，很多都提前给定了题目，学生在老师的指导下反反复复钻研，基本都能完成。但遇到突发情况时，学生就难以应对。

（三）缺乏通过阅读开展自主学习的意识

信息技术在当前发展很迅速，新媒体新技术不断涌现。一个教师或学生仅仅局限于教科书是远远不够的，很多学生上课学完后就将书放到一边了，不去进行阅读，不去思考，不去运用，所学的知识很快就遗忘了，更别说自主学习了。

以编程软件Scratch或Python为例，版本更新了不少，其中的界面发生了变化，有些功能也发生了变化。这就要求我们通过阅读来学习。很多时候，需要学生到网上去找资料，文字也好，视频也好，自学研究。而这些学习能力的提高，靠的就是阅读。事实上，很多高水平的专家，他的阅读能力往往也非常强。缺乏阅读素养，必然导致自学能力不足，从而影响自主学习，无法适应快速发展的信息时代。

（四）缺乏数字化学习和数字化阅读的能力

数字阅读素养，是指读者为了达到个人的目标，发展个人的知识和潜能以及参与社会活动，对通过数字媒介呈现出的阅读文本的理解、使用、反思和参与的知识和能力。

当前，网络走进学生的生活，很多学生用电子设备游戏、聊天、看抖音、看影视等，很少用于专业学习，更别谈阅读素养了。

信息技术课程标准的四个核心素养之一是数字化学习与创新，它是指个体通过评估并选用常见的数字化资源与工具，有效地管理学习过程与学习资源，创造性地解决问题，从而完成学习任务，形成创新作品的能力。数字化学习首先是数字化阅读，学生必须发展数字化阅读能力，来解读数据与文字信息。

二、编程阅读与其他学科阅读的区别

在编程教学中，学生通过阅读能够获得自己所需的编程知识，同时也让自己的阅读能

力得到锻炼。相对于其他学科的阅读，编程阅读具有自己的特点。

（一）编程阅读中涉及的专业术语比较多

编程的各种教材、书籍中有很多专业语言，它们区别于我们日常生活中的文学语言或者生活语言，如背景、舞台、角色、窗户、菜单、通知、编译、上传等专业名字术语。这些术语加进去，就让编程教材的阅读比一般材料的阅读更困难，阅读的速度就不能太快，要求做到细致，而且还不能够像阅读一本小说一样，你喜欢就多看看、仔细看，不喜欢就跳过，后面内容也能接着看。信息技术类的一些操作，你跳过去，可能就没有办法继续操作了。

（二）编程阅读需要一定的形象思维能力

编程阅读除了读教材，还需要读屏幕。我们学习编程很多时候都需要看电脑屏幕。我们现在的Windows操作系统，用的都是基于图形的可视化界面。那么，形象思维能够帮助学生提高读屏和操作的效率。所以，在学习编程操作步骤的过程中，我们习惯一边看教材，一边上机实践。这里有两种情况：一种是学生看一步、做一步，一条一条编写代码。还有一种是把阅读的材料全看完，把知识存放在大脑里，然后再去操作。这两种方法，不管采用哪一种都需要形象思维，都需要去看操作的图片，按照操作的步骤去完成。同时，学生如果要创作一个作品，完成一个项目，必须有一个直观的形象，进行整体构思，然后才能去做。

而且，现在教材当中不可能把所有的关键步骤都做成图片，一些不太重要的中间过程会被省略。因此，需要学生借助形象思维才能在自己脑海里反映出屏幕上每一步操作过程的效果。

（三）编程阅读需要一定的逻辑思维能力

不管是读教材还是理解一些相关的术语含义，或者去看图，了解各种图之间的关系，或者去分析，或者编写一个计算机的程序，分析它的操作步骤，都离不开逻辑思维。给一个编程项目，学生首先要做的就是去阅读这段文字，读懂这个编程项目包含些什么，这样他才能辨别出各个概念之间的关系，如并列或者从属关系等。

编程经常使用流程图，在编程的过程当中，还要能读懂流程图。读懂程序也需要一定的逻辑思维能力。比如机器人竞赛编程，在FLL竞赛项目中，要求机器人要在一定时间内完成多个任务。每个任务怎么完成，需要如何设计方案，如何安排线路，走到哪里需要如何动作，哪里需要完成什么任务，这些都需要逻辑思维能力。

三、如何在编程教学中培养阅读素养

（一）培养学生通过阅读帮助文件解决问题的习惯

信息技术发展非常迅猛，知识更新非常快速，而我们的教材内容一般滞后于技术发展。我们老师不可能在短时间内做到面面俱到，把所有的知识都灌输给学生。那么，教师应该教给学生什么呢？更多的应该是教会学生自主学习的方法。我们所提到的帮助文档，既可以是一种纸质的书本，也可以是老师针对学生的实际情况和它所要完成的任务做成的图文并茂的演示文稿，或者操作的短视频、微课、慕课等。

（二）提供音视频等数字资源的辅助性阅读

提供一些音视频的数字媒体辅助性资源给学生阅读。对于教材中一些比较枯燥、比较抽象的概念和原理，使用微视频就能够帮助学生理解。当然，仅仅制作和播放音视频是不够的，我们还要思考怎样引导学生对音视频进行阅读。播放一段音视频资源，不仅能调动学生的积极性，还能帮助他们从其中找出关键点。而且，通过观看微视频、慕课等进行阅读的过程中，获取的信息量要比单纯看文字要大。

循序渐进使用以上两种方法，学生就会形成习惯。当面对新的问题时，他自然而然就会想到看一看帮助文件怎么说，有没有合适的音视频教程。最终，他在养成这种阅读习惯的基础上，就具备读屏的能力，同时能够通过互联网开展数字化阅读，形成用阅读解决实际问题的习惯。

（三）尝试让学生自己写说明书制作微视频

在参加各种科技比赛过程中，不仅需要提交创作作品，而且可能需要学生写说明书，需要录制创作过程的视频。

尝试让学生写说明书，是培养学生高水平学习能力的一种手段，也是重现学习过程的一种重要方式，能够帮助学生夯实知识，实现个性化。如果一个学生不能透彻地理解和掌握自己所学的知识，他就不可能正确地写出自己的操作说明。具体来说，我们可以让学生自己阅读教材，然后实践操作。挑选出自己感兴趣的重点，用自己的语言来写出说明书。通过学生之间的交换阅读，学生还会发现自己在写说明书当中的问题，并且在修改这个说明书的过程当中，加深对某个软件应用的理解。学生自己写的说明书、自己做的视频，往往更加符合学生的认知水平，可以产生意想不到的效果。

（四）转变观念，实现教学方式多样化

现在，教学方式多种多样，教师可以去尝试一些新的教学方式，如利用翻转课堂，

让学生自己去看名师的视频课。在疫情期间，利用通信软件，实行网上教学，进行交流互动，实际上这对学生屏幕阅读的能力有较高的要求，对他们数字化学习的能力也有比较高的要求。比如，学生需要专注地去看老师在教学平台上面发布的文字任务、语音解说，并且要把老师的讲解在短时间记忆在大脑当中，按照老师的要求转化为自己的实际行动，并开展后面的学习。学生的自主学习能力和以往积累的数字化阅读能力，对他的这种学习效果有显著的影响。

（五）多层次、多方位提供编程阅读材料

当然，学生的阅读材料资源，不仅需要教师、学校提供，还需要家庭、社会的支持，共同去选择购置一些符合学生年龄特点的编程课外阅读书籍。编程教学的书更新非常迅速，但是很多的书籍实际上针对性太强，有的还是外国的书籍直接翻译过来的，一些术语的概念不够清晰，直接拿给小学生或者中学生阅读不太合适。我们要去找真正符合学生思维发展特点的书籍。编程书籍最好有很多的插图，便于学生理解；最好配有光盘，学生可以看视频；还有情境有任务，能够调动学生学习的积极性。在阅读的过程当中，学生不会感觉特别累，愿意继续钻研下去。

总之，通过有目的、有计划、有方法、循序渐进的编程教学，做到"做中学""学中做"，让学生变被动学习为主动学习，主动阅读，主动探究，自由创作，学生的阅读能力就会得到逐步提高，编程能力也会得到不断进步。

本文在第十一届"中国移动'和教育'杯"全国教育技术论文活动中入围；在第十一届"中国移动'和教育'杯"全国教育技术论文活动中荣获省级一等奖，有改动

浅谈在小学美术教育中如何培养学生的想象力

冷胜火

新课程标准明确要求我们"在小学美术教学中，要注重学生的感受、体验和游戏性，把看、画、做、玩融为一体，充分激发和培养学生的想象力，让学生体验到美术活动的乐趣，产生对美术学习的持久兴趣"。笔者在多年的美术教学实践中体会到，在美术活动中充分发挥孩子的想象力，培养学生的思维能力，提高其艺术修养，是一件意义重大的工作。笔者认为在小学美术教学中，应从以下几个方面对学生进行想象力培养。

一、在活动中培养学生的想象力

想象是灵魂，是主观的东西，想象的空间是无限的。因此教师在美术教学活动中，不能以像不像来评价孩子的作品。孩子的作品中想象成分的多少在很大程度上取决于教师的评价。教师这次以像不像为标准，下次孩子们的画就都会向"像"靠拢，丧失了想象力。教师在教育活动中，可尝试提出疑问，让学生改变思路，肯定学生的想象，以避免形成一种僵化、固定不变的思维模式。例如，在教学"太阳"绘画活动中，教师可提出疑问："太阳都是红色的吗？"让学生知道太阳光有七种颜色；用不同的镜子看，可以看到不同颜色的太阳。当儿童了解、尝试了以后，教师及时地加以肯定，就会发现，孩子们选用了不同的颜色，画出了不同的太阳。随即教师还可以提出疑问："太阳一直是圆圆的脸吗？"孩子们就会对太阳的外形进行装饰：圆脸、长脸、三角脸、梯形脸、花洗脸、长头发、短头发、卷头发——通过教师提问，他们展开了丰富的想象，并画出了夸张、与众不同的物象。教师肯定孩子的想象部分，孩子就一定会更加夸张，想象会随之扩张。所以在绘画活动中，教师应多提问，多肯定学生，引导他们进行夸张、错位、变形、组合、打乱、改动，萌发每个孩子的想象意识。学生的想象潜力是巨大的，他们天真的童趣、独特的想法往往给人以新的启迪。

二、在大自然中培养学生的想象力

大自然是我们的活教材。笔者主张让孩子多到大自然中去直接学习，获取直接的体验，让大自然启发孩子的想象力。因此，教师应经常带孩子走出教室，看看蓝蓝的天空，踏着绿绿的草地，闻闻芬芳的花香，观察可爱的小动物等。这样，孩子的兴趣一下子就会被激活，想象也就随之展开。例如，上"调色练习——四季景色"时，我带学生们到秋天的自然景色中，观察秋天大自然缤纷的色彩，并让他们分别说出每一种事物的颜色是什么，属于什么色，陶醉在自然界中的孩子们个个精神倍增，思维开阔，争相告诉老师自己对秋天大自然各种颜色的印象。教师遵照迁移规律，促成知识的迁移，亮出教学目标"看谁能用原色、间色、复色配合画一幅色彩丰富的秋天自然风景画"。学生们触景生情，积极投入创作，所展示的作品不再是千篇一律的模仿，而是围绕秋天大自然的景色展开丰富的想象，大胆地进行艺术表现，创作出独具特色的作品。

罗丹曾说："自然总是美的。"大自然是学生绘画活动的最好课堂，欣赏大自然的景物，发现美、创造美，为学生开启了想象的大门。

三、在直观感知中培养学生的想象力

培养学生的想象力，先要培养他们的具体感。所谓具体感，就是将模糊的、稍纵即逝的表象、幻想，变成清晰的、具体的、永久保存的图像，就是要把头脑中的想象具体地表现出来。怎样表现？也就是说出来、写出来、画出来。因此，教师可以组织形式多样的活动，充分调动孩子的各种感官系统，培养想象力。

让学生直接触摸物体，刺激他们的触觉系统，再通过教师的引导进行大胆地描绘，培养他们的想象意识。例如，在一堂几何形体的联想美术课中，教师在一个不透明的袋子里放了三角形、长方形、圆形等几何形体，让孩子摸一摸，并告诉大家摸到的是什么。在教师的启发下，学生将几何形体同生活相联系，产生了丰富的联想，创造性思维得到了发展。

四、在欣赏中培养学生的想象力

学生的绘画作品是充满个性的，其中有许多值得相互学习观摩的部分，从中可以激发学生的想象力、创造潜能。因此，教师应有目的地引导学生向同伴学习。具体的做法是：及时地介绍学生有创意的表现，引导学生在学习的基础上想象。在学生完成作品后，教师可把学生的作品全部拿出来展览，引导学生乐于欣赏，能在别人的作品中寻找、发现优点。

欣赏观摩大师的作品也是学习绘画的常用形式。张大千、梵高、毕加索、徐悲鸿等美术家的经典作品应该常出现在学生的视野里，让学生在潜移默化中培养想象能力。在欣赏中，学生会设身处地地体会作者作画时的心情，然后让学生畅谈自己的感受，学生在创作时就会投以饱满的热情。当教师在指导学生欣赏创作作品时，学生会增添一些新的手法和灵感，从而进一步激发他们的创作精神，提高他们的欣赏水平，让学生在艺术的海洋里拓宽眼界、丰富知识、激发想象。

爱因斯坦认为："想象力比知识更重要，因为知识是有限的，而想象力概括着世界上的一切，推动着进步，并且是知识进化的源泉。"所以，在小学美术教学中，要让孩子们展开想象的翅膀，大胆地想象，始终保持学习美术的浓厚兴趣和创造欲望，激励孩子们自主、积极探索的精神，形成健康的审美情趣，培养孩子们的审美能力，有助于他们形成高尚的情操，愉悦的精神，也有助于美化心灵和启迪智慧，这样会使孩子们的生活、孩子们的人生，达到更高的境界。

参考文献

中华人民共和国教育部．义务教育美术课程标准[M]．北京：北京师范大学出版社，2001．

本文发表于《四川教育学院学报》（2005第二十一卷第10期），有改动

关于"鼠兆丰年"系列插画的创作说明

姜玉玲[①]

我国传统生肖年画的历史很长，而"鼠兆丰年"系列插画区别于传统意义上的年画，是以符合现代人们审美要求而衍生出一种新的艺术形式——现代插画艺术。它不仅具有艺术价值，更蕴含着大量丰富的人文信息。"鼠兆丰年"系列插画体现了人们对普通人家生活的理解，也突出了当代人的精神信仰和文化内涵，以及他们对未来美好生活的向往。"鼠兆丰年"系列插画将传统设计与现代视觉艺术形式相结合，更加符合当代人的审美需求。

一、选题背景

（一）文化源流

在我国古代，传统年画是中国传统民俗文化极其重要的一部分，因为它不单单具有极其丰富的艺术价值，更是承载了丰富的人文精神。通过了解中国的传统年画，我们更加了解我国的民间生活和人们的精神追求。我国传统年画起源于旧时人们对神灵的信仰和崇拜，象征着喜庆、吉祥等。传统年画是我国的非物质文化遗产，也是我们中国传统"年"文化的重要标志，而贴年画更是人们庆祝新年的特殊方式。不同地方的年画有不同的风格特色。

在画面上，传统年画的元素较多，内容也较为丰富，基本上没有留下任何空白。其中，在内容的选择上，天空和地面上都装饰了各种含义深刻的图案。传统年画中所呈现出的氛围基本上都是欢乐祥和的，与过年喜庆气氛相统一。画面里的孩童基本上都是珠圆玉润的，穿戴着各种金银，这些都是当时人们生活富足与吉祥的象征。各种具有吉瑞喜庆寓意的事物，也都运用到年画之中。

生肖年画内容基本上都是胖嘟嘟的小孩与十二生肖嬉戏玩耍，营造欢乐和谐的场景。主要以人物为主体，生肖紧跟其次，再加上其他吉祥瑞气之物。色彩艳丽喜庆，烘托过年的氛围。生肖年画也有直接以生肖动物为主的。例如，剪纸类的生肖年画，画面是以身体被装饰许多花纹的欢乐舞蹈的生肖动物来直接表现的单色年画。最简单的一种生肖年画是这一年的生肖代表加上一些小装饰的彩色年画。另外一种是将动物拟人化，赋予它灵气与活力的彩色年画。还有一种是具有现代设计感的年画，是将生肖与代表字相结合的年画。

[①] 姜玉玲，女，大学本科，荣获经开区青年教师优质课大赛艺体组二等奖。

这种年画表达形式，看起来简洁大方，却很有设计感。这类年画多为方形，大多数贴在门上进行装饰。

除了表现形式多样，生肖年画在色彩的选择上与传统绘画也有所区别。在中国传统色彩表现中，红色代表热情，象征喜庆、吉利。因此，生肖年画的色彩艳丽强烈，色彩对比鲜明，能够突出渲染欢乐喜悦的氛围。鼠年位于十二生肖之首，"鼠兆丰年"系列插画便是以年画中的鼠年年画为创意来进行现代插画设计的。

（二）插画现状

随着我国经济的不断发展，人们的物质生活水平也在不断提高。因此，人们愈加追求自己的精神富足。而插画是人们喜爱的艺术形式之一，又俗称插图，是现代一种视觉传达艺术形式。插画包含的形式、内容十分丰富，有绘本、海报、漫画、广告、挂历等。

我国的插画起步相对较晚，但随着经济的发展、电脑的普及，我国插画艺术也有了很大的进步。如今科学技术越来越发达，因此插画的绘制方式大多是使用计算机各种软件来制作的。比如，Easy Paint Tool SAI软件，操作十分方便，但绘制出来的是位图，无限放大会不清晰。在绘制位图的选择上，大多数的人更加偏向于Photoshop，因为Photoshop软件的功能相比Easy Paint Tool SAI软件更为强大。当然，绘制插图时，不仅只是绘制位图，还会绘制矢量图。这时，Adobe illustrator软件的使用就可以很好地帮助我们进行矢量图的图形设计。Adobe illustrator软件操作也比较简单。

二、"鼠兆丰年"系列插画设计思路

（一）"鼠兆丰年"设计创意来源

以国家级代表性传承人钟建桐和湖南科技大学教授文牧江共同创作的2019年新年主题生肖年画《诸事如意》作为鼠兆丰年的参考，将生肖拟人化。参考我国四大年画之一的绵竹年画中的年画大胖娃娃，人物形象活泼可爱。以姚建萍的刺绣艺术《婴戏图》作为姿态动作参考。而"鼠兆丰年"系列插画将在传统年画色彩的基础上降调，以满足当代人的审美需求。

（二）"鼠兆丰年"主要人物设计

1. 人物形象

将十二生肖中的老鼠与中国传统年画中的年画大胖娃娃相结合，将老鼠拟人化。老鼠选择小白鼠，白白胖胖可爱的形象，象征生活富裕。把老鼠的特征简化、概括运用到胖娃娃上面。给拟人化的老鼠加上双下巴，体现生活幸福、衣食无忧。将老鼠与传统年画中的胖娃娃相结合更加生动，使设计立意明确、主题鲜明。再将胖娃娃的耳朵变形，与老鼠的耳朵相结合，并在其脸部加上标志性的两颗老鼠牙和四根小胡子。在其头上加上爱心形状的头发，给人一种温暖可爱的感觉。老鼠的尾巴仍然保留，使得鼠童看起来十分"仙"，超凡脱俗的"鼠兆丰年"系列插画的主要人物鼠童便创造出来了。在"鼠兆丰年"系列插画中，将生动活泼的大胖鼠童与各种寓意美好的事物组合在一起，象征对美好幸福生活的向往和追求。

2. 辅助装饰

① 金镯子

在古代社会，人们普遍认为戴金镯子不但能够避邪，还可以碰上好运气。因此，旧时不论男女老幼都特别喜爱戴金镯子。并且，戴金镯子不仅能够起到装饰的作用，还有健康、吉祥、富贵、关怀等许多美好的寓意。在"鼠兆丰年"系列插画中，拟人化的老鼠戴三个金镯子而不戴四个，象征着人们生活的自由，不受传统的约束。

② 金锁

金锁又叫长命锁，是中国传统的吉祥物之一，寓意着能够长命百岁。黄金的形成过程非常漫长，包含很多具有抗氧化作用的微量元素，能够抑制人体产生大量的过氧化物和自由基等，因而可以减少这些有害物质对孩童的危害。佩戴金锁除了对身体有益之外，人们还认为孩童戴长命锁就是借百家的福气，可以起到压惊辟邪、避凶趋吉、长命百岁的作用。

③ 红肚兜

古时候就有给孩童穿肚兜的传统。除了有吉祥如意的象征寓意以外，穿肚兜还可以起到保暖的作用。"鼠兆丰年"系列插画中，鼠童穿着红红的肚兜，既象征着吉祥幸福，又显得鼠童天真烂漫、活泼可爱。

（三）"鼠兆丰年"系列插画选题

1. "鼠兆丰年"系列插画之"五谷丰登"

"鼠兆丰年"系列插画之"五谷丰登"描绘的是鼠童蹲在地上，一边拾起地上的麦子，一边和几只小白鼠玩耍的场景。麦子是老鼠特别喜爱的食物，在"五谷丰登"中，拟人化的老鼠手握饱满的麦子，象征着鼠年丰衣足食。背景色为与麦子颜色相近的黄色，代表着丰收、温暖、平和。

2. "鼠兆丰年"系列插画之"昂昂之鹤"

"鼠兆丰年"系列插画之"昂昂之鹤"描绘的是鼠童趴在地上，其中一只手捧着一只小白鼠，与仙鹤母子交流，其余几只小白鼠也纷纷奔向仙鹤的场景。仙鹤的原型是高贵的丹顶鹤，相传龟鹤皆有千年寿，民间视鹤为圣洁、清雅、长寿、富贵、品德高尚的象征，因而也有"鹤寿"之说。在"鼠兆丰年"系列插画中运用仙鹤形象，其象征着延年益寿、品格高洁。背景是波浪形的绿色图像，象征着希望、活泼。

3．"鼠兆丰年"系列插画之"鱼跃龙门"

"鼠兆丰年"系列插画之"鱼跃龙门"描绘的是鼠童双手怀抱鲤鱼，以及几只小白鼠在身上奔跑一同飞天的情景，背景是由三层鲤鱼的相近色叠加而成的。鲤鱼中的"鱼"字的谐音是"余"（剩余）和"裕"（富裕），因此，鲤鱼代表着年年有余，物质财富年年都非常富足。将肥美的鲤鱼运用到"鼠兆丰年"系列插画中，代表着喜庆有余的大好形势和美好祝愿，比喻生活十分富裕。

4．"鼠兆丰年"系列插画之"欢天喜地"

"鼠兆丰年"系列插画之"欢天喜地"描绘的是鼠童坐立在地上，双手紧握鱼竿，与几只小白鼠玩"钓白鼠"游戏的场景。鼠童将小鱼竿高高举起，鱼竿上有一条细长的鱼线，下方挂着两个鲜美的鼠食，小白鼠们纷纷欢乐地向鼠食发起"进攻"，其中一只小白鼠还跑到鱼竿上面。"欢天喜地"整幅作品寓意幸福欢乐、无忧无虑，以及平等自由。背景赋予蓝色，也象征着自由。

5．"鼠兆丰年"系列插画之"寿比南山"

"鼠兆丰年"系列插画之"寿比南山"描绘的是鼠童躺坐在地上，一手怀抱着一个大仙桃，一手逗玩其他小白鼠的场景。仙桃中的"桃"字的谐音是"逃"，有"逃过"的意思，在画面中构成的寓意即为在新的一年里，能够逃过一切疾苦和不幸。传说，王母娘娘有一个蟠桃园，里面有许多桃树，桃树上结的是仙桃，人吃了可以长生不老。因此，仙桃也寓意长寿。背景色是粉色，代表着可爱、天真、美好，与大仙桃的颜色相近，和谐统一。

6．"鼠兆丰年"系列插画之"步步莲花"

"鼠兆丰年"系列插画之"步步莲花"描绘的是鼠童脚踏莲花与几只小白鼠嬉戏打闹、向上跳跃的场景。荷花中的"荷"的谐音是"和"，与盛满珠宝圆盒一起取义"和合二仙"，代表着夫妻两人和睦幸福。它与莲蓬及白藕的吉祥图案，取义"因荷（和）得藕（偶）"，象征着天配良缘。且荷花也称为莲花，而莲花中的"莲"的谐音是"连"，寓意为事事如意、好运连连。背景色是淡紫色，代表着神秘、高贵、自信、永恒。

三、"鼠兆丰年"系列插画的制作

（一）绘制初稿

在图纸上将自己构思的所有方案绘制出来，手绘出自己设计创意的概念草图，刚开始的时候只要能表达出你内心的想法即可，可以画得不那么精细。然后一一修改、细化、对比和取舍。对于同一个想法，可以构思多个故事，最后筛选出最够表达主旨、画面效果最佳的方案。

（二）电脑绘制

将画稿导入Adobe illustrator软件进行绘制并上色，如下图所示。

名称	主要图像		辅助图像	
五谷丰登	鼠童		麦子	
			小白鼠	
昂昂之鹤	仙鹤		鼠童	
			小白鼠	
鱼跃龙门	鼠童		鲤鱼	
			小白鼠	
欢天喜地	鼠童		鱼竿	
			小白鼠	

名称	主要图像		辅助图像	
寿比南山	鼠童		仙桃	
			小白鼠	
步步莲花	鼠童		莲花	
			小白鼠	

四、"鼠兆丰年"系列插画展示

图1

图2

图3

图4

图5

图6

图7

图8

图9　　　　　　　　　　　　　图10

图11　　　　　　　　　　　　　图12

五、结语

　　"鼠兆丰年"系列插画在传统年画的基础上，运用Adobe illustrator软件，以一种新的插画形式出现。它不仅仅具有视觉艺术价值，更承载了中华人民千百年来的文化积淀。"鼠兆丰年"系列插画在设计上给人们带来美的享受的同时，还使人们更加了解中国民间人们的生活习惯。

　　"鼠兆丰年"系列插画既结合了我国传统年画的特点，又打破了传统年画的形式。与时俱进，利用现代技术绘制电脑插画，有利于让我国传统文化得到更好的发展。

参考文献

[1]宋赛良，丛红艳. 论平阳木版年画文化内涵对动画创作的借紫价值[J]. 艺术科技，2015（3）.

[2]于莹，武艺. 插画在平面设计中应用[J]. 设计，2015（7）.

浅谈音乐游戏在小学音乐教育中的作用与实践

王旭①

艺术来源于生活，又高于生活，音乐亦是如此。可以说，音乐既能满足人们的精神文化需求，又有着深厚的历史和文化内涵，体现了人们对美的追求。教师要遵循小学阶段音乐学科的课程要求，重视音乐审美教学，根据教学内容、音乐特色和学生的兴趣爱好，合理规划教学计划，不仅要达到学科综合教学的目的，还要尊重学生的个体差异，关注学生的个体发展，让每一个学生都能在音乐课堂获得知识，提高音乐素养。音乐教师要不断更新自身的教育理念，根据学生的发展特点，有效运用音乐游戏提高教学效果。

一、小学音乐教育中音乐游戏的作用

（一）挖掘学生的音乐潜能

小学生在音乐游戏过程中能独立探究、自主解决问题，在自发状态下发挥自身的潜能，提高音乐编创的意识和能力。例如，讲解歌曲《牧童》时，教师可鼓励学生对歌曲中涉及的角色进行扮演并提出问题。为什么在牧童哼歌时会变得安静呢？多数同学针对该问题会保持沉默，有些同学会产生疑问。这时候，教师可引导学生对表演的情景和角色进行回想，然后鼓励学生编创新歌词，并分小组进行演唱。其中有些学生学牧童的吆喝声，有些学生学小羊的叫声。值得注意的是，音乐游戏只是开展音乐教育的一种手段。在实践环节要恰当地利用音乐游戏，并在游戏过程中要伴随着音乐。

（二）激发学生的热情

音乐歌曲是对情愫和情景的描绘，如果学生能进入游戏情境中，则能与音乐融为一体。为此，小学音乐教师在实践教育中要立足音乐教材的内容，合理创设教学情境，帮助学生在具体的情境中参与音乐游戏，形成良好的学习习惯，表达自己的情感和体验。例如，聆听歌曲《龟兔赛跑》时，通过教学情景的设置来发挥学生的想象，要求学生思考在这样的音乐情境下，如何扮演歌曲中的兔子和乌龟等角色，让学生通过游戏情节的展开来切实感知音乐情绪、乐段等方面的差异。此外，还应了解乐曲结构及其在节奏变化、音

---

① 王旭，女，毕业四川音乐学院，德阳市优秀指导教师，德阳市优秀德育工作者。

程、力度、速度上的表情作用。这样既能调动学生学习的积极性，也能让学生更加了解乐曲，提高教学的有效性。

二、音乐游戏开展的实践策略

（一）设计生动有趣的音乐游戏情景

小学阶段的学生普遍好奇心强，对多彩丰富的事物有着浓厚的兴趣，并且善于模仿和学习。教师可以参考这一点设计教学方案，运用多媒体教学形式，为学生呈现音乐游戏教学内容，充分吸引学生的注意力，降低小学生在音乐知识方面的理解难度。比如，教学内容中出现动物角色时，教师可以将音乐内容投射到多媒体设备当中，通过播放视频、音频，让学生对学习内容产生基本的认识。在此基础上，结合学生角色扮演的游戏形式，指导学生自行选择动物角色，并跟随音乐来表演角色，根据自身理解运用语言动作表现故事情节。这种生动有趣的音乐游戏情景能带动游戏课堂中的每一个人，学生会全身心进行沉浸式学习，能有效推进教学进程。

（二）设计学生喜爱的多种趣味化音乐游戏

在自身喜爱或擅长的领域，人们往往具有强大的自信，并乐于参与其中。小学生也乐于选择擅长或喜爱的游戏。教师可以将这一特点纳入教学计划指定的核心标准，从趣味性和学生的兴趣、爱好出发，选择符合学生性格特点的、与学生日常生活和学习相关的歌曲和音乐游戏来完成课堂教学活动。还有一点需要注意，教师对于歌曲和音乐游戏的歌曲选择需要遵循多样化的原则，充分考虑学生的差异性，尽可能照顾到所有学生的兴趣点，设置多种问题和游戏情境，运用丰富多彩的歌曲风格来设置游戏，营造出一种充满趣味的、和谐的教学氛围，让每一个学生感受和理解音乐，进而提升自身的音乐素养和音乐学习能力。

（三）设计培养合作意识的音乐游戏

合作交流能力和探究能力是小学阶段重点的培养目标。因此，教师要根据教学重点，提前规划好教学，为学生创建一个生动有趣的游戏教学环境。在此基础上发挥指挥、指导职能，让学生真正用心去体会和感受音乐，在合作中彼此交流和学习，探索发现音乐中蕴含的真理与美。另外，教师要认真选择音乐游戏，让学生通过游戏角色感知世界，进而热爱音乐，热爱学习与生活。

三、结语

总而言之，小学音乐课程能够培养学生的审美情趣，激发学生的艺术细胞。小学音乐老师要转变自身想法，重视培养学生的音乐素养。教师采用的音乐游戏教学手段有利于培养学生对音乐的兴趣，促进学生的身心发展，帮助学生确立课堂主体地位，提高学生团结协作能力，发展和谐的师生关系。因此，教师要明确新课标提出的教学要求，紧跟时代潮流，不断改进教学模式，提高自身的教育教学水平。

参考文献

[1]王青青. 妙趣横生其乐融融——基于核心素养理念下的小学音乐课堂游戏教学[J]. 黄河之声，2019（3）.

[2]赵明丽. 游戏教学法在音乐教学中的运用研究[J]. 成才之路，2018（36）.

[3]周爽. 音乐游戏教学法在普通小学音乐教学中的行动研究[D]. 鲁东大学，2017.

[4]孙毅. 小学音乐教育中音乐游戏的积极作用与探索与实践探索[J]. 中国校外教育，2017（24）.

本文发表于《魅力中国》（2020年第8期），有改动

青春期的体育卫生

蔺炳

人的身体需要经常锻炼，尤其是在青春期，越锻炼越强健。

体育锻炼能使身体发育快而好，能提高身体的"储备力"，能增强身体的抗病力。但是，只重视体育锻炼，不注意体育卫生不行。

青春期的形态发育，身体素质和机能的发展，在不同时期、不同性别存在明显的差异。因此，在进行体育锻炼内容时采用的方式、方法，以及运动负荷等，应该根据具体情况来定。

一、男生锻炼特点

男生青春期的肌肉生长有明显的变化，初期肌肉的增长速度落后于骨骼，为适应骨骼的生长，肌肉必然也要发展。因此，肌肉的纤维比较细长，肌力和耐力较差。快速发育期过后，骨骼和肌肉的增长日趋协调，肌肉纤维逐渐变粗，肌肉在身体中的比例逐渐增大。12岁男孩肌肉重量为体重的30%，背肌力是50～60千克；而18岁的男青年肌肉重量则可增到40%以上，背肌力可以达到120～130千克。运动员的肌肉可以占体重的一半以上，背肌力可以达到150千克。这个关键时期要选择力量性项目，如单杠引体向上、举重物、双杠臂屈伸、推铅球等，这些对发展肌肉力量是很有帮助的。

除了柔韧性素质以外，青春期的其他各种素质均比少年儿童期更好，均会随年龄的增长而逐步提高，19～22岁达到最高水平，23岁以后开始缓慢下降。青春期的各项身体素质中，速度和耐力发展较早，所以要抓住时机，以50米至1000米的短跑、中跑、游泳、滑冰练习最为适宜。男生青春期，内分泌活动增强，变化复杂，各种器官发育快，大脑皮层机能明显增强，可以进行较为复杂、运动量较大的单杠、双杠以及球类活动。但因神经系统发育快，有时不稳定，容易兴奋，往往会过高估计自己。针对这种特点，要在各种球类和游戏中实事求是、友好相处、团结协作、遵守纪律，还要注意量力而行。总之在这个时期，除了发展肌肉力量练习和提高心肺功能外，其他项目没有什么限制，只是注意科学性、全面性和经常性就可以了。

二、女生锻炼特点

女生青春期的体育锻炼与童年、少年相比大不一样，也不同于男生。一般来说，女生从14岁到17岁阶段，由于女子性发育生理的变化，参加体育锻炼的积极性会受到一定影响。除柔韧性素质外，其他素质包括力量、耐力、灵敏、速度等都不及男生。力量上，女生只有男生的2/3，速度和耐力只有4/5，弹跳力只有3/4。女生身高较矮，躯干较长，脊骨间的软骨较厚，关节灵活，盆骨较宽，重心较低，皮下脂肪较多，心肌收缩量相对较弱。每分钟心率较男生快十次左右。肺活量女生平均在3000毫升，男生则达到3800毫升左右。在心理上对自己估计不足，缺乏信心。因此，在确定运动量负荷方面，要符合女生特点。在选择运动项目上，要突出女生喜欢的项目，如舞蹈、艺术体操等有节奏性的活动。其他合适女子的项目都可以，只是应注意运动负荷。

三、月经与锻炼

月经是健康女生的正常生理现象，根本不用恐惧和害羞。行经期间整个身体都会发生一系列的变化，这时不仅生殖器官会发生一系列改变，身体的适应能力也较低下，反应也较迟钝，呈疲劳状态。月经期间，流血过多和过少都不好。月经期间，如果做激烈运动，如打球、短跑、长跑、游泳、比赛等都不利于身体成长。剧烈的体育活动会使全身血液循环加快，盆腔里的血液循环会加快，这样生殖器官更加充血，会出现流血量过多、过分延长经期的后果。另外，在月经期，固定生殖器官的韧带也因充血而变得松弛，这时做剧烈运动，就可能把韧带扭伤而造成子宫移位，影响月经周期。如果长期下去，可能引起盆腔炎、贫血等疾病。所以，在月经期间不应该参加剧烈体育活动。可是，月经期间也不是什么活动都不能参加，恰恰相反，做些轻微的劳动和运动，不但不影响健康，反而对健康有益。"痛经"时，做课间操、打羽毛球、做适量活动会促进盆腔的血液循环，会减轻腰酸背痛、小腹疼痛的症状，同时可以使经血顺畅排出。坚持参加轻微的体育活动，适量运动，往往可以使痛经症状缓解，乃至完全消失。

在青春期，很多人喜欢穿又瘦又紧的内衣，把胸部裹得紧紧的，把腰勒得细细的，这样有害无益。束胸会使胸廓舒张受限，活动不能自如，严重的会影响胸部发育，影响肺活量，对心脏的活动也很不利。长久束腰，会使腹部肌肉的发育受到限制。

青春期的体育卫生是重要的问题。重视它，并能在体育锻炼中实施，对促进青少年身心健康、增强体质，无疑是有重要意义的。

参考文献

[1]余梅香. 试论对青春期女生成长的指导[J]. 中华女子学院学报，2000（6）.

[2]吴朝晖. 谈青春期女生的心理健康教育[J]. 卫生职业教育，2001（7）.

[3]王留国. 如何克服青春期女生在体育课中的惰性[J]. 河南广播电视大学学报，2002（4）.

[4]邓辉平. 青春期女生的心理因素对学习成绩的影响[J]. 长沙大学学报，1998（1）.

[5]文力. 青春期女生的健康绝招[J]. 高中生，2009（24）.

[6]孙洪涛，邬似刚，凌月红，能曼丽，符欣. 大学生身体发育、有氧和无氧工作能力及体育行为的研究[J]. 体育科学，2001（2）.

[7]孙洪涛，符欣，邬似刚，凌月红，熊曼丽. 大学生身体发育、有氧和无氧工作能力研究[J]. 湖南师范大学教育科学学报，2002（1）.

[8]孺子牛. 女生，你有没有穿错内衣？[J]. 黄金时代（学生族），2007（9）.

[9]王捍东，李学武. 浅谈普师女生体操教学[J]. 宜春师专学报，1995（5）.

[10]曾倩. 女生青春期心理现状与引导[J]. 时代教育，2007（Z2）.

本文发表于《读写算（新课程论坛）》（2013年第6期下），有改动